Bauwelt Fundamente 141

T0337588

Herausgegeben von
Ulrich Conrads und Peter Neitzke

Beirat:
Gerd Albers
Hildegard Barz-Malfatti
Elisabeth Blum
Eduard Führ
Werner Sewing
Thomas Sieverts
Jörn Walter

Günther Fischer

Vitruv NEU
oder
Was ist Architektur?

Bauverlag
Gütersloh · Berlin

Birkhäuser
Basel

Umschlagvorderseite: Grundriß des Pompeiustheaters auf einem Marmorfragment der Forma Urbis Severiana (Stadtplan Roms, zwischen 203 und 211 n. Chr.), nach: Stierlin, Henri, Imperium Romanum, Köln (Taschen) 1996, S. 3 und 32 unten, vom Verfasser bearbeitet
Umschlagrückseite: Hebezeug. Holzschnitt aus der italienischen Vitruv-Übersetzung von Cesare Cesariano, Como 1521, nach: Müller, Werner, Architekten in der Welt der Antike, Leipzig (Koehler & Amelang) 1989, Abb. 41, S. 62, vom Verfasser bearbeitet

Bibliografische Information der Deutschen Nationalbibliothek
Die Deutsche Nationalbibliothek verzeichnet diese Publikation in der Deutschen Nationalbibliografie; detaillierte bibliografische Daten sind im Internet über http://dnb.d-nb.de abrufbar.

1. Auflage 2009
unveränderter Nachdruck 2010 und 2015

Der Vertrieb über den Buchhandel erfolgt ausschließlich über den Birkhäuser Verlag.

© 2009 Birkhäuser Verlag AG, Postfach 133, CH-4010 Basel, Schweiz,
ein Unternehmen von Walter de Gruyter GmbH, Berlin/München/Boston

und Bauverlag BV GmbH, Gütersloh, Berlin

bau | | |**verlag**

Gedruckt auf säurefreiem Papier, hergestellt aus chlorfrei gebleichtem Zellstoff. TCF ∞

Printed in Germany
ISBN: 978-3-7643-8805-8

9 8 7 6 5 4 3 2   www.birkhauser.ch

Inhalt

Vorab

Schriften zur Architekturtheorie haben beim Leser einen schweren Stand. Selbst Architekten bevorzugen in der Regel die visuelle Form der Information ("Architekten lesen nicht") und sehen ihren Schwerpunkt eher in der Praxis als in theoretischer Reflexion. Die meisten Veröffentlichungen beschränken sich daher inzwischen auf großformatige Epochendarstellungen oder opulent bebilderte Werkausgaben bekannter Architekten, während die eigentlichen Fragen des Faches kaum noch behandelt werden: Was ist Architektur, was sind ihre Aufgaben und Ziele, welches ihre Mittel und Voraussetzungen? Das hat zu der paradoxen Situation geführt, daß die Lektüre eines über 2000 Jahre alten Textes wie Vitruvs *Zehn Bücher über Architektur* zu diesen Fragen mehr Erhellendes beitragen kann als so manche aktuelle Veröffentlichung.

Der Leser, der auf diese Fragen Antworten erwartet, sich aber nicht vorrangig für einen antiken römischen Autor interessiert, sollte daher die Lektüre des Buches mit dem letzten Kapitel ("Was ist Architektur") beginnen und sich dann Schritt für Schritt an den Anfang vorarbeiten. Er wird in Teil VI "Die Architekturtheorie Vitruvs" mit Erstaunen feststellen, daß Vitruv alle relevanten Themen einer Theorie der Architektur anspricht – und daß die Auseinandersetzung mit seinem Text tatsächlich geeignet ist, der festgefahrenen Diskussion über Architektur und Baukultur neue Impulse zu geben. Sollte auf diesem Wege sein Interesse geweckt sein, kann er sich anhand der neuen Übersetzung der Theoriekapitel und deren Kommentierung in den Teilen III bis V ein genaueres Bild machen. Ergänzende Informationen liefern schließlich die knappe, aber vollständige Zusammenfassung des Inhalts der *Zehn Bücher über Architektur* (Teil II) und die Erläuterung der historischen Rahmenbedingungen, unter denen Vitruvs Werk entstanden ist (Teil I).

Fachleute, in erster Linie also Architekturtheoretiker, Kunsthistoriker und Baugeschichtler, werden den umgekehrten Weg gehen. Für sie ist Vitruvs Werk der wichtigste Quellentext der römischen Antike und insofern eine fachlich korrekte Übersetzung von eminenter Bedeutung – nicht nur in Bezug auf die Einschätzung des Ranges der Quelle, sondern vor allem für die aus der Beschäftigung mit dieser Quelle gewonnenen Einsichten und Schlußfolgerungen. Sie werden sich daher zunächst auf den wissenschaftlichen Kern der Unternehmung konzentrieren: die neue Übersetzung der Theoriekapitel und die „Materialien zur Übersetzung". Die teilweise bis auf die Ebene des einzelnen Satzes heruntergebrochene synoptische Darstellung (Anhang 2) macht das übersetzerische Vorgehen in Gänze nachvollziehbar und hat den Zweck, alle philologischen Hindernisse für die *fachliche* Auseinandersetzung aus dem Weg zu räumen. Diese ist notwendig, weil für die richtige Interpretation eines lateinischen Textes über Architektur *beides* vorhanden sein muß: philologische Kenntnisse *und* architektonisches Verständnis. Nur weil es an letzterem gefehlt hat, konnte es zu dem denkwürdigen Phänomen kommen, daß das wichtigste und wirkungsmächtigste Buch in der 2000-jährigen Geschichte der Architekturtheorie heute immer noch ein weitgehend unbekannter Text ist – nicht, weil er so wenig gelesen wurde, sondern weil die vorgelegten Übersetzungen den Blick auf die tatsächlichen fachlichen Aussagen weitgehend verstellt haben.

Sollte es daher gelingen, im Verständnis des Vitruvschen Originaltextes einen Schritt voranzukommen, wäre beidem gedient: der wissenschaftlichen Auseinandersetzung und der aktuellen Diskussion über Architektur und Baukultur.

Abb. S. 8: Substruktion des Jupitertempels in Terracina, ca. 80 v. Chr.

Einleitung: Warum Vitruv?

Dieses Buch war nicht geplant

Vitruv, Architekt und Theoretiker der spätrepublikanischen Zeit in Rom, hat als Verfasser der ältesten überlieferten Schrift über Architektur seinen festen Platz in allen Büchern zur Geschichte oder Theorie der Architektur und wird auch immer noch gerne mit seinen drei klassischen Kriterien – *firmitas, utilitas, venustas* – zitiert, steht aber ansonsten, vorsichtig ausgedrückt, nicht gerade im Zentrum der aktuellen Architekturdiskussion. Es gab zur Zeit der Postmoderne eine kurze Vitruv-Renaissance mit einer Flut neuer Veröffentlichungen, mit Kongressen und Kolloquien zu den neuesten Forschungsergebnissen, es wurden auch die *Zehn Bücher über Architektur* neu aufgelegt und damit einem breiteren Publikum zugänglich gemacht. Aber es gab in dieser Zeit auch eine Palladio-, eine Alberti-, eine Schinkel-Renaissance, Vitruv war in der allgemeinen Rückbesinnung auf die Baugeschichte nur *ein* Protagonist unter vielen und verlor mit dem Abflauen der Bewegung, wie alle anderen auch, sehr schnell wieder an Interesse. Aktuell geblieben ist die Behandlung Vitruvs im Rahmen größerer Zusammenhänge wie etwa in Georg Germanns *Einführung in die Geschichte der Architekturtheorie* (1980) über Vitruv und den Vitruvianismus oder in dem entsprechenden Abschnitt von Hanno-Walter Krufts *Geschichte der Architekturtheorie* (1985). Beide beziehen sich, wie auch die meisten Einzelarbeiten über Vitruv in der Zeit zwischen 1965 und 1990 (unter anderen Alste Horn-Onken, Heiner Knell, Frank Zöllner) und wie auch alle Ausschnitte in heute gängigen Anthologien auf die Übersetzung von Curt Fensterbusch (1964), die den großen Vorteil besaß, neben dem deutschen Text auch das lateinische Original wiederzugeben. Und damit fängt die Geschichte dieses Buches an.
Ausgangspunkt war, wie so oft, die Suche nach einem Zitat. Es gab eine vage Erinnerung, daß Vitruv behauptet hätte, als erster eine Gesamtdarstellung der Architektur verfaßt zu haben, und das paßte zu einer Vorlesung über die Anfänge der Architekturtheorie. Nach wie immer sehr viel

längerer Suche als geplant, war die Stelle in der Vorrede zum Vierten Buch endlich gefunden und auch das lateinische Originalzitat, abgedruckt auf der gegenüberliegenden Seite, der Vollständigkeit halber notiert: „antea disciplinae corpus ad perfectam ordinationem perducere"[1], in der Übersetzung Fensterbuschs: „als erster das Gesamtgebiet der Wissenschaft in eine systematische Ordnung zu bringen"[2]. Erst bei der Übertragung in das fertige Vorlesungsmanuskript tauchten plötzlich vage Erinnerungen an weit zurückreichende Latein-Unterrichtsstunden auf: Der erste – hieß das nicht „primus"? Tatsächlich ließ das konsultierte Lexikon keinen Zweifel: „antea" hieß nicht „als erster", sondern „als erstes"! „Vorher, Vorab" stand dort lakonisch, und deshalb sagt Vitruv in Wirklichkeit: „habe ich es für eine würdige und äußerst nützliche Angelegenheit gehalten, vorher [bevor er die einzelnen Themen behandelt] das Gesamtgebiet des Faches in eine systematische Ordnung zu bringen". Das Zitat war damit für den gedachten Zweck unbrauchbar.

Das machte natürlich neugierig. War es ein Versehen, wie es überall vorkommen kann, ja bei der Übersetzung eines ganzen Buches zwangsläufig vorkommen muß? Oder gab es noch weitere Stellen? Ein Rückblättern zu dem zentralen 3. Kapitel des Ersten Buches, in dem die Begriffe *firmitas, utilitas* und *venustas* auftauchen, brachte neue Irritationen. Das Kapitel ist „Die Teilgebiete der Baukunst" überschrieben und der erste Satz lautet bei Fensterbusch: „Die Baukunst selbst hat drei Teilgebiete: Ausführung von Bauten, Uhrenbau, Maschinenbau."[3] Diese Stelle hatte seit jeher Irritationen hervorgerufen: Was hatten Uhrenbau und Maschinenbau mit Baukunst zu tun? Jetzt aber zeigte ein erneuter Blick auf die andere Seite: Vitruv benutzt hier nicht etwa „ars aedificandi" oder ähnliches, sondern das Wort „architectura". Verstand also Vitruv unter „architectura" etwas ganz anderes als Baukunst? War das auch wieder ein Übersetzungsfehler? Bald stellte sich jedoch heraus, daß Fensterbusch „architectura" – von wenigen Ausnahmen abgesehen – generell mit „Baukunst" übersetzt, manchmal fügt er sogar das Wort Baukunst aus freien Stücken hinzu.[4] Angesichts der Tatsache, daß auch sämtliche Kapitelüberschriften freie Hinzufügungen Fensterbuschs sind, wurde es allmählich immer fraglicher, ob Vitruv überhaupt jemals etwas über „Die ästhetischen Grundbegriffe der Baukunst" (2. Kapitel) geschrieben hatte – er selbst äußert sich jedenfalls nicht dazu! Bei ihm beginnt das entsprechende Kapitel lakonisch mit „Architectura autem constat"[5] (Die Architektur aber besteht aus). Und wenn man schließlich nachschlägt, wie Vitruv selbst sich zum Inhalt seiner *Zehn Bücher* und zu seinen Intentionen äußert, liest man in der Vorrede zum ersten Buch: „conscripsi praescriptiones terminatas"[6], also: „habe ich festumrissene Vorschriften zusammengestellt" – so weit ist Fensterbuschs Übersetzung völlig korrekt – und dann: „aperui omnes disciplinae rationes", laut Fensterbusch „ich habe [...] *alle* Lehren der Baukunst dargelegt"[7]. Tatsächlich steht dort aber nur: „ich habe [...] alle Lehren der Disziplin [des Faches] dargelegt". Schreibt hier also Vitruv *Zehn Bücher* über das Fach Architektur, während Fensterbusch dem Leser stattdessen *Zehn Bücher* über Baukunst präsentiert? Suggeriert uns die Übersetzung, daß wir es hier mit einem Werk der Kunstliteratur zu tun haben (als das Germann und Kruft es auch ausdrücklich einordnen)[8], während es sich in Wirklichkeit um ein Fachbuch der Architektur auf dem Wissensstand der Zeit um 25 v. Chr. in Rom handelt? War die Bibel der Architekturtheorie[9], bei Serlio das „hochheilige und unantastbare Buch"[10], von dem Germann zu Recht sagt, „daß die gesamte Architekturtheorie von der Renaissance bis zum Klassizismus eine einzige, fortwährende Auseinandersetzung mit Vitruv darstelle"[11], in der Übersetzung von Fensterbusch tatsächlich falsch ausgelegt worden? Und waren damit – was viel schlimmer ist – die gesamte architekturtheoretische Literatur, die sich auf diese Übersetzung gestützt hatte, und alle Schlußfolgerungen, die dort gezogen worden waren, in Frage gestellt?

Der kunstgeschichtliche Blickwinkel

Fest stand jedenfalls: Die deutsche Textfassung war nicht sicher. Wollte man wirklich wissen, was Vitruv über Architektur gedacht und geschrieben hatte, war eine genauere Überprüfung unvermeidbar, de facto also eine Neuübersetzung zumindest der theoretischen Kapitel erforderlich. Dabei stellte sich allerdings sehr bald heraus, daß die aufgetretenen Probleme keineswegs das Resultat einer mangelnden fachlichen Qualität der Übersetzung waren. Curt Fensterbusch war mit Sicherheit ein ausgezeichneter und, gerade was Vitruv angeht, höchst kenntnisreicher Altphilologe; man kann seine übersetzerische Gesamtleistung, verglichen mit den älteren Ausgaben, nur bewundern (s. Anmerkungen zu Übersetzung). Aber andererseits war natürlich auch er geprägt durch seine Zeit (1888–1978), sein Studium der Altphilologie und der Archäologie, vor allem aber durch die vorherrschende Sichtweise der Kunstgeschichte, die infolge ihres fachspezifischen und durchaus eingeschränkten Blickwinkels Architektur und Baukunst in der Tat als Synonyme betrachtete. Spätestens seit Vasaris „tre arti del disegno" war Architektur für die Kunstgeschichte ganz natürlicherweise ein Teilgebiet der bildenden Künste, zusammen mit Malerei und Skulptur. Das Wort „Architektur" steht seitdem vorrangig für einen unter zeitlichen, geographischen, stilistischen, personalen oder sonstigen Aspekten zusammenhängenden Komplex *realer Gebäude*: die Architektur der Antike, die Architektur Roms, die Architektur der Renaissance, die Architektur Michelangelos etc. Folgerichtig wurden in den entsprechenden Veröffentlichungen dann auch immer genau jene Werke aufgeführt, die man mit Fug und Recht als Baukunst bezeichnen konnte. Die Wortbedeutung hat sich dadurch so verfestigt, daß in den meisten Lexika auch heute noch unter dem Stichwort „Architektur" als erstes die Bedeutung „Baukunst" auftaucht, obwohl ein Student des 21. Jahrhunderts kaum von sich behaupten würde, daß er „Baukunst" studiere. Von daher war es fast selbstverständlich, ja unvermeidlich, daß auch die meisten Übersetzer und Kommentatoren an das Werk eines antiken Autors, der *Zehn Bücher über Architektur* geschrieben hatte, unter diesem Blickwinkel herangegangen sind: Architektur als Teilbereich der bildenden Künste, als Gegenstand kunstgeschichtlicher Betrachtungen, als Kanon bereits materialisierter Werke der Baukunst, für deren Beurteilung man ästhetische Kriterien und Kategorien zu finden hoffte.

Zusätzlich gestützt wurde diese Sichtweise durch den Umstand, daß Vitruv in bezug auf die Architektur tatsächlich häufig das Wort „ars" verwendet, das man vollkommen zu Recht mit „Kunst" übersetzen kann, für den Bereich des Bauens also mit „Baukunst". Problematisch wird allerdings schon die Übersetzung des Plurals, den Vitruv häufig benutzt, den es jedoch für das Wort „Baukunst" nicht gibt (so daß man in der Übersetzung auf den allgemeinen Terminus „Künste" ausweichen muß). Mit der gleichen Berechtigung kann man allerdings „ars" auch als „Können, Handwerkskunst, Beruf", allgemein sogar als „gewerbliche Tätigkeit" übersetzen (s. dazu die ausführliche Wortfeldanalyse in Teil III). Und ebenso häufig wie das Wort „ars" benutzt Vitruv, wenn er von der Architektur spricht, die Bezeichnung „disciplina", auf deutsch „Unterricht", „Lehre" oder „Fach".

Beide Lesarten sind also möglich: Architektur als „Baukunst" und Architektur als „Fach", als „Lehr- oder Berufsgebiet". Daß sich die Bau- und Kunstgeschichte, die seit langem die Hoheit über die Interpretation Vitruvs erobert hatte, unter diesen Umständen auf die Lesart „Baukunst" festgelegt hat, versteht sich von selbst. Ebenso nachvollziehbar ist, daß sich diese Lesart dann auch durch sämtliche Übersetzungen und somit auch durch die hier betrachtete Ausgabe von C. Fensterbusch zieht.

Damit war jedoch eine Vielzahl von Verständnisproblemen gleichsam vorprogrammiert wie beispielsweise

– die Frage, warum sich Vitruv in seinen architekturtheoretischen Kapiteln als erstes – und dann auch noch ausführlicher als bei allen anderen Themen – bei der Rolle des Architekten aufhält, wenn es doch um die Theorie der Baukunst geht;
– die unter diesem Blickwinkel nicht einleuchtend zu erklärende Verbindung und innere Logik der sechs Grundbegriffe, die immer wieder in das Schema der „ästhetischen Grundbegriffe der Baukunst" gepreßt wurden, anstatt als Planungskategorien des Faches Architektur verstanden zu werden;
– die unlogische Kennzeichnung der Inhalte des 3. Kapitels als „Teilgebiete der Baukunst" anstatt als „Aufgaben und Ziele der Architektur".

Daß der Text sich gegen die kunstgeschichtliche Lesart sperrt und unter solchen Prämissen teilweise widersprüchlich, teilweise unklar, vor allem aber als undurchdacht erscheint, hat jedoch erstaunlicherweise nie zu einer Revision dieser Sichtweise geführt, sondern sich stattdessen durchgängig gegen den Autor selbst gewendet und eine teilweise sehr distanzierte Beurteilung Vitruvs und seiner Theorie zur Folge gehabt. Kruft spricht von „Ungereimtheiten der Terminologie" und von „Unklarheiten"[12]. „Der begriffliche Aufbau erscheint aufgesetzt."[13] „Es kann daher bei Vitruv nur sehr bedingt von einem geschlossenen architekturtheoretischen System gesprochen werden."[14] In die gleiche Richtung geht Germanns Kritik, daß Vitruvs Werk „weder besonders systematisch noch widerspruchsfrei aufgebaut ist"[15]. Und Neumeyer meint, „Vitruvs Ruhm und Bedeutung beruhen zu einem guten Teil auf dem Umstand, daß er der einzige Autor aus der Antike ist, von dem ein Traktat über die Architektur überliefert ist"[16]. Knell schließlich fragt in seinem Vorwort sogar, „ob Vitruvs Bücher mehr sind als ein mehr oder minder gelungenes Sammelsurium, d. h. ob dem Werk insgesamt eine Konzeption zugrunde liegt, die dazu berechtigt, es an den Anfang der Geschichte der Architekturtheorie zu stellen?"[17]. Diese in der Frage erkennbare negative Einschätzung bewahrheitet sich zwar für ihn nicht, aber sie schimmert weiterhin durch viele seiner Charakterisierungen hindurch: „hartnäckiger Architekt"[18], „durchschnittliche Fähigkeit"[19], „bieder anmutende Bescheidenheit"[20], „verbissen anmutende Konsequenz"[21], „Widersprüche und Erfolgslosigkeit"[22] etc. Ähnliche Einschätzungen finden sich auch bei vielen anderen Autoren.

Liest man den Text Vitruvs jedoch als Theorie des *Faches* Architektur – schließlich war Vitruv Architekt, kein Kunsthistoriker –, kehrt sich der Sachverhalt in sein genaues Gegenteil um: Nicht Vitruv mangelt es dann an der notwendigen begrifflichen Klarheit, nicht er weiß nicht genau, wovon er redet, sondern es ist die kunstgeschichtliche Sichtweise, die überhaupt erst die kritisierte Unklarheit erzeugt! Viele der beklagten Widersprüche und Ungereimtheiten gehen gar nicht auf das Konto Vitruvs, sondern sind lediglich der falschen Weichenstellung in Richtung „Baukunst" geschuldet. Es ist faszinierend zu erleben, wie der Text unter einem anderen Blickwinkel auf einmal völlig klar, verständlich und nachvollziehbar hervortritt.

Der Zusammenhang von Inhalt und Theorie

Unabhängig von allen Auslegungs- und Übersetzungsfragen führt aber allein schon ein Blick auf den tatsächlichen Inhalt der *Zehn Bücher über Architektur* die Aussage ad absurdum, es handle sich hier um ein Werk der Baukunsttheorie. Abgesehen von den ersten drei Theoriekapiteln (und in der Folge dann noch, über die Bücher verteilt, fünf weiteren Kapiteln) beschäftigen sich die übrigen 87 Kapitel der *Zehn Bücher* hauptsächlich – und oft sehr technokratisch – mit detaillierten Aspekten des Fachgebiets, mit Verteidigungsanlagen und mit der Lage von Straßen und Plätzen, mit Baustoffen und Konstruktionen, mit dem modularen Aufbau von Tempeln, öffentlichen Gebäuden und privaten Villen, mit Mathematik und Naturwissenschaften, Astronomie und Klima, schließlich mit Gründungen und Innenausbau, mit Wasserbau, Uhrenbau und Maschinenbau (s. Teil II).

Zusammengenommen handelt es sich damit – und das ist eigentlich auch unstrittig – um ein umfassendes Lehrbuch der Architektur auf dem Wissensstand der damaligen Zeit. Zu einem solchen umfassenden Werk über Architektur gehörte allerdings auch ein theoretisches Grundgerüst, eine Art theoretischer Überbau, wie ihn Vitruv – vornehmlich in den ersten drei Kapiteln des Ersten Buches – dann entsprechend liefert. Aber er entwickelt dort natürlich die theoretischen Grundlagen dessen, was er dann in den folgenden zehn Büchern näher ausführt, also eine Theorie des *Fachgebietes*!

Mit dieser Voranstellung der theoretischen Erläuterungen folgt Vitruv im übrigen der Gattung der technographischen Literatur der damaligen Zeit[23], indem er das „für diese Literaturgattung verbindliche Schema der *praelocutio*"[24] benutzt, welches „unter anderem das begriffliche System mit einer Darstellung der Aufgaben und der Ziele und einer Einteilung der Materie, so wie sie Vitruv in I.2 und I.3 gibt"[25], enthält. Ein solches Theoriegerüst war für die Aufnahme des Fachgebiets in den Kreis der angesehenen „disciplinae" unabdingbar. Aus der etwas isoliert oder „aufgesetzt" erscheinenden Stellung der Theorie läßt sich jedoch nicht die Berechtigung ableiten, den Inhalt der anschließenden Bücher zu ignorieren oder als irrelevant für die Interpretation der Theorie abzutun.[26] Vielmehr ist jede Interpretation der *Zehn Bücher* fragwürdig, die das Verständnis der theoretischen Aussagen *nicht* aus dem Inhalt der nachfolgenden Bücher ableitet, also aus der Architekturlehre Vitruvs und aus dem, was dieser selbst im Vorwort des Ersten Buches als den eigentlichen Kern und Hauptinhalt des Gesamtwerkes definiert: fest umrissene Vorschriften für alle Grundlagen des Faches zu formulieren.

Architekturtheorie als Theorie des Faches

Vitruv – das wird die überarbeitete Übersetzung der ersten drei Kapitel und die darauf aufbauende Untersuchung eindeutig ergeben – spricht die ganze Zeit von seinem Fach, auch in der theoretischen Exposition, die er seinem Lehrbuch voranstellt. Auch seine Theorie ist eine Theorie des *Faches* Architektur, keine Theorie der Baukunst.[27] Sie benennt Kriterien, deren Beachtung bei der *Herstellung* von Gebäuden unabdingbar ist, aber sie versucht keine *Bewertung* der fertigen *Ergebnisse*. Sie liefert die theoretischen Grundlagen für die Arbeit und das Selbstverständnis des *Architekten*, aber sie formuliert keine Vorschriften für das – immer subjektive – Urteil des *Betrachters*.

Trotzdem wäre die vorliegende Neuinterpretation der Theoriekapitel nicht zu Ende geführt worden – obwohl eine verbesserte und verständlichere Lesart dieser ersten und bedeutendsten Aussagen zur Architekturtheorie in jedem Fall notwendig wäre –, wenn nicht durch den veränderten Blickwinkel eine architekturtheoretische Konzeption sichtbar geworden wäre, die in der Lage ist, auch der aktuellen Diskussion entscheidende neue Impulse zu geben. Indem Vitruv die Architekturtheorie als *Architektur*theorie, nicht als *Kunst*theorie begründet, eröffnet er die Chance, endlich zu einer *eigenständigen* Theorie der Architektur zu gelangen, die die Autonomie der Architektur gegenüber den anderen Bereichen der bildenden

Kunst, Malerei und Skulptur, sowie gegenüber der kunstgeschichtlichen Betrachtungsweise insgesamt zurückzuerobern. Indem er mit erstaunlicher Aktualität die Inhalte, Grundlagen und Bedingungen des Faches definiert, steckt er den Rahmen ab, innerhalb dessen sich auch heute noch eine Theorie der Architektur (als Fach) bewegen muß. Denn die *grundlegenden Fragen*, mit denen sich ein Architekt beschäftigen muß, sind bei allem Wandel der Architektur selbst erstaunlich konstant geblieben – und nur sie sind Gegenstand einer Theorie der Architektur.

Anmerkungen zur Übersetzung

Trotz aller Kritik bleibt die Fensterbusch-Übersetzung in der Ausgabe von 1964 auch bei der Neuübersetzung der Theoriekapitel Grundlage und Ausgangspunkt. Gerade wenn man im Vergleich noch einmal frühere deutsche Übersetzungen zu Rate zieht (u. a. Rode 1796, Lorentzen 1857, Stürzenacker 1938), wird angesichts der dort oft erstaunlich frei interpretierenden Formulierungen der philologisch und wissenschaftlich fundierte Charakter der Fensterbusch-Ausgabe deutlich. Überall dort, wo die unterschiedliche Sichtweise von Kunsthistorikern und Architekten keine Rolle spielt, bleibt sie eine verläßliche Prüfinstanz.

Hinzu kommt im Fall Vitruvs noch die vor der Übersetzung liegende Arbeit an der Rekonstruktion des verloren gegangenen Originaltextes aus den unterschiedlichen Quellen, die – jede für sich – schon wieder vielfach redigierte Abschriften von Abschriften sind. Auch hier erfolgt die Herstellung des Ausgangstextes für die Übersetzung durch Fensterbusch mit großer Fachkenntnis und auf hohem wissenschaftlichem Niveau. Die von ihm erarbeitete lateinische Textfassung bleibt daher ebenfalls Grundlage der neuen Übersetzung und der auf dieser aufbauenden Interpretation.

Dringt man schließlich immer tiefer in den über 250 Seiten langen Text des Vitruvschen Lehr- und Fachbuchs ein, der zu einem großen Teil aus unzähligen Detailangaben zu Baustoffen, Proportionen, Konstruktionen, Maßangaben und Bauanleitungen besteht, wird die bewundernswerte Gesamtleistung dieser Übersetzung in aller Deutlichkeit sichtbar. An keiner Stelle ist ein Erlahmen der Sorgfalt oder ein Nachlassen der übersetzerischen Akribie spürbar. Daher wird außerhalb der Theoriekapitel bei Zitaten auch weiterhin immer dann auf die Fensterbusch-Übersetzung zurückgegriffen, wenn die jeweilige Überprüfung keine abweichende Formulierung erforderlich machte.

Wenn in den Theoriekapiteln dennoch teilweise erhebliche Änderungen an Fensterbuschs Übersetzung vorgenommen wurden, liegt die Ursache meist tatsächlich in den schon erwähnten prinzipiellen Voreinstellungen. Ein Beispiel aus dem 1. Kapitel sei hier noch angeführt. Nachdem Vitruv dort die vielen Wissensfächer aufgezählt hat, in denen der Architekt sich auskennen müsse, zieht er den Schluß, daß nur diejenigen sich als Architekten bezeichnen dürften, die, durch vielfältigen Unterricht geschult und durch das Wissen der meisten theoretischen Schriften und Handwerkszweige gefördert, zum innersten Bezirk der Architektur vorgedrungen seien: „pervenerint ad summum templum architecturae"[28]. Bei Fensterbusch wird daraus: „zur höchsten Stufe, der Architektur, gelangt sind."[29] Über die Wissenschaften und die Künste gelangt man bei ihm zum Endpunkt, zum Gipfel, zur höchsten Stufe – und das ist die Architektur, die damit über die Kunst und die Wissenschaft gestellt wird. Diese Aussage wird oft als Meinung Vitruvs zitiert. Es ist aber die Meinung Fensterbuschs! Ohne Kommata hieße es auch bei Fensterbusch nur: „zur höchsten Stufe der Architektur gelangt sind", also zur architektonischen Vollendung (wie es in diesem Fall übrigens auch Rode interpretiert)[30]. Fensterbusch hatte aber schon im ersten Satz des 1. Kapitels die Architekten über alle anderen Künste gesetzt und bringt seine Auffassung durch die Hinzufügung der Kommata an dieser Stelle erneut zum Ausdruck.

Weitere Gründe, die zur Modifikation der Fensterbusch-Übersetzung führen:

– die Korrektur kulturhistorisch geprägter Begriffe wie „Baukunst", „Kunst", „Wissenschaft" etc., die mit ihrer heutigen Bedeutung im antiken Originaltext keine Entsprechung finden und daher zu prinzipiellen Fehlinterpretationen führen;

– die Korrektur von Grundbegriffen und fachlichen Zusammenhängen, die sich aus dem Blickwinkel des Architekten in neuem Licht zeigen und teilweise dadurch überhaupt erst ihre architektonische Relevanz erlangen;

– die Korrektur von – relativ selten vorkommenden – direkten Übersetzungsfehlern wie im eingangs geschilderten Fall;

– schließlich die Korrektur von heute nicht mehr gebräuchlichen Wörtern, stilistisch überholten Formulierungen und umständlichen oder verschachtelten Satzkonstruktionen.

Alle Korrekturen wurden jedoch immer innerhalb der lexikalisch möglichen Spielräume vorgenommen, so daß die philologische Substanz der

Fensterbusch-Übersetzung im Grundsatz erhalten bleibt. Trotzdem lassen sich Irrtümer oder Fehlinterpretationen nie gänzlich ausschließen. In der Begeisterung über eine neue und viel nachvollziehbarere Lesart schießt man leicht einmal über das Ziel hinaus. Auch ist die Versuchung groß, aus Gründen der sprachlichen Flüssigkeit die eine oder andere Unschärfe in der Übersetzung in Kauf zu nehmen, so lange nur der vermeintliche Sinn getroffen ist. Damit wäre aber gerade im vorliegenden Fall nichts gewonnen, da dann nur die eine Übersetzung mit Unschärfen gegen eine andere mit neuen und anderen Unschärfen ausgetauscht würde. Deshalb wurde hier im Zweifelsfall immer der Genauigkeit der Vorzug vor der eingängiger und überzeugender klingenden Formulierung gegeben, selbst wenn dadurch viel Holprigkeit im Text verbleibt. Notwendig erscheinende Erläuterungen oder Ergänzungen wurden stattdessen in Klammern hinzugefügt und dadurch als Interpretationen kenntlich gemacht. Ziel war immer eine möglichst genaue und sachlich richtige Übersetzung.

Zur Überprüfung dieses Vorgehens werden in den *Materialien zur Übersetzung* im Anhang 2 der lateinische Originaltext, die Übersetzung Fensterbuschs und die neue Übersetzung – teilweise Satz für Satz – gegenübergestellt. Dort, wo eine Erklärung der gewählten Abweichung notwendig erscheint, wird ein Kommentar hinzugefügt.

Das erübrigt nicht eine weitergehende philologische Überprüfung und es wird mit Sicherheit auch die eine oder andere Korrektur erfolgen müssen. Am Ende eines solchen Prozesses könnte dann aber tatsächlich ein Vitruv-Text zur Architekturtheorie stehen, der nach heutigem Wissensstand die Intentionen des Autors so exakt wiedergibt, wie es über die zeitliche Distanz von über 2000 Jahren überhaupt noch möglich ist. Ob anschließend einige Kapitel der Geschichte der Architekturtheorie neu geschrieben werden müssen, wird man dann sehen…

I Rahmenbedingungen

Historisches Umfeld

Das erste Jahrhundert vor Chr. war vielleicht der bedeutendste Abschnitt in der Geschichte des Römischen Reiches.[31] In diesem Zeitraum vollzog sich der weitere Aufstieg Roms zur Weltmacht, gleichzeitig aber auch der endgültige Niedergang der Republik und der Beginn der Kaiserzeit. Viele der bedeutendsten Persönlichkeiten der römischen Geschichte waren Zeitgenossen Vitruvs: Caesar, Pompeius, Antonius, Augustus; aber auch Varro, Cicero, Vergil, Ovid und viele andere mehr. Um 50 v. Chr. war Vitruv wahrscheinlich zwischen 30 und 35 Jahre alt, Varro, der größte Gelehrte seiner Zeit, 66 Jahre; Pompeius und Cicero waren 56, Caesar 50, Vergil 20 und Augustus 13 Jahre alt. Der spätere Princeps und Adressat seiner *Zehn Bücher über Architektur* war also etwa 20 Jahre jünger als Vitruv.

Gleichzeitig war diese Zeit aber auch eine Zeit schwerster Krisen. Zwei Triumvirate, die in blutigen Machtkämpfen endeten, langjährige Bürgerkriege und teilweise blanker Terror in Rom begleiteten den Niedergang der Republik im Inneren, symbolisiert durch die Ermordung Caesars 44 v. Chr. (als Gegner) und Ciceros 43 v. Chr. (als Befürworter der Republik), während das Reich nach außen weiter expandierte und endgültig zur territorialen Hegemonialmacht aufstieg.[32]

Kulturelles Umfeld

Die schon vor dem zweiten Jahrhundert v. Chr. begonnene militärische Eroberung Griechenlands war zu diesem Zeitpunkt längst abgeschlossen, ebenso aber die gleichzeitige kulturelle Expansion des Hellenismus nach Rom. Dieser dominierte zur Zeit Vitruvs bereits den Lebensstil der führenden Schichten, insbesondere deren Philosophie, Kunstverständnis und Architekturvorstellungen. Vielfach „studierten die Söhne der römischen

Aristokraten und der Honoratioren der italischen Städte, die etwas auf sich hielten, in Athen"[33]. So wenig die Griechen der militärischen Übermacht Roms gewachsen waren, so wenig hatten die Römer der griechischen Hochkultur etwas entgegenzusetzen. „Der römische Weltstaat wurde von der hellenistischen Weltzivilisation erfaßt, und das gedemütigte Griechentum begann seinen Siegeszug über seinen politischen Überwinder"[34] – so Alfred Heuss in seiner *Römischen Geschichte*. Die Situation erinnert ein wenig an das Verhältnis zwischen den USA und Europa nach dem Ende des Zweiten Weltkriegs.

Vergil versuchte mit seiner *Aeneas* an die *Illias* von Homer anzuknüpfen und beschrieb dort das Verhältnis zwischen Griechen und Römern folgendermaßen:

„Andere mögen aus Bronze gefälliger gleichsam
beseelte Wesen gestalten, glaube ich,
Leben dem Marmor entlocken,
werden vortrefflich öffentlich reden,
die Bahnen des Himmels besser berechnen,
genauer den Aufgang der Sterne bestimmen:
Zeige dich, Römer, bewußt der Pflicht, die Völker zu lenken –
hierin beweise dein Können!"[35]

Der eingestandenen künstlerischen, rhetorischen, astronomischen und naturwissenschaftlichen Überlegenheit der Griechen stellt Vergil hier die Fähigkeit der Römer zur Ausübung der politischen und militärischen Herrschaft gegenüber. Auch Cicero äußert sinngemäß, „die Römer hätten alle *diciplinae ingenuae* von den Griechen übernommen, das heißt, die gesamte höhere geistige Bildung der Römer sei im Grunde griechisch"[36] – und tatsächlich ist ja seine Rhetoriklehre ohne die Arbeiten seiner griechischen Vorgänger, von Gorgias, Antiphon und Isokrates bis hin zu Demosthenes, Aristoteles, Theophrast, Hermagoras und anderen nicht zu denken. So wundert es nicht, wenn auch die von Vitruv in seiner Literaturliste im Vorwort des Siebten Buches aufgeführten Autoren – und darüber hinaus auch der überwiegende Teil aller anderen in seinen Büchern auftauchenden Namen und Fachausdrücke – griechischen Ursprungs sind, obwohl er pflichtschuldig auch die wenigen vorhandenen römischen Autoren und Architekten nennt. Das hat vor allem in der Renaissance, die ja an *römische* Macht und Größe anknüpfen wollte und für die die Wiederentdeckung des Manuskriptes eines *römischen* Architekten durch den päpstlichen Legaten Poggio Bracciolini 1416[37] zunächst wie ein Geschenk der Götter erscheinen mußte, für heftige Irritationen gesorgt, insbesondere bei Leon Battista Alberti.[38]

Architektonisches Umfeld

Auch architektonisch konnte sich Rom „mit seinen engen, verwinkelten Straßen, den archaischen Tempeln mit ihrem altväterlichen Terrakottaschmuck und dem Mangel an repräsentativen öffentlichen Bauten, Plätzen und Säulenhallen in keiner Weise mit den gleichzeitigen überaus kunstvollen Marmorarchitekturen der griechischen Städte vergleichen"[39]. Man muß sogar davon ausgehen, daß weite Teile Roms wegen der zu dieser Zeit explosionsartig angestiegenen Einwohnerzahl eher den heutigen Slums in den Metropolen der Dritten Welt glichen. Es gab keine architektonischen Weltwunder wie in Harlikarnassos oder Pergamon, es gab noch nicht die spätere imperiale Größe der Kaiserforen, die ja auch nur die Bilderwelt der griechischen Agora widerspiegelten. Rom war eine Lehm- und Ziegelstadt, und erst Augustus, so zitiert ihn Sueton (ca. 70–130 n. Chr.) in seinen Kaiserbiographien, konnte sich rühmen: „Ich hinterlasse eine Stadt aus Marmor, während ich eine Stadt von Backsteinen vorgefunden habe."[40] Dieser Umbruch fällt mitten in Vitruvs Lebenszeit. Das alte italisch-etruskisch geprägte Rom beginnt sich rapide zu wandeln. Bis dahin hatte der Schwerpunkt der originär römischen Architektur eher auf technisch-militärischem Gebiet gelegen: Hafen-, Straßen-, Brücken- und Festungsbau, vielfach schon auf der Basis der neu entwickelten Gußmörteltechnik, ergänzt allerdings durch die ebenso eigenständige römische Entwicklung, die Bauform der Basilika. Hier waren im Bereich des Forums schon 179 v. Chr. die Basilika Aemilia und 170 die Basilika Sempronika entstanden, die Caesar dann 54 v. Chr. durch die Basilika Julia ersetzt. Zur gleichen Zeit beginnt er mit dem Bau seines Forums. Um 55 v. Chr. entsteht auch das Theater des Pompeius, in Rom das erste Theater aus Stein, nicht zu verwechseln mit dem typisch römischen Amphitheater, in Pompeii schon 80 v. Chr., in Rom aber erst 29 v. Chr. gebaut. Das Marcellus-Theater, dessen Fassade für die Renaissance ein wichtiges Vorbild wurde, dürfte Vitruv aber nicht mehr fertig gesehen haben, es wurde erst um 13 v. Chr. vollendet. Direkt miterlebt hat er von den Bauten des Augustus aber noch die Fertigstellung des Tempels des göttlichen Julius (29 v. Chr.), des Forum Julius und der Basilika Julia, alles wegen der Bürgerkriege liegen-

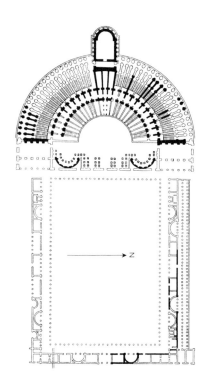

Pompeius-Theater, Rom, ca. 55 v. Chr.

gebliebene Projekte aus der Zeit Caesars; dann die Renovierung und den Wiederaufbau von 82 Tempeln, deren Augustus sich in den „res gestae", der Zusammenfassung seiner Taten, rühmt. Hinzu kommen unter anderem noch das erste Pantheon und die Thermen auf dem Marsfeld, beide im Auftrag des Augustus von Agrippa erbaut.

Vitruvs Verhältnis zur Architektur seiner Zeit ist bemerkenswert: Die meisten Gebäude ignoriert er, die aber, die er überhaupt erwähnt, kritisiert er in der Regel. In sieben von zwölf Kapiteln des Fünften Buches beschäftigt er sich mehr oder minder mit dem Theaterbau, das Theater des Pompeius erwähnt er aber mit keinem Wort. Nur die angrenzenden Säulenhallen werden im 9. Kapitel aufgeführt; und im 3. Kapitel des Dritten Buches taucht als Standortbezeichnung des Tempels der Fortuna Equestris ein „steiner-

Tempel des göttlichen Julius, Forum Romanum, Rom, 29 v. Chr.

nes Theater"[41] auf. Im Vierten Buch schreibt er über Rundtempel, geht aber mit keinem Wort auf das Beispiel auf dem Forum Boarium (fälschlich als Tempel der Vesta bezeichnet) ein. Ebenso verhält er sich bei dem in unmittelbarer Nachbarschaft stehenden Tempel des Portunus (früher Tempel der Fortuna Virilis genannt), der ziemlich genau seiner Beschreibung jener abweichenden Tempelform entspricht, die er Pseudoperipteros nennt.[42] Er muß diesen Tempel, der in der ersten Hälfte des ersten Jahrhunderts v. Chr. errichtet wurde und noch heute steht, ohne Zweifel gekannt haben, hält ihn aber keiner Erwähnung wert. Andere Tempel, wie den des göttlichen Julius und auf dem Caesarforum den Tempel der Venus, beide vom Typ Pyknostylos und immerhin von Augustus, seinem Förderer und Geldgeber vollendet, kritisiert er scharf: Sie wiesen „bei der

Rundtempel auf dem Forum Boarium, Rom, 1. Jh. v. Chr.

praktischen Verwendung Mängel auf"[43], zudem werde „durch die räumliche Enge das Herumwandeln um den Tempel behindert"[44]. Im Zusammenhang mit dem Kapitolinischen Tempel, einem ursprünglich etruskischen Araeostylos und einem der bedeutendsten und ältesten Heiligtümer der Stadt, spricht er gar davon, daß das Aussehen solcher Tempel „sperrbeinig, plattköpfig-gedrückt, niedrig und breit"[45] sei – eine regelrechte

Tempel des Portunus auf dem Forum Boarium, Rom, 1. Jh. v. Chr.

Beleidigung. Dieses Verhalten zeugt von erstaunlichem Selbstbewußtsein und – auf seinem Spezialgebiet – von wenig Scheu vor höchsten Autoritäten. Jedenfalls scheint Vitruv insgesamt nicht viel vom Stand der architektonischen Entwicklung in Rom gehalten zu haben; als umso dringlicher muß es ihm erschienen sein, hier endlich einen qualitativen Standard und allgemein verbindliche Richtlinien einzuführen.

Situation des Berufsstandes

Erschwerend kam hinzu, daß nicht nur die Bauwerke, sondern auch Vitruvs Kollegen seinen Ansprüchen so wenig gewachsen waren. Es gab so gut wie keine qualifizierten Architekten für die neuen repräsentativen Bauaufgaben. So wie Rom eine Stadt aus Ziegeln war, so war sie eine Stadt der Maurermeister oder auch nur der Bauunternehmer und Ziegeleibesitzer, nicht der Architekten. Wenn irgendetwas von Belang gebaut werden sollte, holte man sich Griechen – oder es waren bereits fachkundige griechische Hausangestellte oder gar Sklaven vor Ort, die dann für diese Zwecke eingesetzt wurden. Noch um 112 n. Chr. antwortete Trajan auf eine Bitte Plinius' des Jüngeren, ihm einen qualifizierten Architekten in die Provinz Bithynien zu schicken: „Du mußt Dir nur nicht einbilden, es sei einfacher, sie sich aus Rom schicken zu lassen, denn auch zu uns kommen sie meist aus Griechenland"[46]. Die Qualifikation der Architekten insgesamt muß in der Regel ein großes Problem gewesen sein. In den Vorreden zum Dritten, Sechsten und Zehnten Buch beklagt Vitruv sich bitterlich darüber, „daß Ungelernte und Unerfahrene, die nicht nur nichts von Architektur, sondern nicht einmal etwas vom Handwerk verstehen, sich mit einem Fach von so großer Bedeutung befassen"[47]. Oft seien es „Stümper"[48], die darüber hinaus nicht einmal in der Lage seien, die Baukosten richtig zu berechnen und dadurch die Bauherren in den Ruin trieben[49]. Solche „Mißstände"[50] gebe es überall, außerdem Vetternwirtschaft, Bestechungen, Auftragserschleichung durch Beziehungen etc.[51] Auch Cicero beschwert sich in einem Brief an seinen Bruder Quintus aus dem Jahre 54 v. Chr. „über die Pfuscharbeit des auf seinen Landgütern beschäftigten ‚Architekten' Diphilos"[52]. Allerdings ist „architectus" in dieser Zeit – und im übrigen bis weit in die Neuzeit hinein – auch keine geschützte Berufsbezeichnung: Jeder konnte sich Architekt nennen. Architektur wurde weder an Schulen gelehrt noch war es ein Ausbildungsberuf wie das Maurer- oder Zimmermannshandwerk. Eine eigene Zunft der Architekten gab es nicht. So waren es in der Regel entweder angestellte oder freigelassene griechische Sklaven oder römische Handwerksmeister ohne weitere Ausbildung, die „nebenbei" die Aufgaben des „architectus" übernahmen. Diese allgemeine Misere seines Berufsstandes war Vitruv zweifellos ein Dorn im Auge und stand in krassem Widerspruch zu seinem eigenen Selbstverständnis und Berufsbild.

Biographischer Hintergrund

Ob Vitruv selbst in seiner Jugend eine handwerkliche Ausbildung erhalten hat, wissen wir nicht, er erwähnt sie jedenfalls an keiner Stelle. Für eine solche Ausbildung spricht allerdings, daß er gleich im 1. Kapitel des Ersten Buches von einem Architekten handwerkliche Kenntnisse und Fähigkeiten (fabrica) als nowendigen Teil seiner Qualifikation ausdrücklich verlangt. Ebenfalls ungeklärt ist, wie er den anderen Teil, das theoretische Wissen in unterschiedlichsten Fächern, erworben hat. Ein Hinweis findet sich im Vorwort des Sechsten Buches, wo er seinen Eltern dafür dankt, daß sie ihm die Ausbildung in den theoretischen Schriften und den umfassenden Unterricht in allen Lehrfächern[53] ermöglicht haben. Er erwähnt dort auch seine Lehrer und seine eigene Freude am Studium gelehrter Schriften und Kommentare. Die Vermutung liegt nahe, daß dieser Unterricht tatsächlich im Hause seiner Eltern durch Hauslehrer erfolgte, wahrscheinlich durch gelehrte Griechen, die ja oft Teil des Hauspersonals waren. Für diese These spricht, daß Vitruv seine Lehrer an keiner Stelle namentlich erwähnt, obwohl er eine hohe Meinung von deren Wissen hatte[54]; für die Vermutung, daß es Griechen waren, spricht die durchgängig griechisch dominierte Prägung seiner gesamten Architekturlehre. In jedem Fall beherrschte er, ebenso wie damals die überwiegende Mehrzahl der römischen Führungsschicht, die griechische Sprache.[55] Ohne deren Kenntnis wären ihm weite Teile des Stoffes, den er in seinen Büchern verarbeitet, überhaupt nicht zugänglich gewesen.

Wichtig ist der Zeitpunkt der Ausbildung, er liegt lange vor dem Beginn der Blütezeit der römischen Architektur. Wenn man von einem Geburtsdatum Vitruvs von 85–80 v. Chr. ausgeht, fand seine Ausbildung um 65 v. Chr. statt. Er wurde also von Lehrern unterrichtet, deren Wissen sich in etwa auf dem Stand von 100 v. Chr. befand. Daß er – wie es ihm immer wieder vorgeworfen wurde – für die fortschrittlichen Technologien und neu aufkommenden Bautypen der späten Republik und der beginnenden

Kaiserzeit wenig Verständnis aufbrachte und sie in seiner Architekturlehre weitgehend ignoriert, hängt daher weniger mit einer rückwärtsgewandten Einstellung als mit dem tatsächlichen Zeitpunkt seiner entscheidenden beruflichen Prägung zusammen.

Die Familie Vitruvs kann jedenfalls nicht ganz unvermögend gewesen sein. Andererseits gehörte sie mit Sicherheit nicht dem Patriziat an, sonst hätte Vitruv sich kaum dem Militärdienst verschreiben müssen, um dort diverses Kriegsgerät herzustellen und zu reparieren. Er war ein Gebildeter, der aber nicht über den finanziellen Hintergrund und die soziale Stellung verfügte, entsprechend zu leben. In der tristen Realität des Heeresdienstes und den langen Jahren des Aufenthalts in primitiven Militärlagern ist er dadurch sicherlich – auch unter seinen Berufskollegen – eher ein Außenseiter geblieben. Daran hat sich auch in seiner anschließenden zivilen Tätigkeit nichts geändert. Er konnte oder wollte anscheinend nicht mit den in seinen Augen ungebildeten, teilweise unfähigen, teilweise korrupten Kollegen um Bauaufträge konkurrieren und ist daher als Architekt nicht sehr erfolgreich gewesen. Sicherlich war seine Einstellung der Architektur gegenüber auch zu idealistisch, um sich in der rauhen Wirklichkeit der römischen Bauwirtschaft behaupten zu können. „Daher bin ich auch wenig bekannt geworden"[56], schreibt er in diesem Zusammenhang. Mit Sicherheit wissen wir nur von einem einzigen Bauvorhaben, bei dem er als Architekt tätig war, der Basilika in Fano, weil er darüber selbst im Fünften Buch berichtet. Des weiteren, daß er als Wasserbauingenieur gearbeitet hat, wie aus Bemerkungen im Achten Buch[57] eindeutig hervorgeht. Nach Gewährung einer lebenslangen Rente durch Vermittlung der Schwester Oktavians scheint er sich dann, arm aber gesichert, im wesentlichen der Arbeit an den *Zehn Büchern* gewidmet zu haben. Wie lange diese Arbeit gedauert hat und wann sie beendet war, in den späten oder in den frühen zwanziger Jahren v. Chr., ob das Buch ein Erfolg war und ob Vitruv diesen Erfolg noch miterlebt hat, wissen wir nicht.

Motivation und Intention

Vitruv hat sich viel von der Herausgabe seines Werkes versprochen, und dies aus einer ganzen Reihe von Gründen. Zunächst ist ein gewisser kompensatorischer Charakter nicht zu übersehen: Der eher geringe berufliche Erfolg soll durch ein großes theoretisches Werk wettgemacht werden. „Dennoch aber", schreibt er nach dem Eingeständnis seines geringen

Bekanntheitsgrades als Architekt, „werde ich, wie ich hoffe, durch Herausgabe dieser Bücher der Nachwelt bekannt sein"[58]. Anstatt mit unqualifizierten Kollegen um Aufträge zu feilschen, möchte er lieber „durch Herausgabe dieses Lehrbuchs den großen Wert unserer Wissenschaft aufzeigen"[59]. Auch andere Mängel soll die schriftstellerische Leistung kompensieren: „Mir aber, Imperator, versagte die Natur körperliche Größe, das Alter hat mein Gesicht entstellt, Krankheit hat mir meine Kräfte genommen. Da mir nun diese Hilfsmittel [attraktives Aussehen und Gesundheit] versagt sind, werde ich mich, wie ich hoffe, mit Hilfe meiner Wissenschaft und meiner Schriften bei Dir empfehlen"[60]. Zudem bewegt ihn natürlich auch der ganz normale Wunsch nach Anerkennung und Ansehen, wie er vor allem in den Vorreden zum Zweiten, Dritten, Sechsten und Neunten Buch zum Ausdruck kommt.

Aber Vitruv ist auch unabhängig von solchen psychologischen Motiven der festen Überzeugung, etwas Wichtiges und Großes zu leisten: „Aus diesem Grunde habe ich geglaubt, mit größter Sorgfalt über das Gesamtgebiet der Architektur und ihre Methoden schreiben zu sollen in der Meinung, daß dieser Dienst der Allgemeinheit in Zukunft nicht unerwünscht sein werde."[61] Angesichts einer stark expandierenden repräsentativen Bautätigkeit auf der einen und der fehlenden oder mangelhaften Qualifikation seiner Kollegen auf der anderen Seite schien ihm ein umfassendes Lehrbuch dringendst erforderlich, ja überfällig, hier sah er eine echte ,Marktlücke'. Es gab zwar einzelne, verstreute Lehrschriften von bekannten Architekten aus Griechenland – im wesentlichen technische Beschreibungen ihrer Bauten –, es gab Einzelschriften zu Nachbarbereichen wie Theaterbau, Musik, Medizin, Astrologie, Naturwissenschaft etc., aber es gab kein zusammenhängendes Gesamtwerk über Architektur, das überhaupt erst einmal Umfang und Inhalt dieser Disziplin definierte. „In größerem Umfang scheint sich bis auf den heutigen Tag niemand mit diesem Gebiet der Schriftstellerei befaßt zu haben"[62], schreibt er in der Vorrede zum Siebten Buch. Daher glaubt er, „nicht schweigen zu dürfen"[63], sondern sein Wissen über die einzelnen Gebiete in einzelne Bücher gegliedert weitergeben zu müssen.

Offizieller Adressat seines Werkes ist kein geringerer als Augustus selbst. Ihm fühlt sich Vitruv sich nicht nur wegen seiner Rente verpflichtet, ihn möchte er auch bei dessen umfangreicher Bautätigkeit durch sein Lehrbuch beraten und unterstützen. Darüber hinaus hat er aber auch die wohlhabenden Laien, die, „ermutigt durch das Vertrauen auf ein Lehrbuch, selbst den Bau leiten"[64], als potentielle private Bauherren im Blick. Angesichts der grassierenden Schlamperei erscheint es ihm sinnvoller, daß die Bauherren selbst darüber entscheiden, wie sie ihr Geld verbauen wollen, anstatt es „Leuten ohne Erfahrung"[65] anzuvertrauen. Dazu benötigten sie aber eine qualifizierte Grundlage: Vitruvs eigene Darlegungen.

Unabhängig von der fachlichen Notwendigkeit war eine solche ‚gelehrte‘ Schriftform aber auch die Voraussetzung der von ihm so dringend gewünschten Aufwertung seines Faches, für die Aufnahme der „architectura" in den Kreis der anderen gelehrten Disziplinen.

Von der Veröffentlichung eines solchen umfassenden Lehrbuchs über Architektur erhoffte sich Vitruv daher – neben Ansehen und persönlicher Anerkennung – dreierlei:

1. die Verbesserung der Ausbildung der Architekten und damit eine Anhebung ihrer gesellschaftlichen Stellung und eine stärkere Würdigung der Bedeutung ihrer Tätigkeit (Aufwertung des Berufes der Architekten);

2. die Verbesserung des Ansehens seines Faches, den Aufstieg der „architectura" aus der ‚schmutzigen‘ handwerklichen Sphäre in den Rang einer angesehenen Unterrichtsdisziplin (Aufwertung des Faches Architektur);

3. die Beeinflussung der architektonischen Vorstellungen der herrschenden Schicht in seinem (griechisch geprägten) Sinne und damit die Verbesserung der gestalterischen Qualität des Bauens im Rom der beginnenden Kaiserzeit.

Ein gewisser missionarischer Eifer schwingt dabei ebenso mit wie eine gehörige Portion Idealismus. Beides bestärkte ihn in dem Glauben, die schmerzlich erfahrene Diskrepanz zwischen seinem eigenen Berufsbild und Selbstverständnis auf der einen und der realen Praxis und der öffentlichen Meinung auf der anderen Seite tatsächlich durch ein Lehrbuch aufheben oder zumindest verringern zu können. (Zu der Frage, ob und wieweit ihm dies gelungen ist, vgl. Herbert Koch, *Das Nachleben des Vitruv.*)

II   Aufbau und Inhalt der *Zehn Bücher über Architektur*

Der Aufbau der *Zehn Bücher über Architektur* folgt einem klaren Programm. Im 3. Kapitel des Ersten Buches legt der Autor im Rahmen seiner theoretischen Ausführungen sowohl den Gesamtumfang des Fachgebietes als auch dessen systematische Gliederung in einzelne Teilbereiche und Bauaufgaben fest. Dieses Schema bildet dann zugleich die Grundlage für die Einteilung des Stoffes in die zehn Bücher.

Da es bei Vitruv jedoch weder ein Inhaltverzeichnis, noch einzelne Buch- oder Kapitelüberschriften gibt, ist eine Orientierung über Inhalt und Abfolge des behandelten Stoffes nur schwer möglich. Zudem hat das Programm im Laufe der Ausarbeitung erhebliche Ab- und Aufweichungen sowie vielfältige Ergänzungen erfahren, so daß der tatsächliche Inhalt mit seinen Verschränkungen, Einschüben, Vor- und Rücksprüngen ein

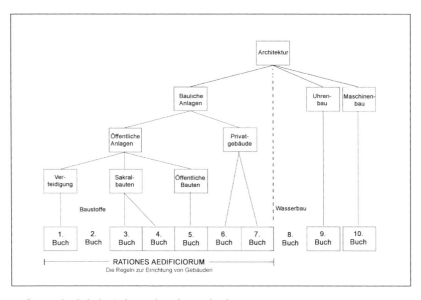

Aufbau und Inhalt der *Zehn Bücher über Architektur*

sehr komplexes, teilweise unübersichtliches Erscheinungsbild bietet. So tauchen beispielsweise die Inhalte des Zweiten und des Achten Buches gar nicht in der Gliederung auf und unterbrechen dadurch die logische Abfolge der Bücher.

Aus diesem Grund gibt Vitruv in den Vorreden zu den einzelnen Büchern eine weitere Hilfestellung zum Verständnis des inhaltlichen Aufbaus. Jeweils am Ende einer Vorrede rekapituliert er den Inhalt des vorangegangenen Buches und kündigt das Thema des folgenden Buches an. Sind die Inhalte, wie in den ersten vier Büchern, besonders komplex, kann dieser ‚Lotsendienst' schon einmal eine halbe Seite umfassen. Bei den späteren Büchern, die sich in ruhigerem Fahrwasser befinden, beschränkt sich die Hilfestellung meist auf den letzten Satz der Vorrede. Die Bemerkungen am Ende der Vorreden sind aber auch darum von großem Nutzen, weil wir hier – jenseits von allen kunstgeschichtlich gefärbten Interpretationen – vom Autor selbst erfahren, worüber er seiner Meinung nach schreibt und worum es in den einzelnen Büchern tatsächlich geht.

Die Vorreden

Im wesentlichen aber übernehmen die Vorreden die Aufgabe der Einleitung in das Gesamtwerk, die ja bei Vitruv ebenfalls fehlt. Die behandelten Themen umfassen Aussagen zum Inhalt und zum Ziel der Arbeit, zu den Grundlagen und spezifischen Besonderheiten des Stoffes, zum aktuellen Stand der Disziplin, aber auch Äußerungen zur persönlichen Intention und Motivation des Autors. Diese übergeordneten, das gesamte Werk betreffenden Aspekte haben – vom Achten und Zehnten Buch abgesehen – keine inhaltlichen Bezüge zu den Themen der einzelnen Bücher, werden aber irritierenderweise in zehn einzelne Abschnitte aufgeteilt und den einzelnen Büchern vorangestellt.

Die erste Vorrede übernimmt dabei zusätzlich die Funktion der Widmung und benennt in angemessen respektvoller Form den Adressaten (Augustus), klärt die Beziehung des Autors zu seinem Stoff und zum Adressaten und erläutert den Nutzen des Werks für den Princeps. In diesem Zusammenhang formuliert Vitruv am Ende auch das Ziel der Arbeit, „praescriptiones terminatas"[66], also „festumrissene Vorschriften" für die Beschaffenheit der Gebäude zu liefern. Er benutzt das ähnlich lautende und fast gleichbedeutende Wort „praeceptum", also „Vorschrift, Lehre" dann anschließend in sieben von zehn Vorreden zur Charakterisierung seines eigenen Werkes (dritte, fünfte und zehnte Vorrede)[67] oder vergleichbarer anderer Werke (zweite, vierte, fünfte und siebte Vorrede)[68]. Nach seinem eigenen Verständnis hat er also ganz offensichtlich ein *Lehrbuch* über Architektur verfaßt.

Es gab natürlich vor seiner Arbeit – und darauf weist er selbst hin – schon zahlreiche andere, leider verlorengegangene Schriften zur Architektur. Darum bringt Vitruv in der Vorrede zum Vierten Buch noch einmal das Besondere, sozusagen das Alleinstellungsmerkmal seiner Arbeit zur Sprache: Die meisten bisherigen Schriften stellten den Stoff nur vereinzelt und ungeordnet dar, während er selbst nicht nur das Gesamtgebiet („corpus architecturae") präsentiere, sondern diese Gesamtdarstellung auch noch vorab durch einen theoretischen Vorlauf „ad perfectam ordinationem"[69], also „in eine perfekte Ordnung" bringe. Fast gebetsmühlenartig, in ebenfalls sieben von zehn Vorreden, wird der Hinweis auf das Gesamtgebiet („corpus") wiederholt, in drei Vorreden immerhin der Vorzug der systematischen Ordnung und Gliederung.

Um die vorhandenen Grundlagen architektonischen Wissens, um Vorläufer und Quellen geht es auch in der Vorrede zum siebten Buch, die in Teilen eine Art Literaturverzeichnis (neben anderen in den Büchern selbst), darüber hinaus aber auch ein allgemeines Lob der schriftlichen Überlieferung und eine Verdammung von Plagiatoren und geistigem Diebstahl enthält. Nebenbei wird hier erneut die Dominanz der griechischen Autoren sichtbar. Unter den in den Abschnitten 11 bis 14 aufgeführten 45 Namen sind 42 Griechen und nur drei Römer: Fuficius, Terentius Varro und P. Septimus. Später fügt Vitruv dann noch zwei römische Baumeister hinzu: Cossutius und C. Mucius.

Schließlich setzt sich Vitruv in der Vorrede zum Fünften Buch auch noch mit den besonderen Problemen eines Fachbuchs über Architektur auseinander: es liest sich wesentlich schwerer als Bücher anderer Gattungen, weil die Materie kompliziert ist und viele Fachvokabeln auftauchen, die der Leser nicht versteht. Um diesem die vergleichsweise trockene und schwer verständliche Lektüre zu erleichtern, hat er sich daher entschlossen, möglichst kurz und klar zu schreiben. In seiner Argumentation schwingt ein gewisses Bedauern darüber mit, daß andere Autoren es mit Dichtungen oder Werken über Geschichte so viel leichter haben, „großes und hervorragendes Ansehen"[70] zu erlangen.

Das leitet schon zum zweiten Thema der Vorreden über: dem Wunsch nach Anerkennung und Nachruhm. Vier Vorreden kreisen mehr oder minder direkt um dieses Thema (zweite, dritte, sechste und neunte Vorrede). Die zweite Vorrede beginnt mit der Legende von Deinokrates, der durch seine herausragende äußere Erscheinung zu hohem Ansehen gelangte. Da Vitruv nach eigenem Eingeständnis auf diesem Gebiet nicht mithalten kann, hofft er stattdessen mit Hilfe seiner Bildung und seiner Schriften Anerkennung zu erlangen. Jedoch, fährt er in der Vorrede zum Dritten Buch fort, könne man leider den Menschen solche Qualifikationen nicht von außen ansehen, sonst würde den Gelehrten und Fachkundigen (wie ihm) ja automatisch ein hervorragendes und dauerndes Ansehen zu Teil werden. Insofern hänge das tatsächliche Ansehen oft von Zufällen oder vom Glück ab. Am schlimmsten aber sei es, wenn die Anerkennung durch Schmeicheleien, Beziehungen oder Bestechungen zustande komme und Aufträge, die eigentlich hochgebildeten Fachleuten zustünden, Günstlingen zugeschanzt würden. Mit solchen Leuten möchte sich Vitruv nicht messen – und gibt deshalb lieber ein Lehrbuch heraus.

In der Vorrede zum Sechsten Buch holt er dann noch weiter aus, indem er den hohen Wert von Bildung und Ausbildung allgemein thematisiert. Dazu bemüht er die Legende von Aristippos, dem Philosophen und Schüler von Sokrates, der, durch einen Schiffbruch in einem fremden Land gestrandet, dort aufgrund seiner Bildung sofort Anerkennung und Auskommen findet – eine Erzählung übrigens, die sich gleichlautend auch bei Cicero in *De re publica* findet.[71] Beides – Bildung und Ausbildung – ist ihm durch die Unterstützung seiner Eltern in hohem Maße zu Teil geworden, ohne daß es ihm allerdings geholfen hätte, ein bekannter Architekt zu werden und bedeutende Aufträge zu bekommen. Zu seinem größten Ärger werden solche Auträge viel zu oft unfähigen Kollegen anvertraut. Sein Lehrbuch über Architektur hat daher auch die Aufgabe, das Qualifikationsniveau seines Berufsstandes zu erhöhen.

Schließlich geht es in der Vorrede zum Neunten Buch – neben dem Ansehen zu Lebzeiten – auch noch um den Nachruhm. Berühmte Sportler erhalten Auszeichnungen, Anerkennung und Ruhm, Schriftsteller und Forscher hingegen nicht, obwohl ihnen doch auf Grund ihrer Leistungen für die Allgemeinheit sogar ein Platz unter den Göttern zustünde – natürlich nicht allen, aber zumindest so hervorragenden Persönlichkeiten wie Platon, Pythagoras, Archimedes, Archytas und Demokrit, deren bedeutende Erfindungen er ausführlich darlegt. Allerdings triumphieren so hervorragende Denker, die zu Lebzeiten weder Ehrungen noch Anerkennung erfahren, letztlich doch, indem sie später durch ihre Lehren Unsterblichkeit erlangen. Ohne Zweifel würde sich auch Vitruv gerne in diesem erlauchten Kreis wiederfinden (was ihm ja letzlich auch gelungen ist).

Von den Mißständen in seinem Berufsstand ist dann noch einmal in der Vorrede zum Zehnten Buch die Rede. Diesmal geht es um Fehler bei der Schätzung der Baukosten. Vitruv möchte, daß die schuldigen Kollegen wesentlich härter bestraft werden und mit ihrem eigenen Vermögen für die Schäden haften. Zusammen mit den kritischen Äußerungen in den Vorreden zum Dritten und Sechsten Buch ist damit der dritte Schwerpunkt der Vorreden benannt: die problematische Situation des Architektenberufes.

So fällt lediglich die Vorrede zum Achten Buch aus dem Kreis der Einleitungsthemen heraus, ähnlich wie der Inhalt des Buches selbst aus dem vorgegebenen Ablauf. Vitruv greift hier noch einmal die schon öfter[72] behandelte Lehre von den vier Grundstoffen Feuer, Wasser, Erde und Luft auf und führt seine Leser dann durch die Hervorhebung der besonderen Wichtigkeit des Wassers auf das Thema des Buches selbst, die Wasserversorgung, hin.

Erstes Buch: Die theoretischen Grundlagen des Faches. Das Anlegen von Städten

An den Anfang des ersten Buches – und damit bewußt vor die Behandlung des normalen Lehrbuchstoffes – stellt Vitruv die Darlegung der theoretischen Grundlagen des Fachgebiets. Diese drei Kapitel werden wegen ihrer zentralen Bedeutung später im einzelnen behandelt.

Unmittelbar im Anschluß beginnt Vitruv dann, das von ihm aufgestellte Programm abzuarbeiten, an erster Stelle die Verteidigungsanlagen, also Stadtmauern, Türme und Tore. Zuvor jedoch (Kap. 4) muß noch eine möglichst gesunde Lage für die Stadt gefunden werden: hoch gelegen, den gemäßigten Himmelsrichtungen zugewandt, von giftigen Sümpfen weit genug entfernt. Vitruv unterlegt seine Argumentation mit theoretischen Ausführungen über die Wirkung von Hitze und Kälte, über die Zusammensetzung von Nahrungsmitteln, Tieren und Menschen aus den vier Grundstoffen und über die Möglichkeiten, die gesundheitliche Eignung eines Ortes durch Analyse von Proben der örtlichen Fauna und Flora festzustellen.

Ist ein solcher Ort gefunden, kann mit dem Bau der Stadtmauern begonnen werden (Kap. 5). Wir erfahren etwas über die Stärke der Fundamente, die Anzahl, den Abstand, die Lage und die Form der Befestigungstürme,

über das Material und die Dicke der Mauern und über die Kombinations-
möglichkeiten mit Erdwällen.

Im 6. Kapitel folgt dann eine lange Abhandlung über die Ausrichtung des
Straßennetzes im Hinblick auf die Windrichtungen. Hintergrund dieser
Ausführungen ist die Annahme der Römer, daß ungesunde Windströmun-
gen die Ursache vieler Krankheiten seien. Die Straßen müßten darum möglichst so angelegt werden, daß direkter Durchzug verhindert wird.

Als erstes gibt Vitruv einen Überblick über die vielfältigen Erscheinungsformen und Bezeichnungen der Winde, die am Ende eine 24-teilige Wind-
rose ergeben. Diese Wind- und Himmelsrichtungen müssen natürlich vor
Ort eingemessen werden, was analog dem Vorgehen bei den Sonnenuhren
erfolgt. Ist die Lage der acht Hauptwindrichtungen festgelegt, wird das
Straßennetz noch einmal um 22,5 Grad gegen diese Himmelsrichtungen
verdreht. So wird erreicht, daß keine Straße in einer Hauptwindrichtung
liegt.

Vitruv erwähnt in diesem Zusammenhang zwei Zeichnungen, die bedauerlicherweise verloren gegangen sind. Da er aber deren Anfertigung im Text
erläutert, lassen sie sich relativ leicht rekonstruieren. So findet sich auch
im Anhang der Fensterbusch-Ausgabe als Abbildung 1 eine Darstellung
des Straßenverlaufs in bezug auf die Windrichtungen, die oft in Veröffentlichungen über die Anfänge des Städtebaus auftaucht oder zur Illustration
der städtebaulichen Überlegungen Vitruvs dient. Das Bild des in einen
Kreis eingeschriebenen Achtecks mit verdrehtem Quadratraster übt mit
seiner Nähe zu den Idealstadtmodellen der Renaissance eine sehr sugge-
stive Wirkung aus und wird oft als ,Stadtgrundriß des Vitruv' mißverstan-

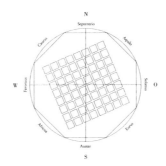

Anlage der Straßen gemäß den Windrichtungen

den, obwohl „Kreis und Achteck […] nur Hilfslinien zur Bestimmung der Winde [sind] und […] mit dem Umriß der Stadt nichts zu tun [haben]"[73], wie Fensterbusch extra betont.

Vitruv äußert sich nur an einer einzigen Stelle – im 5. Kapitel – zur äußeren Form der Stadt: „Die Städte dürfen nicht viereckig, auch nicht mit vorspringenden Ecken angelegt sein, sondern mit Biegungen, damit der Feind von mehreren Stellen erblickt wird"[74]. Alle anderen Formen, vor allem unregelmäßige, dem Gelände angepaßte, sind daher möglich. Auch erwähnt er an keiner Stelle eine bestimmte Form des Straßennetzes (Quadratraster); seine einzige städtebauliche Aussage bezieht sich tatsächlich auf die Ausrichtung der Straßen gemäß den Windrichtungen.

Im 7. und letzten Kapitel geht Vitruv dann noch auf die Lage der öffentlichen Einrichtungen und der Tempel ein, allerdings in denkbar knappster Form: Bei Hafenstädten soll das Forum am Hafen, bei Städten im Binnenland in der Stadtmitte liegen; die Tempel für Jupiter, Juno und Minerva sollen an der höchsten Stelle der Stadt errichtet werden, für Merkur am Markt, für Apollo am Theater etc. Einige andere Tempel, so etwa für Venus, Volcanus und Mars, gehören aber auch an Orte außerhalb der eigentlichen Stadt.

Damit ist das, was Vitruv zu seinem ersten Gliederungspunkt, der „Festlegung der Stadtmauern und der Bauten für die Gemeinschaft an öffentlichen Orten"[75] erläutern möchte, abgeschlossen. Von einer städtebaulichen Theorie des Vitruv kann in diesem Zusammenhang sicherlich nicht gesprochen werden. Aber auch zur Architekturtheorie leisten die Kapitel 4 bis 7, außer daß sie die hier behandelten Themen in den Tätigkeitsbereich des Architekten und des Fachgebiets Architektur einbeziehen, keinen weiteren Beitrag.

Zweites Buch: Baustoffe, Mauerwerksbau

Das zweite Buch, das wie nachträglich eingeschoben wirkt, weil es – wie Vitruv selbst einräumt[76] – den von ihm aufgestellten Gang der Erörterung der Bauaufgaben unterbricht, handelt im wesentlichen von Baustoffen und – was den Mauerwerksbau angeht – von Baukonstruktion. Zuvor gibt es aber im ersten Kapitel noch einen weiteren Einschub mit dem Thema „Vom Ursprung der Gebäude". Vitruv verteidigt dessen Lage gegen das Argument, daß das Werk insgesamt mit diesem Thema hätte beginnen müssen, indem er ausführt, daß seine Bücher den gesamten Bereich der Architektur umfaßten, während es hier „nur" um die „Herstellung von

Behausungen"[77] gehe, die eben sehr viel mehr mit dem Inhalt des zweiten Buches, den vorhandenen Baumaterialien, zu tun habe.

Auch in der Vitruv-Rezeption wurde dieses Kapitel fälschlicherweise immer wieder als „Ursprungslegende der Baukunst"[78] oder als Darstellung der „Entstehung der Architektur"[79] interpretiert, obwohl es lediglich um die Ursprünge des Bauens, nicht der Architektur geht. Insofern leistet das Kapitel zur Architekturtheorie im engeren Sinne keinen Beitrag, ist aber seiner prinzipiellen Bedeutung wegen – und gerade auch, um solche Mißverständnisse auszuräumen – neu übersetzt und mit Kommentar versehen als Anhang 1 angefügt worden.

Als Einstieg in die Baustoffkunde greift Vitruv dann im 2. Kapitel das Thema der Zusammensetzung der Materie und der Baumaterialien aus den vier Grundstoffen Feuer, Wasser, Erde und Luft wieder auf, ein Thema, das er bereits im 4. Kapitel des Ersten Buches angeschnitten hatte, ergänzt noch um Demokrits Lehre von den Atomen. In den Kapiteln 3 bis 7 folgt eine fundierte Beschreibung der zur Errichtung von Mauerwerkswänden benötigten Materialien: Ziegel, Sand, Bindemittel und Natursteine. Anschließend kommen im umfangreichen 8. Kapitel die unterschiedlichen Konstruktionsarten und Verbände (recticulatum, opus incertum; isodom, pseudoisodom, emplekton; einschalig, zweischalig, dreischalig), die Haltbarkeit solcher Mauerwerkswände und die Art der oberen Abdeckung zur Sprache. Zum Umfang dieses Kapitels trägt weiterhin die Einfügung von Sonderthemen bei: die Beschreibung der Stadtanlagen und des Palastes von Halikarnassos, die Legende vom Sieg der Artemisia über die Rhodier und schließlich eine Erklärung, warum in Rom aus Raummangel das Mauerwerk aus ungebrannten Ziegeln nicht mehr verwendet werden kann. Abgeschlossen wird das Kapitel mit einem Abschnitt über Fachwerkwände, wobei Vitruv aus seiner Ablehnung dieser Bauweise keinen Hehl macht.

Im 9. und 10. Kapitel nimmt der Autor die Baustoffkunde wieder auf, diesmal bezogen auf den Werkstoff Holz. Er informiert über den richtigen Fällzeitpunkt, die Fäll- und Trocknungstechniken, die verschiedenen Baumsorten mit ihren jeweiligen Eigenschaften und Anwendungsmöglichkeiten, sowie über die Qualitätsunterschiede, die durch die Lage an den Süd- oder Nordhängen des Appenin entstehen. Eingeschoben wird diesmal noch der Bericht über die Belagerung von Larignum durch seinen Feldherrn Caesar, die er wahrscheinlich selbst miterlebt hat.

Alle notwendigen Materialien zur Errichtung des Rohbaus eines einfachen Gebäudes sind damit im Zweiten Buch beschrieben: Ziegel oder Natursteine zusammen mit Mörtel für die Wände, Holzbalken für die

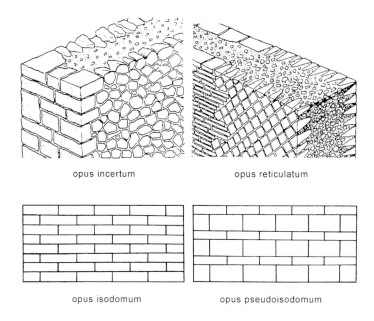

opus incertum   opus reticulatum

opus isodomum   opus pseudoisodomum

Mauerwerkskonstruktionen und -verbände

Zwischendecken und Dächer. Erwähnt werden auch gebrannte Ziegel für die Dacheindeckung. Architekturtheoretische Ausführungen finden sich naturgemäß bei diesem Thema nicht.

Drittes Buch: Die Grundlagen des Tempelbaus. Der ionische Tempel

Das Thema dieses Buches ist, „wie die Reihenfolge es erfordert"[80], der Tempelbau. Weil aber dessen „Vorzüge und Mängel auf ewige Zeit Bestand zu haben pflegen"[81] und deshalb ihr äußeres Erscheinungsbild besonders sorgfältig bedacht werden muß, beginnt Vitruv mit einer ausführlichen Herleitung seiner Schönheitslehre aus den Proportionen des menschlichen Körpers. Der Inhalt dieses Kapitels wird als Bestandteil der architekturtheoretischen Aussagen Vitruvs ausführlich in Teil IV („ordinatio" und „symmetria") und in Teil V („Der Schönheitsbegriff Vitruvs") besprochen.

41

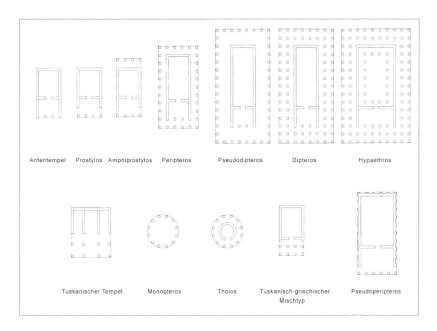

Antentempel Prostylos Amphiprostylos Peripteros Pseudodipteros Dipteros Hypaethros

Tuskanischer Tempel Monopteros Tholos Tuskanisch-griechischer Mischtyp Pseudoperipteros

Tempelformen

Im 2. Kapitel folgen dann die typologischen Ausführungen zum Tempelbau. Vitruv unterscheidet sieben Grundformen: Antentempel, Prostylos, Amphiprostylos, Peripteros, Pseudodipteros, Dipteros und Hypaethros. Soweit möglich belegt er seine Beschreibungen mit gebauten Beispielen. Im 3. Kapitel schildert er die Tempelvarianten, die sich aus den unterschiedlichen Säulenabständen ergeben, wobei die Skala vom Pyknostylos und Systylos bis zum Diastylos und Araeostylos reicht. Alle vier weisen in seinen Augen Mängel auf: bei den ersteren stehen die Säulen zu eng, bei den letzteren zu weit auseinander – auch wenn einige der wichtigsten Tempel seiner Zeit nach diesen Schemata gebaut worden waren. Nur die fünfte Art, der Eustylos, entspricht als goldener Mittelwert seinen Vorstellungen. Dessen modularer Aufbau der Vorderfront entsprechend der Anzahl der Säulen wird deshalb ausführlicher geschildert. Dabei verweist Vitruv auf den Urheber dieses Bautyps, Hermogenes, der auch den von ihm bewunderten achtsäuligen Pseudodipteros entworfen haben soll.

Anschließend stellt Vitruv einen Zusammenhang zwischen den Säulenzwischenräumen und der Dicke der Säulen selbst her, und zwar im Hinblick auf optische oder wahrnehmungspsychologische Gründe: „weil die Luft infolge der Breite der Säulenzwischenräume für das Auge die Dicke der Säulenschäfte verzehrt und vermindert"[82]. Er leitet damit die Schilderung der Korrekturen ein, die aus optischen Gründen an einzelnen Bauteilen und dem Gebäudeganzen zu erfolgen haben: Verstärkung der Ecksäulen, Verjüngung und Neigung der Säulen, mittlere Überhöhung der Stylobate (4. Kapitel) und der Epistyle (5. Kapitel), Voreigung aller Bauteile oberhalb der Epistyle um ein Zwölftel (5. Kapitel) etc. „Das Auge nämlich sucht Anmut" (venustas), schreibt er; ohne optische Korrekturen werde dem Betrachter ein „geistloser und nicht anmutiger Anblick geboten"[83].

Im 4. Kapitel schließlich erläutert Vitruv den Unterbau der Tempel und kehrt nach einem kurzen Ausflug in die Baukonstruktion (Fundamentausbildung) mit der Darlegung der Verhältnisse zwischen Länge und Breite des Tempels und der Anzahl und Abmessung der Stufen an der Frontseite zur Gebäudelehre zurück. Allerdings bleibt er in bezug auf die Formen des Unterbaus insgesamt ungewöhnlich vage: Die Stufenanlage kann auf die Stirnseite beschränkt bleiben und der Tempel auf einem Podium stehen (die römische Variante), sie kann aber auch um den ganzen Tempel herumführen (die griechische Variante). Anscheinend möchte Vitruv sich hier nicht festlegen, obwohl seine Typologie der Grundformen, wie nicht anders zu erwarten, deutlich griechisch geprägt ist.

Damit sind die allgemeinen Ausführungen zum Tempelbau abgeschlossen und Vitruv kann sich im 5. Kapitel dem ersten der drei Tempelstile, dem modularen Aufbau des ionischen Tempels, zuwenden. Hier geht er jetzt wirklich bis ins kleinste Detail und legt damit den Grundstein für die Vielzahl der Vorlage- und Säulenbücher, die in den Jahrhunderten nach seiner Wiederentdeckung in der Renaissance entstanden. Seine Ausführungen reichen von den zwei möglichen Basen, der attischen und der ionischen, über die Säulenschäfte bis hin zum ionischen Kapitell, das nur verbal und durch modulare Verhältnisse darzustellen bei dem komplexen räumlichen Aufbau dieses Bauteils eine wirkliche Herausforderung bedeutet. Es folgen Epistyl, Fries, Zahnschnitt, Gesims und schließlich das Giebelfeld (Tympanon) bis hin zu Traufrinne und Wasserspeier.

Das Dritte Buch gehört damit – bis auf das erste, unter die Architekturtheorie fallende Kapitel – dem Bereich der Gebäudelehre an, berücksichtigt allerdings immer auch die ästhetische Wirkung des vollständig durchgearbeiteten und abgestimmten modularen Aufbaus.

Viertes Buch: Tempelbau (Fortsetzung)

Sieht man das Dritte und Vierte Buch als thematische Einheit (Sakralbau), so unterbricht Vitruv zu Beginn des Vierten Buches die Darlegung des modularen Aufbaus der Säulenordnungen, um die Legenden von der Entstehung der unterschiedlichen Stile und Schmuckelemente nachzutragen. Im Kern decken sich seine Angaben dabei mit dem Stand der archäologischen Forschung: daß die dorische Ordnung die älteste ist, zurückzuführen auf einen König Doros (oder auf das Volk der Dorer, das sich in Zentralgriechenland niedergelassen hatte); daß im Rahmen der Kolonisierung Kleinasiens (Ioniens) dort eine eigenständige Ordnung entstand, der ionische Stil; und daß schließlich die Entwicklung der korinthischen Ordnung folgte, allerdings beschränkt auf die Ausbildung eines speziellen, bildhauerisch inspirierten Kapitells.

Interessanter ist, wie Virtuv die Herkunft der Formen begründet: die Voluten des ionischen Kapitells seien Nachahmungen der „gekräuselte[n] Haarlocken bei der Frauenfrisur"[84], die Kanneluren entsprächen den Falten der Frauengewänder, die spira (der Säulenfuß) einem Schuh etc. Die Form des korinthischen Kapitells wiederum soll aus den Blättern einer Bärenklauwurzel hervorgegangen sein, die um einen Korb herum gewachsen waren.[85] Hier tritt also eine streng naturalistische Auffassung von der Entstehung der Formen zutage, die uns später noch ausführlich im Kapitel über den *decor* im Teil IV beschäftigen wird.

Eine lückenlose Fortsetzung erfährt diese Sichtweise im 2. Kapitel, wo es um die unterschiedliche Ausprägung des Gebälks geht. Die Ableitung der einzelnen Formen aus dem Holzbau ist bis in die Neuzeit hinein eine der einflußreichsten inhaltlichen Aussagen Vitruvs geblieben und hat zu zahlreichen Rekonstruktionsversuchen geführt. Nach seinen Angaben entsprechen die Triglyphen den Balkenköpfen, die Metopen den Balkenzwischenräumen, die Mutuli den Sparrenköpfen und der Zahnschnitt den Vorsprüngen der Dachlatten. Diese Logik des Holz- und Zimmermannbaus, so sagt er, müsse im Steinbau beibehalten werden: es könne beispielsweise kein Zahnschnitt unter den Mutuli angeordnet werden, „denn die Latten können nicht unterhalb der Sparren sitzen"[86]. Ebenso falsch sei es, an den Giebelschrägen Zahnschnitt anzubringen, weil die Latten in Richtung der Traufe laufen. Immerhin deutet die Erwähnung dieser Punkte darauf hin, daß es schon zu Vitruvs Zeit Verstöße gegen diese puristische Auffassung gegeben hat.

Erfindung des korinthischen Kapitells

Ableitung des dorischen Gebälks aus dem Zimmermannsbau

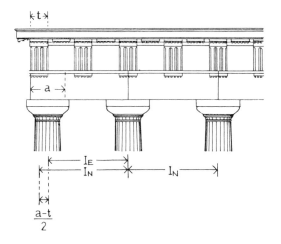

Dorischer Eckkonflikt (nach Knell)

Was bei dieser prinzipiell einleuchtenden Ableitung des formalen Vokabulars aus dem Holzbau offen bleibt, ist die Frage der Verteilung der Formelemente auf die einzelnen Ordnungen: Hat der ionische Tempel keine Balkenlagen und Balkenköpfe? Hat der dorische Tempel keine Dachlatten?[87] Man ist daher geneigt, die Antwort doch eher an anderer Stelle zu suchen, zumal Vitruv selbst gleich im nächsten Kapitel eine mögliche Erklärung anspricht. Bevor er nämlich nach diesem Intermezzo die Beschreibung der Tempel mit der dorischen Ordnung fortsetzt, erwähnt er die Meinung führender Architekten, der dorische Stil sei prinzipiell fehlerhaft und unharmonisch, weil es unmöglich sei, zu einer sauberen Einteilung der Triglyphen und Metopen[88] zu gelangen. Gemeint ist der sogenannte ‚Dorische Eckkonflikt‘, der sich dadurch ergibt, daß die Triglyphen immer über den Säulenachsen stehen sollen, das Gebälk aber an der Ecke bis zur Säulenaußenkante laufen muß, so daß entweder die letzte Metope breiter wird oder der letzte Säulenabstand verkürzt werden muß. Beides nennt Vitruv „fehlerhaft"[89] und schlägt deshalb später eine dritte, salomonische Lösung vor, die Anbringung einer Halbmetope an den Ecken.

In seinen Augen sind damit die Probleme der dorischen Ordnung gelöst, aber das ist nicht der Fall. Das System ist extrem starr, die Vielzahl der Abhängigkeiten führt nicht nur an den Ecken zu Konflikten. Zum Beispiel sind bei realistischer Sturzlänge überhaupt nur zwei Säulenabstände möglich, der eine mit zwei mittleren Triglyphen zwischen den direkt über der Säule plazierten, der andere mit nur einer mittleren Triglyphe. Aus den Festsetzungen, daß a) die Triglyphe 1 Grundmaß breit und 1 1/2 Grundmaße hoch sein soll; b) die Metopen quadratisch sein sollen und daher, da sie ja die gleiche Höhe haben wie die Triglyphen, die Abmessungen 1 1/2 auf 1 1/2 besitzen müssen; und c) ein Grundmaß dem halben Säulendurchmesser entspricht, folgt zwingend für die enge Variante ein Säulenzwischenraum von 1 1/2, für die breite Variante eine Zwischenraumbreite von 2 3/4 Säulendurchmessern. In beiden Fällen sind Vitruvs eigene Angaben dazu falsch. Er spricht bei der breiten Variante vom Diastylos (nach seiner Definition im 3. Kapitel des Dritten Buches der dreifache Säulendurchmesser), bei der engen Variante vom Systylos (zweifacher Säulendurchmesser), obwohl es sich eigentlich um einen Pyknostylos (eineinhalbfach) handelt.[90]

Der von Vitruv hoch gelobte Eustylos mit einem Zwischenraum von 2 1/4 Säulendurchmessern läßt sich unter Einhaltung aller von ihm genannten Bedingungen überhaupt nicht herstellen: Bei der Variante mit nur einer mittleren Triglyphe muß deren Breite auf 1,3 Grundmaße erhöht werden, bei der Variante mit zwei Triglyphen in der Mitte auf 0,86 Grundmaße reduziert werden. Dadurch wird das Gesamtgebälk entweder sehr hoch oder sehr niedrig, was in beiden Fällen sowohl zu statischen Problemen als auch zu unschönen Proportionen führen kann. Oder man muß die Regel aufgeben, daß die Metopen quadratisch sein müssen. So liegt die Vermutung nahe, daß die allmähliche Ablösung des dorischen durch den ionischen und korinthischen Stil doch viel mit der wesentlich flexibleren Handhabung dieser formalen Systeme zu tun hatte.

Nachdem die Darlegung der drei Säulenordnungen abgeschlossen ist, wendet sich Vitruv den übrigen Aspekten des Tempelbaus zu. Im 4. Kapitel beschreibt er den Aufbau von Cella und Pronaon, nicht ohne erneut optische Aspekte bei der Dicke der Säulen einzubeziehen. Im 5. Kapitel folgen Ausführungen zur Ausrichtung der Tempel, das 6. Kapitel liefert eine genaue Beschreibung der Tempeltüren und ihrer Umrahmungen entsprechend den unterschiedlichen Stilen.

Die Kapitel 7 und 8 widmet Vitruv der Schilderung abweichender Tempelformen. Er beginnt mit dem Tempel italisch-etruskischer Herkunft, über dessen Aussehen er sich schon im Dritten Buch abwertend geäußert hatte. Verursacht wird die problematische Form auch durch die großen Säulenabstände, die darüberhinaus die Ausführung der Stürze in Holz notwendig machen. Im 8. Kapitel behandelt er die beiden Formen der Rundtempel, Monopteroi und Peripteroi, also Tempel ohne und mit Cella, und schließlich Tempel „in anderer Art und Weise"[91]. Darunter findet sich auch ein Tempel, der dem schon erwähnten und ihm zweifellos bekannten kleinen Podiumstempel auf dem Forum Boarium ähnelt, eine Kombination aus erweitertem Pronaon und Pseudoperipteros, bei dem die Cellawände zwischen die Außensäulen gesetzt sind. Vitruv bezeichnet diese Variante als „eine neue Gattung hinsichtlich Grundriss und Namen"[92]. Insgesamt behandelt er diese abweichenden Formen aber eher beiläufig und anscheinend nur der Vollständigkeit halber. Für ihn stehen ohne Zweifel die klassischen griechischen Tempelformen – z. B. der Peripteros – im Zentrum des Interesses.

Ebenfalls der Vollständigkeit halber fügt Vitruv im 9. Kapitel auch noch eine knappe Beschreibung der Lage und Höhe der Altäre hinzu, obwohl diese, streng genommen, schon nicht mehr Bestandteil der Tempel sind, da sie vor dem Gebäude liegen. Zu den im Inneren aufgestellten Götterbildern äußert er sich hingegen nicht.

Bis auf die ersten beiden Kapitel, in denen grundlegende theoretische Fragen nach der Herkunft der architektonischen Form zur Sprache kommen, gehören damit die restlichen sieben Kapitel der Bauentwurfslehre oder Gebäudekunde zum Thema Sakralbau an.

Fünftes Buch: Öffentliche Bauten

Das Fünfte Buch ist das erste, das auf einen theoretischen Vorspann verzichtet und unmittelbar mit der an dieser Stelle der Gliederung vorgesehenen Behandlung öffentlicher Bauten beginnt, im ersten Kapitel also mit der Darstellung der Entwurfsgrundlagen von Märkten und Basiliken. Wir erfahren etwas über die Unterschiede zwischen griechischen und römischen Foren, über deren Form, Größe und umliegende Bebauung und Nutzung. Den Kern der Ausführungen bildet jedoch die detaillierte Beschreibung der Basilika von Fano. Ob Vitruv diesen Bau selbst entworfen hat, geht allerdings aus dem lateinischen Originaltext weniger deutlich hervor als aus Fensterbuschs Übersetzung: Bei Vitruv steht dort nur „conlocavi curavique faciendam"[93], also „die ich errichtet und deren Bau ich geleitet habe", während Fensterbusch daraus macht: „wie ich die Basilika für die Kolonie Fano entworfen und unter meiner Leitung als Architekt habe bauen lassen"[94]. Im übrigen hat es auch zu diesem Thema, dem Aussehen der Basilika, zahlreiche Rekonstruktionsversuche gegeben, die allerdings oft erstaunlich phantasievoll mit Vitruvs Beschreibung umgehen.
Im 2. Kapitel streift der Autor den Rathausbau, um anschließend sofort zum Theaterbau überzugehen, dessen Behandlung dann die Kapitel 3 bis 9 einnimmt, insgesamt also über 60 Prozent des Fünften Buches. Einen Grund für diese bevorzugte Behandlung erfahren wir nicht. Man muß daher annehmen, daß Vitruv hier erneut den Bildungsanspruch des Faches betonen möchte; denn bevor er im 7. Kapitel zum Theaterbau selbst kommt, läßt er sich ausführlich über die – immerhin erstaunlich fortgeschrittene – Wellentheorie des Schalls, über die Harmonielehre des Aristoxenos und die Verbesserung der Akustik mittels Schallgefäßen aus – akustisches Spezialwissen für Liebhaber also, dessen Relevanz er selbst an einigen Stellen in Zweifel zieht. Von der Harmonielehre sagt er, daß sie „ein dunkles und schwer verständliches Gebiet"[95] sei, überdies rein griechischen Ursprungs; bei den Schallgefäßen räumt er ein, daß sie in Rom nicht verwendet würden.
Im 7. Kapitel folgt endlich die detaillierte Beschreibung des Typus eines wahrscheinlich von ihm konzipierten römischen Theaters. Warum er dabei nicht auf das bereits existierende Pompeius-Theater eingeht, ja es in die-

sem Zusammenhang nicht einmal erwähnt, sondern nur im Rahmen der Säulenhallen hinter den Bühnenaufbauten, wurde bereits als Frage aufgeworfen. Jedenfalls schildert Vitruv die geometrische Konstruktion von Bühne, Orchestra, Zuschauerraum und Bühnenhaus einschließlich ihrer modular definierten Verhältnisse, nicht ohne darauf hinzuweisen, daß es Bereiche gibt, die nicht modular (und damit in beliebiger realer Größe), sondern in ihren gleichbleibenden konkreten Abmessungen angegeben werden müssen wie etwa Stufen oder die Höhe der Bühne.

Das 8. Kapitel behandelt relativ kurz die Unterschiede zum griechischen Theater, bevor sich Vitruv dann im 9. Kapitel den Säulenhallen und Wandelgängen hinter der Bühne zuwendet. Diese Anlagen, die dem Schutz der Theaterbesucher bei Regenfällen und temporär auch als Speicher dienen, beschreibt er noch einmal bis zu den Details der Säulenordnungen, definiert deren Ausdruck als „zierlich“ im Gegesatz zur „ernste[n] Würde“[96] der Sakralbauten und gibt darüber hinaus ausführliche Hinweise zum Bau der Wege und Grünanlagen zwischen den Säulengängen.

Im 10. Kapitel kommt es dann zu einem zweifachen Themenwechsel. Zum einen verläßt Vitruv endlich den Theaterbau und bespricht jetzt die Anlegung von Bädern, zum anderen erfahren wir kaum noch etwas über Typologie, Geometrie oder modulare Verhältnisse, sondern in erster Linie Details der konstruktiven Ausbildung solcher Anlagen. Das hat sicherlich damit zu tun, daß Vitruv die gewaltigen Thermen der späteren Kaiserzeit noch nicht kannte, denen er sonst sicherlich mehr Aufmerksamkeit gewidmet hätte. Bei normalen Gemeinschaftsbädern standen zudem die technischen Probleme und der Schutz der Konstruktion vor Zerstörung durch ständige Feuchtigkeit im Vordergrund. Vitruv beschreibt den Bau beheizbarer Doppelböden und die feuchtigkeitsresistente Konstruktion abgehängter Gewölbedecken, und er erwähnt auch die halbkugelförmig gewölbte Decke über den Schwitzbädern, deren Temperatur sich durch das Öffnen und Schließen der mittigen Kreisöffnung regulieren ließ.

Das 11. Kapitel kehrt zur Gebäudelehre zurück. Es behandelt die (griechischen) Gymnasien und Sportstätten. (Vitruv selbst spricht von Palaestren, also Ringer-Schulen.) Er schildert hier erstaunlich ausgedehnte, fast palastartige Anlagen, die neben den Sport- und Zuschauerbereichen großzügige sanitäre Anlagen, Bäder, Freiflächen, Spazierwege und Exedren für Philosophen und Redner enthalten.

Damit hat Vitruv alles beschrieben, „was innerhalb der Stadtmauern nötig zu sein scheint“[97]. Er fügt aber – wegen der großen Bedeutung für viele Städte – noch ein 12. Kapitel über das Anlegen von Häfen hinzu.

Hier geht es weniger um typologische Angaben zu Kais, Werftanlagen und Lagerhallen, sondern fast ausschließlich – wenn natürliche Buchten nicht vorhanden sind – um die konstruktiven Probleme bei der Herstellung künstlicher Hafenbecken. Vitruv schildert verschiedene Methoden des Dammbaus unter Verwendung von wasserfestem Mörtel, Senkkästen, Rammpfählen oder gar von Mauerwerkstürmen, die jeweils vom letzten festen Punkt aus ins Wasser gekippt werden und so Zug um Zug den Damm ins Wasser hinein verlängern. Man erhält hier einen teilweise erstaunlich detaillierten Einblick in das baukonstruktive Wissen der damaligen Zeit.

So zeigt sich das Fünfte Buch insgesamt uneinheitlich: Es behandelt im Kern die Gebäudelehre öffentlicher Bauten, enthält aber auch eine ausgedehnte Abschweifung auf das Gebiet der akustischen Theorie und die ausgeprägt konstruktiven Schwerpunkte des Bäder- und Hafenbaus. Architekturtheoretische Erörterungen im engeren Sinne finden sich nicht.

Sechstes Buch: Privatgebäude

Das Sechste Buch wirkt insofern wieder geschlossener, als es die fast schon obligatorischen theoretischen Exkurse wieder an den Anfang stellt und anschließend relativ kompakt das Hauptthema abhandelt, die Gebäudelehre der Privatbauten.

Im Mittelpunkt des ersten Exkurses steht diesmal das Klima als Ursache für die großen Unterschiede der Völker in Körperbau, Haut-, Haar- und Augenfarbe sowie der Stimmhöhe. Aber auch Scharfsinn oder geistige Trägheit, Tapferkeit oder Feigheit führt Vitruv auf die Auswirkungen von kaltem und feuchtem Klima im hohen Norden und Hitze und Trockenheit im tiefen Süden zurück. Kaum unerwartet steht am Ende dieser Erörterungen die Schlußfolgerung: „So hat die göttliche Vorsehung die Bürger des römischen Reiches in einen ausgezeichneten und gemäßigten Himmelsstrich gesetzt, auf daß das römische Volk die Welt beherrsche.“[98] Das 2. Kapitel thematisiert hingegen noch einmal grundsätzliche architekturtheoretische Aspekte. Und wie schon an anderen Stellen, kommt es bei Fensterbusch gerade an solchen entscheidenden Punkten der Übersetzung zu Missverständnissen. Vitruv spricht gleich im ersten Satz davon, daß nichts für die Architekten wichtiger sei, als die Berechnungsgrundlagen der Privatgebäude im Hinblick auf ihre modularen Verhältnisse genau zu überprüfen: „habeant aedificia rationum exactiones“[99]. Fensterbusch verwechselt nun „exactio", in diesem Fall „Beaufsichtigung", mit „exactus", also „genau" und übersetzt: „daß bei Privatgebäuden die Berechnung genau nach den Proportionen eines berechneten Teils ausgeführt wird"[100]. Das entspricht einer Wiederauflage des ersten Satzes des Dritten Buches, wo es schon auf den Tempelbau bezogen hieß, der Architekt müsse sich an die Gesetze der *symmetria* „peinlichst genau halten"[101] und verwischt damit gerade den Unterschied, den Vitruv hier machen möchte. Während nämlich das System des Tempelbaus als fixiert und weitgehend unveränderlich aufgefaßt wird, ist es – wie Vitruv gleich im nächsten Satz fortfährt – „eine Sache des Scharfsinns, im Hinblick auf die Natur des Ortes, den Gebrauch oder den Anblick durch Abzüge oder Hinzufügungen für das rechte Maß zu sorgen und, wenn von der *symmetria* etwas abgezogen oder hinzugefügt worden ist, es zu erreichen, daß es [das Gebäude] richtig gestaltet zu sein scheint und bei seinem Anblick nichts vermißt wird"[102]. Gerade die *Abweichung* von starren Proportionsgesetzen ist hier also das Thema, wofür „magni iudicii"[103], ein „hohes Urteilsvermögen" erforderlich ist, oder das durch „ingeniorum acuminibus, non solum doctrinis"[104], durch „angeborenen Scharfsinn, nicht nur durch Lehrstoff" erreicht wird, wie Vitruv am Ende des Kapitels wiederholt. Neben den besonderen örtlichen Gegebenheiten, der speziellen Nutzung oder den Erfordernissen der Gestaltung führt er als Grund für die notwendigen Abweichungen die optischen Täuschungen an, durch die „der Gesichtssinn falsche Urteile fällt"[105]. Auf diese äußerst wichtigen Ausführungen wird in dem Kapitel über die *dispositio* und den *decor* (Teil IV) sowie im Abschnitt *decor proportionis* im Rahmen des Kapitels „Architektur als Planungsdisziplin" (Teil VI) näher eingegangen.

Nach diesen theoretischen Exkursen kehrt Vitruv mit der Beschreibung des römischen Stadthauses zur Gebäudelehre zurück. Er unterrichtet uns über die fünf Arten von Innenhöfen und deren Abmessungen, über die Proportionen von Alae, Tablinum, Fauces, Türen, Peristyl, Triklinum, Exedra, Pinakothek, schließlich auch über die Unterschiede zwischen korinthischen, ägyptischen und kyzikenischen Sälen. Dabei definiert er die Proportionen oft relativ zu den absoluten Größen, was für das Verständnis seiner Aussagen zur *symmetria* von großer Bedeutung ist (vgl. Teil IV). Am Ende des Kapitels äußert er sich auch noch zu der richtigen Lage der Fenster, nicht ohne nochmals zu erwähnen, daß es bei der Bewältigung örtlicher Komplikationen (etwa bei zu enger und hoher Nachbarbebauung) des Scharfsinns und der Begabung bedürfe, um die angemes-

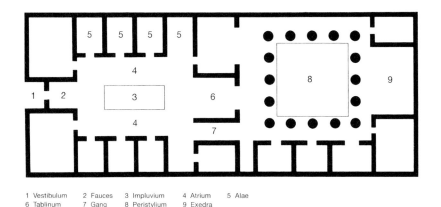

1 Vestibulum   2 Fauces   3 Impluvium   4 Atrium   5 Alae
6 Tablinum   7 Gang   8 Peristylium   9 Exedra

Römisches Wohnhaus

sene Lösung zu finden[106] – ein typisches Beispiel für die immer notwendige Entwurfsarbeit des Architekten.

Im 4. Kapitel geht es um die Ausrichtung der Räume nach den Himmelsrichtungen, eine streng funktionalistische Argumentation, die im Kapitel über den *decor naturalis* (Teil IV) thematisiert wird, im 5. Kapitel um die Konzeption und Ausrichtung gemäß der gesellschaftlichen Stellung des Bauherrn, die sowohl bei der Behandlung der *distributio* als auch des *decor* (Teil IV) eine große Rolle spielen wird.

Mit dem 6. Kapitel folgt eine ausführliche Beschreibung des römischen Landhauses (Villa), wobei Vitruv auch hier – wie schon beim Stadthaus – am Ende noch einmal auf die Belichtungsproblematik eingeht. Dieser Schilderung der römischen Villa wird im 7. Kapitel eine ebenso ausführliche Darstellung des griechischen Wohnhauses zur Seite gestellt. Anschließend fügt Vitruv noch einen längeren Abschnitt über die unterschiedlichen Bezeichnungen für Räume und Bauteile bei Griechen und Römern hinzu.

Das 8. und letzte Kapitel wendet sich dann mit der Beschreibung der Unterkonstruktionen wieder der Baukonstruktion zu. Wir erfahren etwas über Fundamente und Kellerwände, über Entlastungsbögen und über Pfeiler- und Bogenkonstruktionen bei aufgeständerten Gebäuden oder Substruktionen. Vitruv erwähnt hier auch die Notwendigkeit, die äußeren Pfeiler breiter zu machen, da sie kein Gegenlager für den Seitenschub besitzen. Außerdem informiert er ausführlich über die Aussteifung der Grundmauern und Fundamente gegen Erddruck durch äußere und innere Strebepfeiler und Diagonalmauern. Insgesamt ist eine sichere Unterkonstruktion für ihn deshalb so wichtig, weil diese bei Mängeln wesentlich schwieriger zu reparieren ist als der Oberbau.

In diesem Rahmen kommt er abschließend noch einmal auf übergeordnete Beurteilungskriterien für Gebäude zu sprechen, und damit auf Aspekte, die die rein architektonische Ebene verlassen, indem sie sowohl die handwerkliche Ausführung als auch die Person des Bauherrn einschließen. Es wird deutlich, daß der Architekt auf die Hilfe der Handwerker und des Bauherrn angewiesen ist und sich daher auch von ihnen beraten lassen soll. Er besitzt allerdings diesen gegenüber den großen Vorteil, daß er schon vor Beginn der Bauarbeiten eine genaue Vorstellung davon hat, wie das spätere Gebäude in all seinen Teilaspekten aussehen soll.

So schließt das Sechste Buch noch einmal mit architekturtheoretischen Aussagen, nachdem es mit Ausführungen zum Klima und zum entwurflichen Umgang mit Proportionen und optischen Täuschungen begonnen hatte. Im Hauptteil behandelt es im Rahmen der Gebäudelehre die privaten Wohngebäude, allerdings nur diejenigen der besitzenden Klasse. Im 8. Kapitel fügt er die bisher noch fehlenden baukonstruktiven Aussagen zur Unterkonstruktion hinzu.

Siebtes Buch: Der Innenausbau der Privatgebäude

Der Innenausbau, mit dem Vitruv seine Ausführungen zur den Privatgebäuden fortsetzt, umfaßt sowohl die Herstellung der Fußboden-, Decken- und Wandaufbauten als auch deren Endbehandlung, etwa die Bemalung. Dementsprechend fügt der Autor einen ausgedehnten dritten Abschnitt über die zur Farbenherstellung geeigneten Materialien hinzu.

Die ersten vier Kapitel sind jedoch rein baukonstruktiv geprägt. Vitruv vermittelt hier detailliertes Wissen über die einzelnen Schichten der Fußbodenaufbauten und der Zwischendecken, ergänzt um die wasserdichte Variante des Dachterrassenaufbaus mit Gefälle. Nach der Zubereitung des Kalkmörtels im 2. Kapitel werden im 3. Kapitel ebenso detailliert die Herstellung und der Verputz von abgehängten Gewölbedecken geschildert, des weiteren der viellagige Aufbau eines Wandputzes in Malerqualität sowie die besonderen konstruktiven Vorkehrungen für das Putzen auf Fachwerk. Im 4. Kapitel folgen baukonstruktiv höchst interessante Methoden für das Verputzen feuchter Wände, ein kurzer Vorgriff auf die Wandbemalung und schließlich die Beschreibung eines Fußbodenaufbaus für Eßzimmer nach griechischer Art.

Damit ist die Herstellung aller sichtbaren Oberflächen beschrieben und Vitruv wendet sich im 5. Kapitel deren Verschönerung durch Bemalung zu. Dieser Abschnitt, der durch die ungewöhnlich emotionalen Äußerungen Vitruvs aus dem Rahmen fällt, wird in der *decor*-Diskussion (Teil IV) ausführlich behandelt. Genau genommen gehört die Wandmalerei aber nicht mehr zum Leistungsbereich des Architekten, die Verantwortung liegt beim ausführenden Maler oder Künstler. Die Farben selbst sind allerdings schon wieder Bestandteil des Projekts oder des Angebots des Bauunternehmers, so daß ein Architekt sehr wohl über dieses Thema Bescheid wissen muß. Eine Ausnahme bilden lediglich die extrem teuren Farben: Zinnoberrot, Kupfergrün, Purpurrot und Armenischblau. Für diese „wird im Bauvertrag die Ausnahmebestimmung getroffen, daß sie vom Bauherrn, nicht vom Unternehmer beschafft werden"[107].

Nach der Erwähnung von Marmorstaub als Zuschlagstoff für den Putz (6. Kapitel) beschäftigen sich die Kapitel 7 bis 9 zunächst mit den Fundstellen natürlicher Farben, u. a. Berggelb (Ocker), Kreide, Zinnober, darin eingeschoben ein Exkurs über Quecksilber (8. Kapitel), das vor allem für Vergoldungen benötigt wird. Weiter erfahren wir, daß Zinnoberrot durch einen Wachsüberzug gegen Ausbleichen oder Fleckig-Werden geschützt werden müsse, und daß es oft durch Beimischungen von Kalk gefälscht werde, weil es so teuer sei. In den Kapiteln 10 bis 14 beschreibt Vitruv die künstlichen Farben: Schwarz, Blau, Gelb, Bleiweiß, Kupfergrün, Purpur, sowie die pflanzlichen Ersatzstoffe für Purpur, Attisch-Ocker, Berggrün und Indigo.

„Damit ist" – so beendet er das Siebte Buch – „die vollständige Herstellung aller Bauanlagen […] in sieben Büchern abgeschlossen"[108]. Diese Aussage wiederholt er gleich noch einmal in der Vorrede zum Achten Buch: „weil ja die Methoden der Gebäudeherstellung in den vorangegangenen sieben Büchern dargelegt worden sind"[109]. Architekturtheoretische Äußerungen finden sich nicht mehr, auch wenn das 5. Kapitel mit seiner Kritik an den „Auswüchsen" des zweiten Pompeianischen Stils in der kunstgeschichtlich orientierten Vitruv-Rezeption immer eine große Rolle gespielt hat. Allerdings tritt die streng naturalistische Kunstanschauung, die für Vitruvs Auffassung von der Herkunft der architektonischen Formen so kennzeichnend ist, auch hier deutlich hervor.

Achtes Buch: Wasserversorgung

Der Inhalt des Achten Buches liegt, wie schon eingangs erwähnt, außerhalb des von Vitruv selbst aufgestellten Programms und hat auch sonst nur eine marginale Beziehung zur Architektur: Drei Viertel des Buches beschäftigen sich mit der Wasserkunde im allgemeinen, und nur auf den letzten Seiten geht es um bauliche Aspekte bei Wasserleitungen, Brunnen und Zisternen. Unabhängig davon eröffnet das Buch allerdings interessante Einblicke in den Kenntnisstand der damaligen Zeit. Im 1. Kapitel erfahren wir etwas über die verschiedenen Methoden der Auffindung von Wasservorkommen, im 2. Kapitel folgt eine kleine Klima- und Wetterkunde, die die Zusammenhänge von Feuchtigkeitsaufnahme, Lufterwärmung, Windentstehung, Wolken- und Regenwasserbildung erstaunlich klar und folgerichtig darstellt. Ein zusätzlicher Ausflug in die geographische Lage der großen Flüsse führt allerdings mit der Behauptung in die Irre, diese flössen alle von Norden nach Süden.

Im 3. Kapitel berichtet Vitruv ausführlich über die unterschiedlichen Trinkwasserqualitäten von Quellen: über wohlschmeckende und -riechende bis hin zu Schwefelquellen, über heiße und kalte, süße und salzige, klare und ölige Quellen, über deren Fundstellen und gesundheitliche Auswirkungen bis hin zu Wasserarten, die tödlich sind, und solchen, die vorzügliche Singstimmen hervorrufen. Dieses über zehn Seiten ausgebreitete Wissen geht zum Teil auf seine eigenen Beobachtungen, zum Teil auf griechische Quellen zurück, deren Verfasser er selbstverständlich nennt, darunter auch Poseidonios, den letzten großen Gelehrten des griechischen Altertums.[110] In Kapitel 4 werden diese Angaben noch um diverse Methoden zur Prüfung der Wasserqualität ergänzt.

Im 5. und 6. Kapitel beschäftigt sich Vitruv mit dem Bau von Wasserleitungen. Zunächst erläutert er die dazu notwendigen Nivelliergeräte, vorrangig den Chorobat, eine Kombination aus langem Richtscheit und Wasserwaage. Für die Leitungen selbst gibt er drei Materialvarianten an: gemauerte Rinnen, die überwölbt werden, Bleiröhren und Tonröhren. Schon hier findet sich die Information, daß Bleileitungen gesundheitsschädlich sind. Ist das Wasser mit einem sehr geringen Gefälle von 0,25 bis 0,50 Prozent bis an die Stadtmauern herangeführt, werden Wasserschlösser, eine Art Vorratsbecken, errichtet, an die drei Wasserbehälter mit Überläufen für die unterschiedlichen Verbraucher angeschlossen werden. Hier schreibt Vitruv, daß „ich diese Einteilung so festgesetzt habe"[111], was auf seine Tätigkeit als Wasserbauingenieur verweist.

Anschließend beschreibt er die Querschnitte von Bleirohrleitungen, vor allem aber die Probleme bei der Überbrückung weit ausgedehnter Täler. Durch die Beherrschung der Gesetze des Wasserdrucks ist jedoch die Verlegung von ab- und aufsteigenden Leitungen oder Umleitungen möglich. Ähnliches gilt bei Leitungen aus ineinandergesteckten Tonröhren, deren Verbindungen mit ungelöschtem Kalk und Asche abgedichtet werden.

Sind keine Quellen vorhanden, aus denen Wasser abgeleitet werden kann, müssen Brunnen gegraben werden. Ist auch das nicht möglich, weil der Boden zu hart ist oder die Wasseradern zu tief liegen, bleibt nur die Anlegung von Zisternen. Dabei sind Probleme der Wasserreinhaltung zu bedenken, die durch Filterung oder Zugabe von Salz gelöst werden können. Über den Umgang mit Wasser in den Gebäuden selbst, also auch über den gesamten Sanitärbereich erfahren wir bedauerlicherweise nichts, obwohl gerade dieses Thema schon wieder zu den architektonisch relevanten Bereichen zählen würde, zumindest nach heutigem Verständnis.

Neuntes Buch: Astronomie und Uhrenbau

Obwohl Vitruv im Neunten Buch mit dem Uhrenbau wieder einen Programmpunkt aus seiner Einteilung der Architektur behandelt, ist die reale Verbindung zum Bauen noch geringer als bei der Wasserversorgung; de facto existiert sie nicht, zumal es sich selbst bei den im letzten Kapitel aufgeführten Realisierungen nicht um bauliche Monumente (wie etwa bei den Mayas) handelt, sondern eher um sehr kleinteilige Anlagen oder komplizierte Maschinen. Die engste Verbindung zur Architektur findet sich noch gleich im ersten Kapitel, wo Vitruv die mathematische Figur des Analemma erwähnt, bei der „durch zur Architektur gehörende Methoden"[112] – gemeint sind geometrische Verfahren – „die Wirkung (der Sonne) im Weltall ermittelt"[113] wird. Auch hier übersetzt Fensterbusch im übrigen die „rationes architeconicas" Vitruvs mit „zur Baukunst gehörige Verfahren", was an dieser Stelle besonders wenig Sinn macht.

Zur Herstellung von Uhren, zumindest Sonnenuhren gehören profunde Kenntnisse in Astronomie, und so nimmt die Erläuterung astronomischer Grundlagen den größten Teil des Neunten Buches ein. Vitruv berichtet von der Befestigung des Himmelszeltes an den unendlich weit entfernten Endpunkten der Himmelsachse, die durch den Erdmittelpunkt laufe. An dieses Himmelszelt seien die zwölf Tierkreiszeichen „angeheftet" und bewegten sich daher durch die Drehung der Achse beständig von Ost nach West über den Himmel. In entgegengesetzter Richtung durchquerten die Planeten sowie Sonne und Mond diese Tierkreiszeichen, wobei es durch Verzögerungen und Unregelmäßigkeiten zu sehr komplizierten Bahnverläufen komme. Für deren Erklärung benötigt Vitruv mehrere Seiten. Immerhin nennt er die genaue Dauer der Umlaufzyklen: Bei Merkur 360 Tage, bei der Venus 485 Tage, beim Mars 683 Tage, beim Jupiter 11 Jahre und 313 Tage und beim Saturn 29 Jahre und etwa 160 Tage. (Die Römer kannten nur 5 Planeten.) Vitruv thematisiert auch die verschiedenen Oberflächentemperaturen der Planeten und führt diese zum Teil auf die unterschiedlichen Abstände von der Sonne zurück.

Im 2. Kapitel referiert er zwei Erklärungsmodelle für das Auftreten der Mondphasen, wobei das zweite Modell des Aristarchos von Samos von der zutreffenden These ausgeht, daß der Mond kein eigenes Licht besitzt, sondern nur das Sonnenlicht reflektiert.

Im 3. Kapitel schildert Vitruv die Verkürzung und Verlängerung der Tage beim Durchgang der Sonne durch den Jahreszyklus und geht dann im 4. und 5. Kapitel zu einer detaillierten Beschreibung der Sternbilder der nördlichen und südlichen Hemisphäre über (im Vitruvschen Original allerdings teilweise stark entstellt[114]). Im 6. Kapitel folgen Ausführungen zur Sterndeutung bei den Chaldäern sowie zur Erklärung von Naturerscheinungen durch so berühmte Forscher wie Thales von Milet, Anaxagoras, Pythagoras, Xenophanes und Demokrit. Außerdem führt Vitruv weitere Namen griechischer Naturwissenschaftler an, die sich mit Astronomie, Kalendern und Wettervorhersagen beschäftigt haben.

So gerüstet, kann er dann im 7. Kapitel endlich mit dem Uhrenbau selbst beginnen. Er schildert die Herstellung eines Analemmas, das die Grundlage für die „Einteilungen der Tagesstunden auf den Auffangflächen"[115], also auf den Zifferblättern liefert. Irritierend ist, daß die Römer anscheinend die unterschiedliche Länge von Tag und Nacht in den Sommer- und Wintermonaten mit der Stundenlänge synchronisierten: Im Sommer waren nicht nur die Tage länger, sondern auch die Stunden, und ebenso waren beide im Winter kürzer. Das führt im 8. Kapitel, wo Vitruv viele konkrete Beispiele von Uhren aufzählt, zu erstaunlich komplizierten Apparaturen. Auch bei den Wasseruhren, die mit Hilfe eines Schwimmers funktionieren, erzwingt „die Ab- oder Zunahme der Stunden […] ein Einführen oder Wegnehmen von Keilen an den einzelnen Tagen und in den einzelnen Monaten"[116]. Noch komplizierter ist der Aufbau der „Winteruhren" oder „Anaphorika"[117], für dessen Schilderung Vitruv wiederum mehrere Seiten benötigt. Inwieweit diese aufwendigen und offensichtlich sehr störanfälligen Apparaturen wirklich praktikabel waren, läßt sich aus heutiger Sicht nicht mehr feststellen, muß aber wohl bezweifelt werden.

Zehntes Buch: Maschinenbau

Sehr funktional und anwendungsorientiert sind hingegen die Maschinen, Werkzeuge und Geräte, die Vitruv im Zehnten Buch behandelt. Erneut erhält der Leser erstaunliche Einblicke in den technologischen Stand der späten römischen Republik. Im 1. Kapitel beginnt Vitruv mit einer Erläuterung des Unterschieds zwischen Maschine und Werkzeug: Maschinen würden „durch mehrere Arbeitskräfte"[118] dazu veranlaßt, ihre Wirkung zu zeigen, während Werkzeuge einer einzelnen Arbeitskraft bei der Erfüllung ihrer Aufgaben behilflich seien. Der Autor nennt zudem einige nützliche Erfindungen, die das Leben erleichtern: Instrumente zum Weben, Joch und Pflug, Winden und Waagen, Mühlen, Blasebälge etc.

Die erste Maschine, die Vitruv genauer behandelt, ist die Zug-Hebemaschine. Sie wird beim Bauen benötigt, um Lasten zu bewegen (2. Kapitel). Der Autor liefert detaillierte Beschreibungen von Flaschenzügen, die je nach Schwere der Lasten in der Unterkonstruktion oder in der Anzahl der Rollen variieren. In diesem Zusammenhang erwähnt er auch die Erfindung des griechischen Architekten Chersiphron (6. Jahrhundert v. Chr.), Säulentrommeln mittels an den Stirnseiten eingelassener Zapfen wie Achsen zwischen den Rädern einzuspannen und so zu transportieren. Sein Sohn Metagenes übertrug das Verfahren dann auf den Transport von Architraven.

Im 3. Kapitel beschäftigt sich Vitruv mit dem Hebelgesetz und dessen Anwendungen. Dazu gehören neben den Geräten am Bau die Schnellwaage, das Schiffsruder, aber auch die Ruderstange, der Schiffsmast, die gleichmäßige Verteilung der Lasten bei Tragstangen und Jochen und anderes mehr.

Anschließend folgen fünf Kapitel über Maschinen, die Wasser entweder transportieren oder für Antriebszwecke nutzen können. Den Anfang machen im 4. Kapitel die unterschiedlichen, durch Tretvorrichtungen angetriebenen Wasserschöpfmaschinen für die Landbewässerung. Dieselben Wasserräder werden aber auch an Flüssen benutzt (5. Kapitel), wo dann die menschliche Arbeitskraft entfallen kann oder wo die Räder nicht zum Schöpfen, sondern über diverse Zahnradumlenkungen als Antriebskraft für Mühlsteine verwendet werden. Im 6. Kapitel schildert Vitruv eine

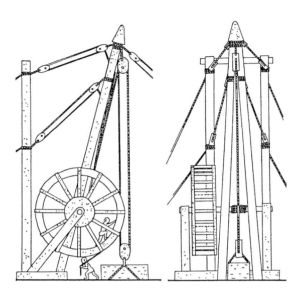

Römischer Baukran

genaue Herstellungsanleitung für Wasserschnecken, im 7. Kapitel erläutert er das Wasserdruckwerk des Ktesibios, mit dem hochspringende Wasserstrahlen, etwa für Brunnen, erzeugt werden. Nach demselben Prinzip, aber mit einer Komplexität des Aufbaus, von dem Vitruv selbst sagt, daß er schwer verständlich sei, funktioniert auch die Wasserorgel, deren Bau er im 8. Kapitel beschreibt. Beim Lesen der Bauanleitung scheint es nur noch ein kleiner Schritt zum Bau regelrechter Motoren zu sein.

Im 9. Kapitel beschreibt Vitruv sogar die Herstellung eines Entfernungsmessers für Reisewagen oder Schiffe. Ein Zahnrad greift in einen an der Nabe angebrachten Stift und überträgt die Bewegung auf eine horizontale Scheibe, die viele Löcher hat, in die kleine Steine gelegt werden. Darunter ist ein Auffangrohr von der Größe eines Loches angebracht, durch das derjenige Stein, der sich durch die Drehung der Scheibe gerade über diesem Loch befindet, in einen Auffangbehälter fällt. Am Ende des Tages braucht man nur noch die Steine in diesem Behälter zu zählen, um die Anzahl der Umdrehungen der Scheibe und auf rechnerischem Wege anschließend die Länge der zurückgelegten Strecke zu ermitteln.

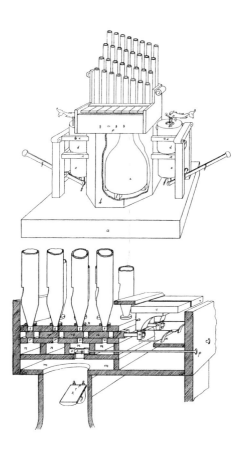

Wasserorgel

In den Kapiteln 10 und 11 stehen Kriegsmaschinen auf dem Programm. Mit ihnen kennt sich Vitruv besonders gut aus, weil deren Herstellung und Reparatur wahrscheinlich zu seinem Haupttätigkeitsfeld beim Militär gehörte.[119] Entsprechend detailliert fallen seine Beschreibungen aus: vollständige, allerdings modular definierte Bauanweisungen für Skorpione oder Katapulte (Pfeilschleudern) und Ballisten (Steinschleudern). Es folgen zwei weitere Kapitel über Belagerungsmaschinen, darunter Widder (Rammböcke), Widderschildkröten (bewegliche Rammböcke) und fahr-

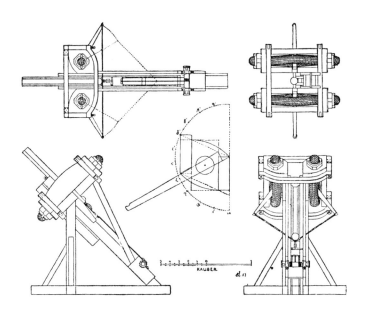

Balliste (Steinschleuder)

bare Belagerungstürme (Kapitel 13). Andere Schildkröten (so genannt wegen der Langsamkeit ihrer Bewegung) werden sowohl zum Einebnen als auch zum Ausheben von Gräben vor Stadtmauern hergestellt (Kapitel 14). Im 15. Kapitel beschreibt Vitruv eine Art Riesenschildkröte, die ein Gewicht von 480 000 römischen Pfund hatte. Von 100 Mann bedient, ließ sich mit ihrer Hilfe eine Mauer von 100 Fuß Höhe zerstören.

Das letzte Kapitel des 10. Buches – und damit das letzte Kapitel des Gesamtwerks – handelt von Maßnahmen zur Verteidigung. Hier verzichtet Vitruv auf konkrete Maschinenbeschreibungen oder Bauanleitungen, denn „der Feind baut nämlich seine Belagerungsmaschinen nicht nach unseren Schriften, und andererseits werden seine Belagerungsmaschinen öfter aus dem Stegreif durch einen schnellen, klugen Einfall ohne Anwendung von Maschinen zunichte gemacht"[120]. Diese Aussage belegt der Autor durch eine Reihe von Beispielen, um anschließend noch einmal den großen Nutzen der Architektentätigkeit hervorzuheben: „So sind diese siegreichen Städte nicht durch Maschinen, sondern trotz der Anwendung von Maschinen durch den erfinderischen Geist der Architekten befreit worden."[121]

Mit dem Buch über den Maschinenbau in Friedens- und in Kriegszeiten, so schließt Vitruv, habe er „das Gesamtgebiet der Architektur mit allen Teilbereichen in zehn Büchern dargelegt."[122]

Zusammenfassung

Betrachtet man die Fülle des ausgebreiteten Stoffes, kann kein Zweifel daran bestehen, daß es sich bei den *Zehn Büchern über Architektur* um ein umfassendes Lehrbuch der Architektur auf dem Wissensstand der damaligen Zeit handelt.

Den Kernbereich des Traktats bildet eine Art Bauentwurfs-[123] oder Gebäudelehre mit den Teilgebieten Sakralbau, öffentliche Bauten, Privatgebäude (3. bis 6. Buch), flankiert durch die Baustoff- und Materialkunde des Zweiten und teilweise des Siebten Buches. Hinzu kommen, über diese sechs Bücher verteilt, Informationen über grundlegende Bereiche der Baukonstruktion. Noch einmal eingerahmt wird dieser Kern von den heute nicht mehr unmittelbar zur Architektur zählenden Fachgebieten des Ingenieurbaus (Wasser-, Uhren- und Maschinenbau) im Achten bis Zehnten Buch sowie von Ausführungen über das Anlegen von Städten, Stadtmauern und Straßen im Ersten Buch.

Diesem umfassenden Werk über Architektur stellt Vitruv mit den ersten drei Kapiteln des Ersten Buches ein theoretisches Grundgerüst voran, dessen Inhalt er in der Vorrede zum Dritten Buch noch einmal so rekapituliert: „Daher habe ich Dir, Imperator, im Ersten Buch beschrieben, über welche Tugenden [gute Eigenschaften] das Fachgebiet verfügen sollte und mit welchen Lehrfächern der Architekt bereichert sein sollte, und ich habe die Gründe dargelegt, warum es gerade diese Fächer sein sollten, in denen er erfahren ist; und ich habe das Lehrgebiet der gesamten Architektur durch Einteilungen geordnet und durch Definitionen abgegrenzt."[124]

Vitruv trägt aber in seinen *Zehn Büchern* nicht nur seine gesamten Fachkenntnisse zusammen, sondern annähernd alles, was er überhaupt an Wissen und Bildung besitzt. Über sein Fachgebiet hinaus erhalten wir wesentliche Einblicke in das mathematisch-naturwissenschaftliche Wissen seiner Zeit, in die Vorstellungen über Akustik und Wellentheorie, über Klima und Geographie, über die Zusammensetzung der Materie und den Aufbau des Weltalls, über die Anfänge des Bauens (darin enthalten erstaunliche Ansätze einer Evolutionstheorie, s. Anhang 1) und über weitere ausgewählte Fragestellungen. Der „kompilative Charakter"[125], also das Sammeln

	Architekturtheorie	Gebäudelehre	Baustoffkunde	Baukonstruktion	Sonstiges	Ingenieurbau	Bildung
1. Buch	1–3 Rolle des Architekten, Grundbegriffe, Aufgaben und Ziele	4–7 Lage der Städte, Stadtmauern, Straßen etc.					
2. Buch			3–7, 9, 10 Baustoffe, Mauerwerk, Bauholz	8 Mauerwerkswände, Fachwerkwände	1 Vom Ursprung der Gebäude		2 Die vier Grundstoffe
3. Buch	1 Proportionen, Schönheitslehre, Vitruvsche Figur	2–5 Sakralbauten		4 Gründung der Tempel			
4. Buch	1, 2 Vom Ursprung der Formen am Tempel	3–9 Sakralbauten (Forts.)					
5. Buch		1, 2, 7–9, 11 Öffentliche Bauten		10, 12 Thermenbau, Hafenbau			3–6 Akustik
6. Buch	2, 8 Entwurfs- und Wahrnehmungslehre, Beurteilungskriterien	3–7 Privatgebäude		8 Unterkonstruktion			1 Klima
7. Buch			6–14 Farb- und Materialkunde	1–4 Fußboden, Decke, Wand- und Deckenputz	5 Wandmalerei		
8. Buch						5, 6 Wasserbau	1–4 Wasserkunde und Vorrede: Die vier Elemente
9. Buch						7, 8 Uhrenbau	1–6 Astronomie und Vorrede: Entdeckungen
10. Buch						1–16 Maschinenbau	

Verteilung der Lehrfächer

und Zusammentragen aus vielfältigen und unterschiedlichsten Quellen, ist denn auch unübersehbar, zumal Virtuv selbst daraus keinen Hehl macht. Die wichtigsten Informationen lieferte hier vielleicht die von Caesar einige Jahre vor seinem Tod gegründete öffentliche Bibliothek auf dem Marsfeld in Rom, deren Leitung er Terentius Varro übertragen hatte.[126]

Neben dieser überragenden Präsentation von Wissen sind allerdings auch Defizite vorhanden, vor allem auf dem Gebiet der Architektur selbst. In der Gebäudelehre werden zwar die öffentlichen Bauten abgehandelt, aber es fehlt etwa der originär römische Bautyp des Amphitheaters[127], obwohl doch das erste Bauwerk dieser Art schon 80 v. Chr. in Pompeii errichtet worden war, immerhin für 12 000 Zuschauer, das erste Amphitheater in Rom schon 29 v. Chr.[128], zweifellos also noch zu Lebzeiten Vitruvs. Auch bei der Behandlung der Privatgebäude erfahren wir zwar viel über die Wohngewohnheiten der besitzenden Klasse, aber nichts über das weite Feld des Mietwohnungsbaus, das ja den größten Teil der Bautätigkeit der damaligen Zeit ausmachte. Anscheinend gehörte ganz allgemein das Bauen für den Gebrauch, also auch der Gewerbebau oder das Errichten von Läden und Werkstätten in Vitruvs Augen nicht zum Bereich der Architektur und blieb örtlichen Bauunternehmern oder nachbarschaftlicher Selbsthilfe überlassen.

Im Bereich der Baustoffkunde erfahren wir zwar sehr viel über Bauholz, Farben und die für den Mauerwerksbau notwendigen Baumaterialien, aber nichts über den für den Tempelbau so wichtigen Marmor. Bei der Behandlung der Natursteine im 7. Kapitel des Zweiten Buches erwähnt Vitruv ihn nicht, im 6. Kapitel des Siebten Buches interessiert ihn nur der zur Herstellung von Farben oder Putzoberflächen benötigte Marmorstaub. Genausowenig äußert er sich zu den Metallen, zu Eisen für Verklammerungen, Bronze für Tempeltüren oder Blei für Dacheindeckungen. Letzteres erwähnt er nur im Zusammenhang mit dem Bau von Wasserleitungen.

Am gravierendsten sind die Defizite beim Thema Baukonstruktion. Wir erhalten zwar alle notwendigen Informationen über Gründung, Unterkonstruktion, Wände, Zwischendecken, Fußböden, Dachterrassen, Putzoberflächen etc., aber es fällt kein Wort über die Gußmörteltechnik im Gewölbebau, die ja zu den wichtigsten Errungenschaften der römischen Bautechik gehört und später die größten Leistungen der römischen Architektur (Pantheon, Thermen etc.) hervorgebracht hat. Diese Technik war seit langem bekannt und hatte schon unter Sulla mit der Exedra des Heiligtums von Praeneste (Palestrina, 80 v. Chr.) bedeutende Bauten hervorgebracht. Darüber hinaus fand sie Anwendung bei großen Lagerhallen,

Exedra von Praeneste (Palestrina), ca. 80 v. Chr.

Basiliken und Substruktionen für Amphitheater. Vitruv erwähnt zwar halbkugelförmig gewölbte Decken bei Schwitzbädern, auch Pfeiler- und Bogenkonstruktionen (bei der Behandlung der Unterkonstruktionen im 8. Kapitel des Sechsten Buches), aber diese originär römischen Konstruktionen sind für ihn ganz offensichtlich ohne architektonischen Belang. In seinem griechisch geprägten Bild von der Architektur bleiben sie auf rein Technisches beschränkt. Ohne Zweifel hat Vitruv das in ihnen liegende Potential nicht erkannt (zu den Gründen s. Teil I, Rahmenbedingungen). Auch zu anderen baukonstruktiven Bereichen wie dem Brückenbau und dem Straßenbau[129] oder zu den konstruktiven Grundlagen des Zimmermannsbaus, des Metallbaus oder der Steinmetzkunst erhalten wir keine Informationen. Wenn man annimmt, daß Vitruv selbst ein Handwerk erlernt hat, dann am ehesten das Maurerhandwerk, denn der Mauerwerksbau ist das einzige Gebiet, über das wir in dem Werk Näheres erfahren.

Brücke in Rom, ca. 62 v. Chr.

Von solchen Defiziten abgesehen, vermitteln Vitruvs *Zehn Büchern über Architektur* jedoch Kenntnisse von unschätzbarem Wert über den Entwicklungsstand der Architektur und Bautechnik seiner Zeit. Dies ist wahrscheinlich auch der Grund für die relativ zahlreichen Abschriften bis ins hohe Mittelalter hinein gewesen, die letztlich dafür gesorgt haben, daß das Werk – im Gegensatz zu fast allen anderen Schriften über Architektur – der Nachwelt erhalten geblieben ist. Auch heute noch ist es für historisch interessierte Architekten eine höchst anregende Lektüre – und darüber hinaus in seinem architekturtheoretischen Überbau, der uns im folgenden näher beschäftigen wird, von erstaunlicher und zudem nutzbringender Aktualität.

Neue Inhaltübersicht der *Zehn Bücher über Architektur*

III Erstes Buch, 1. Kapitel
Kenntnisse und Fähigkeiten des Architekten

Neue Übersetzung

1. Das Wissen des Architekten, dessen Begutachtung alle Arbeiten unterliegen, die von den übrigen [am Bau beteiligten] Handwerkskünsten ausgeführt werden, zeichnet sich durch viele Lehrfächer und vielfältige Kenntnisse aus.

Dieses [Wissen] erwächst aus fabrica und ratiocinatio.

Fabrica ist die kontinuierliche und routinierte Praxis in der – nach einer Vorlage ausgeführten – handwerklichen Bearbeitung des Baustoffes, je nach dem, aus welchem Material das Gebäude besteht. [Handwerkliche Praxis]

Ratiocinatio hingegen ist das, was den Anteil an Einsicht und planender Berechnung in den hergestellten Dingen auszuarbeiten und darzustellen vermag [theoretische Überlegung, Planung].

2. Daher konnten Architekten, die ohne Kenntnis theoretischer Schriften [lediglich] nach handwerklichen Fertigkeiten strebten, keine fachliche Autorität in den [am Bau zu begutachtenden] Arbeiten erlangen. Diejenigen hingegen, die sich nur auf theoretische Überlegungen und Schriften verlassen haben, scheinen einem Schatten und nicht der Sache selbst nachgejagt zu sein. Die aber beides gründlich gelernt haben, sind – da durch alles Rüstzeug [ihres Berufes] mit fachlicher Autorität ausgezeichnet – schneller an ihr Ziel gelangt.

3. Wie nämlich auf allen Gebieten, so gibt es besonders auch in der Architektur folgende zwei Dinge: das, was bezeichnet wird, und das, was bezeichnet. Bezeichnet wird die vorgeschlagene Sache, über die diskutiert wird [der Entwurf]. Diese [den Entwurf] aber bezeichnet die mit Hilfe der theoretischen Grundlagen der Lehrgebiete erarbeitete Darstellung [der Entwurfsplan]. Deshalb muß derjenige, der sich als Architekt bezeichnen will, in beidem geübt sein [im Entwurf und in der Erarbeitung von Bauplänen]. Daher muß er sowohl schöpferisch begabt als auch im Unterricht gelehrig sein; denn weder schöpferische Begabung ohne Unterrichtung noch Unterricht ohne schöpferische Begabung kann den vollkommenen Meister hervorbringen. Und dazu sollte er schriftkundig sein, im Umgang mit dem Zeichenstift erfahren und in der Geometrie ausgebildet; er sollte vielerlei historische Ereignisse kennen, fleißig den Philosophen zugehört haben, etwas über Musik wissen, nicht unbewandert in der Medizin sein, juristische Entscheidungen kennen und Kenntnisse in Astronomie und den Gesetzen der Himmelsmechanik haben.

4. Warum es [gerade] diese [Kenntnisse] sind, hat folgende Gründe: Das Schreiben soll der Architekt beherrschen, um sich durch Erläuterungen [seiner Werke] ein länger anhaltendes Andenken zu verschaffen. Weiterhin soll er mit dem Zeichenstift umgehen können, um leichter durch gezeichnete Beispiele darstellen zu können, welches Aussehen er seinem Gebäude geben möchte. Die Geometrie aber stellt der Architektur mehrere Hilfen zur Verfügung: Als erstes lehrt sie unter Zuhilfenahme des Richtscheits den Gebrauch des Zirkels, wodurch die Bauzeichnungen und die Ausrichtungen der rechten Winkel, waagerechten Flächen und geraden Linien der Gebäude auf den Bauplätzen sehr viel leichter ausgeführt werden können. Ebenso wird durch [die Gesetze der] Optik das Licht von bestimmten Stellen des Himmels richtig in die Gebäude geführt. Durch Arithmetik aber [wird berechnet], was an Kosten für die Gebäude verbraucht wird, werden die Regeln für das Messen ausgearbeitet, und die komplizierten Fragen der symmetria werden unter Zuhilfenahme geometrischer Gesetze und Methoden gelöst.

5. Viele geschichtliche Überlieferungen aber soll er kennen, weil die Architekten häufig an den Bauten viel Schmuck anbringen, zu dessen Inhalt sie auf Nachfrage, warum sie dies gemacht haben, die Begründung liefern müssen. Wenn zum Beispiel jemand anstelle von Säulen Frauenstatuen mit Gewändern aus Marmor, die Karyatiden genannt werden, in seinem Bauwerk aufgestellt und darüber Mutuli und Kranzgesimse angeordnet hat, wird er dies auf Nachfrage so begründen: [es folgt die Legende von der Entstehung der Karyatiden]

6. [Der Abschnitt beginnt mit einer weiteren Legende aus den Perserkriegen und schließt:] Ebenso gibt es andere historische Überlieferungen dieser Art, von denen die Architekten Kenntnis haben sollten.

7. Die Philosophie aber adelt den Architekten durch hohe Gesinnung und läßt ihn nicht hochmütig, sondern vielmehr freundlich, ausgeglichen, aufrichtig und – was das Wichtigste ist – ohne Habgier sein. Denn wahrlich kann kein Bauwerk ohne Redlichkeit und Lauterkeit geschaffen werden. Er soll [also] nicht habgierig und nicht von Gedanken an den Erhalt von Gefälligkeiten erfüllt sein, sondern – einen guten Ruf besitzend – mit Charakterstärke sein Ansehen bewahren. Denn das schreibt die Philosophie vor.
Des weiteren erklärt die Philosophie die Naturgesetze, von den Griechen ‚physiologia' genannt. Diese muß der Wißbegierigere kennen, weil sie viele und unterschiedliche Fragen zur Natur behandelt, zum Beispiel zur Führung von Wasserleitungen. Denn beim Wasserlauf sind die natürlichen Druckverhältnisse an den Biegungen und den geraden Strecken unterschiedlich, und niemand kann dieses Problem beseitigen, der nicht aus der Philosophie die Prinzipien der Naturgesetze kennt. Auch kann, wer Ktesibios, Archimedes oder andere liest, die über dieses Fachgebiet Lehrschriften verfaßt haben, diese nicht verstehen, wenn er nicht von Philosophen über diese Dinge unterrichtet worden ist.

8. Die Musik aber soll er kennen, damit er Wissen über die regelmäßige, mathematische Lehre [von den Intervallen] erlangt [Harmonielehre], außerdem, um die Spannung bei Ballisten, Katapulten und Skorpionen richtig einstellen zu können. In den Kopfstücken befinden sich nämlich rechts und links Halbton-Bohrungen, durch die mit Haspeln und Hebeln aus Sehnen geflochtene Seile gespannt werden, die erst dann verkeilt und festgebunden werden, wenn sie in den Ohren des Erbauers saubere und gleichmäßige Töne erzeugen. Denn beide unter Spannung stehende Bügelarme müssen, wenn sie entspannt werden, einen gleich starken und gleichmäßigen Stoß aussenden; wenn sie [daher] nicht gleich klingen, verhindern sie eine gerade Flugbahn der Geschosse.

9. Ferner werden in den Theatern nach mathematischen Regeln und entsprechend der Unterschiede im Ton in den Hohlräumen unter den Sitzreihen Bronzegefäße aufgestellt, die die Griechen ‚echeia' [Schallgefäße] nennen, und diese werden, entsprechend der Harmonie oder des Zusam-

menklangs der Musik im ganzen Theater verteilt, nach Quarten, Quinten, Oktaven und Doppeloktaven angeordnet, damit die Stimme des Schauspielers als harmonischer Klang die verteilten Schallgefäße durch Berührung anregt und – durch Resonanz verstärkt – heller und deutlicher an die Ohren der Zuschauer dringt. Auch Wasserorgeln und andere Maschinen, die diesen Musikinstrumenten ähneln, wird niemand ohne Kenntnis der musikalischen Gesetze bauen können.

10. Das Fach Medizin aber soll er [der Architekt] wegen der Änderungen der Witterungsverhältnisse, von den Griechen ‚klimata‘ genannt, und wegen des [richtigen] Gebrauchs der Luft, des Wassers und der Orte, die gesund oder ungesund sind, kennen; denn ohne solche Überlegungen kann keine gesunde Wohnung gebaut werden.

Er soll auch juristische Erfahrungen haben, weil diese bei gemeinschaftlichen [Wohn-] Gebäuden notwendig sind, und zwar in bezug auf die Brandwände, die Umgänge, die Dachrinnen, die Schmutzwasserentsorgung und die Belichtung. Ebenso sollten die Leitungsführungen des Frischwassers und der übrigen Dinge, die von dieser Art sind, den Architekten bekannt sein, damit diese, schon bevor sie die Gebäude errichten, sicherstellen [können], daß nicht nach Fertigstellung der Arbeiten den Hausherren Streitigkeiten hinterlassen werden, und damit sie durch mit Umsicht geschriebene Verträge sowohl dem Bauherrn als auch dem Bauunternehmer Sicherheit verschaffen können. Denn wenn der Vertrag sachkundig abgefaßt ist, werden beide Seiten von gegenseitigen Ansprüchen befreit sein.

Die Astronomie aber vermittelt die Kenntnisse von Osten, Westen, Süden und Norden, von den Gesetzen der Himmelsmechanik, von der Tag- und Nachtgleiche, der Sonnenwende und dem Lauf der Sterne. Wer von diesen Dingen keine Kenntnis hat, kann nicht das Geringste vom Funktionieren der Uhren verstehen.

11. Da also dieses Fach so umfassend ist, mit einem Übermaß an vielfältigen und unterschiedlichen Kenntnissen sorgfältig angereichert, glaube ich nicht, daß sich [solche Personen] vorschnell und mit Recht als Architekten bezeichnen können, die nicht von Kindesbeinen an die Stufenleiter der Unterrichtsfächer emporsteigend – und so durch den Wissensbestand der meisten theoretischen Schriften und Berufszweige genährt – zum innersten Bezirk der Architektur vorgedrungen sind.

12. Andererseits wird es vielleicht von Menschen ohne Ausbildung als unwahrscheinlich angesehen, daß die [menschliche] Natur eine so große Anzahl von Lehrgebieten erlernen und im Gedächtnis behalten kann. Wenn sie aber festgestellt haben, daß alle Fächer sachlich untereinander in Verbindung und im Austausch stehen, werden sie leichter glauben, daß dies möglich ist. Denn umfassende Bildung ist ähnlich zusammengesetzt wie der ganze Körper aus seinen [einzelnen] Gliedern. Wer also von Kindheit an in unterschiedlichsten Kenntnissen unterwiesen wurde, erkennt in allen Theorien deren Merkmale und den Zusammenhang aller Unterrichtsfächer [wieder], und dadurch wird er alles leichter lernen. Deshalb sagt Pytheos, einer der Architekten aus alter Zeit, der den Tempel der Minerva in Priene vorzüglich erbaut hat, in seinen Schriften, der Architekt solle in allen Betätigungsfeldern und Lehrgebieten mehr leisten können als diejenigen, die einzelne Bereiche durch ihren Fleiß und ihre Gewandtheit zu höchstem Ruhm geführt haben.

13. Das aber ist in der Realität nicht machbar. Denn weder kann noch muß der Architekt ein [berühmter] Sprachwissenschaftler sein wie Aristarchus, noch darf er völlig sprachunkundig sein; weder soll er ein [berühmter] Musiker wie Aristoxenos noch soll er ganz unmusikalisch sein, weder ein solcher Maler wie Apelles noch mit dem Zeichenstift völlig ungeübt, weder solch ein Bildhauer wie Myron oder Polykleitos noch im plastischen Gestalten gänzlich unbewandert; des weiteren weder ein Arzt wie Hippokrates noch in der Heilkunst gar nicht erfahren, weder in allen übrigen Lehrgebieten einzeln hervorragend noch in ihnen insgesamt völlig ungeübt. Denn niemand kann bei so großer Vielfalt der Gebiete [jeweils] bis zu den besonderen Feinheiten gelangen, weil er kaum die Möglichkeit hat, deren [gesamte] theoretische Grundlagen kennenzulernen und zu erfassen.

14. Aber nicht nur die Architekten können nicht auf allen Gebieten die höchste Vollendung erreichen, sondern selbst jene, die für sich persönlich zu den spezifischen Besonderheiten der [einzelnen] Gebiete vordringen, schaffen es nicht, daß jeder von ihnen bis zum Gipfel des Ruhmes gelangt. Wenn also selbst in den einzelnen Lehrgebieten nicht jeder einzelne Meister, sondern nur wenige im Laufe der Geschichte Berühmtheit erlangen, wie kann dann der Architekt, der in vielen Tätigkeitsfeldern erfahren sein muß, nicht nur die erstaunliche und große [Leistung] zustande bringen, in keinem dieser Gebiete [Wissens-] Mängel zu haben, sondern auch noch alle jene Meister zu übertreffen, die den einzelnen Lehrgebieten mit höchstem Fleiß ihre ständige Beschäftigung widmen?

15. In dieser Angelegenheit scheint sich also Pytheos geirrt zu haben, weil er nicht bemerkt hat, daß die einzelnen Disziplinen aus zwei Faktoren zusammengesetzt sind: aus der Ausführung und aus ihren theoretischen Grundlagen, von denen aber das eine, die Ausführung des Werkes, die Sache derjenigen ist, die auf [ihren] speziellen Gebieten ausgebildet sind, während das andere die gemeinsame Sache aller Gebildeten ist, wie [zum Beispiel] solche theoretischen Überlegungen, die Mediziner oder Musiker zum Pulsschlag oder zum Taktschlag des Fußes anstellen; wenn es aber nötig sein sollte, eine Wunde zu heilen oder einen Kranken aus der Gefahr zu befreien, dann wird nicht der Musiker kommen, sondern das ist ein Fall für den Arzt; umgekehrt wird nicht der Arzt, sondern der Musiker auf dem Instrument so spielen, daß die Ohren durch die Lieder einen angenehmen Wohlklang empfangen.

16. Ebenso finden bei Astrologen und Musikern gemeinsame Erörterungen über die Konstellation der Sterne und die [musikalischen] Harmonien statt, von den Geometern in Quadrate und Dreiecke, beziehungsweise in Quarten und Quinten eingeteilt – dieses [Gebiet] wird von den Griechen „logos opticos" genannt; und auch allen übrigen Lehrgebieten sind, zumindest was die Erörterung [der Grundlagen] angeht, viele oder gar alle Dinge gemeinsam. Das In-Angriff-Nehmen der [realen] Arbeiten jedoch, die durch Handarbeit oder [sonstige] Bearbeitungen bis zur Perfektion gebracht werden, ist die Angelegenheit derer, die zur Ausübung in einem einzelnen Fachgebiet ausgebildet worden sind.
Also scheint derjenige mehr als genug getan zu haben, der Teile der einzelnen Lehrgebiete und ihre Theorien einigermaßen beherrscht, und zwar diejenigen, die für die Architektur notwendig sind, damit es ihm, wenn er etwas in bezug auf diese Angelegenheiten und Handwerkszweige zu beurteilen oder zu prüfen hat, an nichts [an keinem Wissen] mangelt.

17. Diejenigen aber, denen die Natur ein hohes Maß an Geschicklichkeit, Scharfsinn und geistigem Fassungsvermögen verliehen hat, so daß sie die Geometrie, die Astrologie, die Musik und die übrigen Fächer ganz und gar beherrschen, lassen die berufliche Betätigung als Architekt bleiben [vorüberziehen] und entwickeln sich zu [reinen] Mathematikern. So können sie sich leichter mit den oben genannten Disziplinen auseinandersetzen,

weil sie über viele [geistige] Waffen dieser Fächer verfügen. Solche Personen finden sich aber nur selten, wie einstmals zum Beispiel Aristarchos aus Samos, Philolaos und Archytas aus Tarent, Apollonios aus Pergae, Eratosthenes aus Kyrene, Archimedes und Skopinas aus Syrakus, die der Nachwelt viele – durch Mathematik und [Anwendung der] Naturgesetze erfundene und weiterentwickelte – [Musik-] Instrumente und [Sonnen-] Uhren hinterlassen haben.

18. Da aber so viel Talent an naturgegebener Einsicht nicht weit und breit allen Völkern gewährt wird, sondern nur wenigen Menschen, andererseits aber der Beruf des Architekten Geschultheit in allen Kenntnissen verlangt und die Vernunft es wegen der Fülle des Stoffes notwendigerweise nicht gestattet, in [allen] diesen Fächern gleichermaßen die höchsten Kenntnisse zu besitzen, sondern nur mittlere, bitte ich Dich, Caesar, und diejenigen, die diese Bücher lesen, um Nachsicht, wenn [einmal] etwas zu wenig nach den Regeln der Sprachkunst dargelegt ist. Denn nicht als bedeutender Philosoph, nicht als gewandter Redner und nicht als Sprachwissenschaftler, der in allen Regeln seiner Kunst geübt ist, sondern als Architekt, der mit den theoretischen Schriften dieser Fächer [nur leidlich] vertraut ist, habe ich mich aufgemacht, dieses [Werk] zu schreiben.
Was aber die Architektur zu leisten vermag und was die in ihr geltenden theoretischen Überlegungen [Planungsgrundlagen] angeht, so versichere ich, mich durch diese Bücher, wie ich hoffe, nicht nur bei den mit dem Bauen Befaßten, sondern auch bei allen [anderen] Gebildeten zweifelsfrei als jemand mit höchstem Sachverstand zu erweisen.

(Zitate im nachfolgenden Kommentar, die der neuen Übersetzung entnommen sind, werden auch dort kursiv gedruckt.)

Kommentar

Die Rolle des Architekten (1)

Wissen, Kenntnisse und Fähigkeiten des Architekten sind also, wie wir gleich im ersten Satz erfahren, sehr umfangreich und setzen ihn in die Lage, alle von den übrigen Handwerkszweigen ausgeführten Bauarbeiten zu beaufsichtigen. Vitruv selbst läßt die möglichen logischen Verknüpfungen zwischen diesen beiden Aussagen in der Schwebe: *Damit* der Architekt die Arbeiten aller anderen am Bau Beteiligten beurteilen kann, *muß* sein Wissen so umfangreich sein, oder: *Weil* das Wissen des Architekten besonders umfangreich ist, *kann* er die Arbeiten aller anderen am Bau Beteiligten prüfen und beurteilen. Vieles spricht für die zweite, kausale Verknüpfung, da sie an ältere griechische Definitionen des Architekten anknüpft, wie sie etwa Aristoteles formuliert. Bei ihm ist der Architekt als „leitender Verfertiger" weiser als der Handwerker, „denn die Erfahrenen kennen nur das Daß, aber nicht das Warum; jene aber kennen das Warum und die Ursache"[130].

Allerdings muß man gleich klarstellen, daß diese Interpretation des berühmten ersten Satzes des 1. Kapitels von der bisher gewohnten und auch von Fensterbusch gewählten Übersetzung deutlich abweicht. Bei Fensterbusch heißt es: „Seiner Prüfung und Beurteilung unterliegen alle Werke, die von den übrigen Künsten geschaffen werden."[131] Es gibt keine Einengung der Wortbedeutungen von „opera" und „artibus" auf die bauliche Sphäre, obwohl dies bei einem Werk über Architektur naheliegen würde und obwohl Vitruv in der Folge „opera" ständig in diesem Sinne benutzt. Unter „von den übrigen Künsten" geschaffenen „Werken" versteht Fensterbusch also vorrangig Erzeugnisse aus dem Bereich der bildenden Kunst, und genau in diesem Sinne wurde diese Passage auch über Jahrhunderte hinweg bis in die Neuzeit hinein interpretiert: Der Architekt steht an der Spitze der bildenden Künste und prüft und begutachtet alle von den übrigen Künsten geschaffenen Werke. Ein starker Widerhall dieser Auffassung findet sich sogar noch an einer Stelle, wo man sie am wenigsten vermuten würde, im Manifest des Bauhauses von 1919. Dort heißt es: „Das Endziel aller bildnerischen Tätigkeit ist der Bau! Ihn zu schmücken war einst die vornehmste Aufgabe der bildenden Künste, sie waren unablösliche Bestandteile der großen Baukunst."[132] Und der letzte Satz lautet: „Wollen, erdenken, erschaffen wir gemeinsam den neuen Bau der Zukunft, der alles in einer Gestalt sein wird: Architektur und Plastik und Malerei, der aus Millionen Händen der Handwerker einst gen Himmel steigen wird als kristallines Sinnbild eines neuen kommenden Glaubens."[133] Die Architektur als Gesamtkunstwerk, der sich alle anderen Künste unterzuordnen hatten, und der Architekt als der große Gesamtkünstler – ein Rollenbild, das verständlicherweise in der Zunft der Architekten auf wenig Widerspruch stieß.

Tatsächlich aber hat diese Interpretation mit dem, was Vitruv selbst in seinem ersten Satz zum Ausdruck bringen möchte, wenig oder nichts zu tun. Zur Begründung dieser These ist allerdings ein kleiner philologischer Exkurs zur Bedeutung des Wortes „ars" und der benachbarten Begriffe „disciplina" und „doctrina" unerläßlich.

Exkurs: Die Bedeutung des lateinischen Wortes „ars"

1. Das Altertum kannte keinen abstrakten, von der Ausführung losgelösten Kunstbegriff, wie er unserem heutigen Verständnis in der Regel zugrunde liegt. Kunst stand vielmehr in unmittelbarem Zusammenhang mit Können, also mit – und so lautet denn auch die erste, allgemeine Übersetzung von „ars" – „Kunstfertigkeit, Geschicklichkeit, Gewandtheit"[134]. Diese konnte gemäß weiteren Stichworten so unterschiedliche Gebiete umfassen wie die „artes urbanae" (Jurisprudenz und Redekunst), „ars musica" (Kunst der Musik), „ars gubernandi" (Regierungskunst) oder „artes belli" (Kriegskunst).[135] Interessanterweise verhält es sich mit der ursprünglichen Bedeutung des Wortes „Kunst" im Deutschen ähnlich. Im Althochdeutschen steht es noch für „Wissen, Kenntnis, Fertigkeit"[136] und löst sich erst im 16. Jahrhundert allmählich von dieser Bedeutung ab. Der Gegensatz zwischen Kunst und Handwerk oder Wissenschaft bildet sich sogar erst im Übergang vom 18. ins 19. Jahrhundert aus.[137] Im übrigen existiert die Verwendung des Wortes jenseits der bildenden Kunst auch noch in unserem heutigen Sprachgebrauch: Auch wir reden im Alltag von „Kochkunst", „Reitkunst", „Kunst des Stickens, des Webens" etc.[138] Ebenfalls enthalten ist die ursprüngliche Einheit in der bis heute existierenden Doppelbedeutung des Wortes „Lehre" – auch dies im übrigen eine legitime Übersetzung des Wortes „ars": Wir benutzen es im Sinne einer akademischen Lehre, aber auch der zukünftige Maurer oder Schlosser macht eine „Lehre". Das leitet schon über zum Handwerk, das ja ebenfalls oft ein erhebliches Maß an Können und Kunstfertigkeit erfordert. „Handwerk", „Handwerkskunst" ist denn auch eine weitere, offizielle Übersetzung von

„ars", verallgemeinert sogar bis hin zu „Gewerbe". Auch Vitruv benutzt das Wort im Vorwort des Sechsten Buches als Bezeichnung für gewöhnliche, sogar niedere Handwerksberufe wie das Gerben und Walken.[139] Noch einen Schritt weiter geht Cicero (106–43 v. Chr.) in *De officiis*: Dort spricht er von „sordida arte ",„schmutziger Tätigkeit" also, mit der es alle Handwerker zu tun haben, „denn eine Werkstatt kann nichts Edles an sich haben"[140]. Auf noch niedrigerer Stufe stehen bei Cicero allerdings die „artes eae probandae, quae ministrae sunt voluptatum"[141], also jene Fertigkeiten, die dem Genießen dienen: Metzger, Koch, Fischer, Geflügelhändler, aber auch Tänzer oder die ganze Zunft der Schausteller. Andererseits fährt er wenig später fort: „Diejenigen Fertigkeiten aber, (quibus autem artibus), bei denen entweder größere Klugheit beteiligt ist oder durch die ein nicht mittelmäßiger Nutzen gesucht wird wie bei der Medizin, bei der Architektur und dem Unterricht in ehrenvollen Gegenständen, sind für die, deren Stand sie zukommen, ehrenvoll."[142]

Ganz offensichtlich gab es also unter der Gesamtheit der Tätigkeitsbereiche, die gewisse Kenntnisse und Fertigkeiten erfordern – und das wäre dann die allgemeinste Übersetzung von „ars" – erhebliche Rangunterschiede. Ihre damals geläufige Klassifizierung geht wahrscheinlich auf eine Einteilung des griechischen Philosophen Poseidonios (135–51 v. Chr.) zurück, die etwa hundert Jahre nach Cicero auch Seneca (4–65 n. Chr.) seiner Gliederung zugrunde legt. Dieser unterscheidet vier Stufen: *artes vulgares et sordidae*, *artes ludicrae*, *artes pueriles* und *artes liberales*. Unter den *artes vulgares et sordidae* versteht Seneca wie Cicero alle handwerklichen Tätigkeiten, ebenso unter den *artes ludicrae* diejenigen Tätigkeiten, „quae ad voluptatem oculorum atque aurium tendunt"[143] (die auf das Vergnügen der Augen und Ohren abzielen), also Schausteller, Musikanten, eventuell aber auch Maler und Bildhauer. Mit der dritten Stufe, den *artes pueriles*, sind viele der Unterrichtsfächer gemeint, die wir auch bei Vitruv kennenlernen werden, und mit der vierten Stufe, den *artes liberales*, alle diejenigen Betätigungen, die allein den freien Bürgern vorbehalten sind oder deren Ausübung für diese ehrenhaft ist. Die Zuordnung der konkreten Fächer zu den beiden letzten Kategorien ist bei den Kommentatoren umstritten: bei Cassiodor (etwa 490–583), also sehr viel später, umfassen die sieben *artes liberales* jedenfalls die Disziplinen Grammatik, Rhetorik, Dialektik, Geometrie, Arithmetik, Astronomie und Musik.[144] Im Mittelalter werden diese Fächer dann noch einmal unterteilt, und zwar in das Trivium (Grammatik, Rhetorik, Dialektik) und das Quadrivium (Geometrie, Arithmetik, Astronomie und Musik).

2. Festzuhalten bleibt, daß die bildenden Künste *nicht* zu diesem Kreis gehören, weder zu den *artes puerilis* noch zu den *artes liberales*. Sie verharren auf der Ebene des Handwerklichen, noch dazu herabgestuft durch das abwertende, aber für die gesamte Antike gültige Urteil Platons, der die bildenden Künste „wegen ihres Unvermögens, über die Darstellung von Meinungen hinaus zu wahren Aussagen des Ideellen zu kommen"[145], gering achtete. Immerhin stellt Platon die Architektur – zusammen mit dem Schiffsbau – zumindest an die Spitze aller handwerklichen Tätigkeiten.[146] Aber auch dort gehört sie zu „den Kenntnissen, die zwar unentbehrlich sind, die aber, aus blindem Naturtrieb entstanden und mit Mühsal verbunden, den Menschen nicht weise zu machen vermögen"[147]. Cicero geht da, wie wir weiter oben gesehen haben, schon einen Schritt weiter und gibt ihr zumindest das Attribut „ehrenvoll" – allerdings nur für die, denen ihre Ausübung dem Stande nach zukommt (also nicht für die Honoratioren). Erst bei Varro (116–27 v. Chr.), dem größten römischen Gelehrten der spätrepublikanischen Zeit, hat die Architektur den Sprung in die oberen Ränge geschafft. Eines seiner zahlreichen Bücher handelt von den „novem disciplinarum libri"[148] – und eine dieser Disziplinen ist die Architektur, wie auch Vitruv in seiner Literaturliste (Siebtes Buch, Vorrede) vermerkt. Die übrigen Fächer sind – bis auf die Medizin – identisch mit den sieben *artes liberales*.

Ars und *disciplina*

Varro	Klassifikationssysteme					Vitruv
Grammatik						Schreibkunde
Dialektik	Klassisches					Philosophie
Rhetorik	Trivium					—
Geometrie	Die 7 artes liberales	Die neun "disciplinae" Varros		Die 10 "disciplinae" Vitruvs		Geometrie
Arithmetik	Klassisches					Arithmetik
Astrologie	Quadrivium					Astrologie
Musik(lehre)						Musik(lehre)
Medizin						Medizin
Architektur	Architektur		Maurer,-meister		Architektur	
Bildhauerei	Bildende		Steinmetz			Jura
Malerei	Künste	Baugewerke	Maler, Dekorator	"fabrica"	"ratiocinnatio"	Zeichnen
Literatur/Poesie	künstlerische "artes"		Zimmermann		Grundlagen-	Historie
Musik(erzeugung)		handwerkliche "artes"	Metallgießer etc.		wissen als	
Schauspiel	insgesamt	insgesamt	Sonst. Handwerker		Voraussetzung für	
Gesang			Schuster			
Tanz	darstellende	"artes sordidae"	Gerber		Architektur	
			Weber			
	Künste		etc.			

„Ars und Disciplina"

3. Mit der von Varro verwendeten Vokabel „disciplina" taucht hier ein weiteres, von Vitruv häufig und an zentraler Stelle benutztes Wort auf, das in der Regel ähnlich falsch und mißverständlich übersetzt wird wie „ars", bei Fensterbusch etwa meist mit „Wissenschaft". Unabhängig davon, daß es Wissenschaft im heutigen Sinn in der Antike kaum gegeben hat, zeigt die inhaltliche Übereinstimmung der „disciplinae" Varros mit den *artes liberales*, daß beide Wörter bei den Römern oft für die gleiche Sache stehen oder gegeneinander austauschbar sind. „*Disciplina* kann zum Beispiel an die Stelle von *ars* treten" und „eine scharfe Trennung ist indessen nicht möglich", schreibt O. Mauch in seiner Untersuchung des Wortes „disciplina"[149]. Gerade Vitruv macht hier keine Ausnahme. Im letzten Satz des Vorwortes zum 1. Kapitel schreibt er: „namque his voluminibus aperui omnes disciplinae rationes."[150] (denn ich habe in diesen Büchern alle Lehren des Faches dargelegt.) Hier wird Architektur also als „disciplina" bezeichnet, ebenso wie im 1. Kapitel selbst unter (11): „Cum ergo tanta haec disciplina sit"[151] (Weil dieses Fach so umfangreich ist). Hingegen heißt es im letzten Satz des selben Kapitels: „de artis vero potestate"[152], obwohl auch hier die Architektur gemeint ist. Auch in der Vorrede zum Zweiten Buch benutzt Vitruv das Wort „ars" für die Architektur („terminationibusque artis")[153], während in der Vorrede zum Vierten Buch wieder das Wort „disciplina" erscheint.[154] Für Vitruv ist die Architektur also „ars" und „disciplina" gleichermaßen, und wenn man beide Wörter nicht, wie Fensterbusch, fälschlicherweise mit „Baukunst" und „Wissenschaft" übersetzt, läßt sich diese Art der Verwendung problemlos nachvollziehen: Beide Wörter bezeichnen gleichermaßen ein Gebiet oder einen Bereich, nur einmal ein Unterrichtsgebiet (disciplina) und einmal ein Tätigkeitsgebiet (ars). Nimmt man noch das Wort „doctrina" hinzu, das als Synonym ebenfalls häufig erscheint, so kann die Architektur tatsächlich wechselseitig unter allen drei Aspekten betrachtet werden: *erstens* als Lehrgebiet (doctrina; docere = lehren, doctor = Lehrer, doctus = gelehrt, docilis = gelehrig; das deutsche Wort Dozent), *zweitens* als Unterrichtsgebiet (disciplina; discere = lernen, discipulus = Schüler) und *drittens* als Tätigkeitsgebiet eines Architekten, der über ein hohes Maß an Kenntnissen und Fertigkeiten verfügen muß. Der Aspekt der Baukunst spielt in diesen Zusammenhängen keine Rolle und weist damit als Übersetzung von „ars" in eine völlig falsche Richtung.

4. Das wird auch deutlich, wenn man noch einmal die Zusammenhänge betrachtet, in denen Vitruv das Wort „ars" verwendet. In dem Pytheos-

Beispiel des 1. Kapitels, in dem es darum geht, daß der Architekt auf allen Gebieten mehr können müsse als der jeweilige Spezialist („omnibus artibus et doctrinis plus oportere posse facere")[155], führt er in seiner Widerlegung dieser Auffassung die Berufsgruppen des Grammatikers, des Musikers, des Malers, des Bildhauers und des Arztes auf. In der Fortsetzung der Argumentation unter (15) zieht er dann den Mediziner, den Musiker und (unter 16) den Astronomen heran, und im letzten Abschnitt des 1. Kapitels spricht er noch einmal direkt von der „artis grammaticae" und gleich darauf von dem Grammatiker, der „summis rationibus artis exercitatus"[156] – also in allen Regeln seiner Kunst – geübt sei. Andererseits verwendet er – wie schon erwähnt – den Begriff „ars" auch im Zusammenhang mit den äußerst schmutzigen handwerklichen Tätigkeiten des Gerbens und Walkens, vergleicht die „Kunst" des Architekten mit der des Historikers und des Poeten (5. Vorrede) und gebraucht das Wort in den meisten anderen Fällen im Sinne von Kunstfertigkeit, Geschicklichkeit und Können.

Ganz offensichtlich umfaßt die Bedeutung des Wortes „ars" bei Vitruv also ein sehr breites Spektrum: von der niedersten handwerklichen Tätigkeit bis zum angesehensten Lehrfach, vom handwerklichen Können bis zu höchster Kunstfertigkeit, von der Kunst – hier als Beherrschung und Fertigkeit verstanden – der Medizin, der Musik, der Grammatik und der anderen Fächer bis hin zur Kunst des Bauens.

Nicht eingeschlossen ist darin die Bedeutung „Kunst" im heute verstandenen Sinne und erst recht nicht die Einengung auf die bildende Kunst.

Theorie und Praxis (1/2)

Von daher spricht einiges dafür, den Passus des ersten Satzes „omnia quae ab ceteris artibus perficiuntur opera"[157] mit *„alle Arbeiten […], die von den übrigen [am Bau beteiligten] Handwerkskünsten ausgeführt werden"* zu übersetzen.

Das notwendige Wissen wiederum, das den Architekten in die Lage versetzt, die anderen am Bau Beteiligten zu beaufsichtigen und ihre Arbeiten anzuleiten, speist sich aus zwei Quellen: aus der handwerklichen Praxis (fabrica) und der theoretischen Berechnung (ratiocinatio). Das erscheint unmittelbar einleuchtend, thematisiert der Gegensatz doch mit der Herausarbeitung der Zwitterstellung zwischen handwerklicher und theoretischer Ausrichtung ein wesentliches Kennzeichen des Architektenberufs. Wenn also „fabrica" die handwerkliche Praxis ist, dann ist „ratiocinatio" dementsprechend die theoretische Überlegung, also die Planung oder die Planerzeugung, und zwar in doppeltem Sinne: *erstens* als Erzeugung einer Zeichnung (demonstrare), *zweitens* als Erzeugung einer Konzeption (explicare) – so wie ja auch das Wort „Plan" beide Bedeutungen umfaßt: Man kann einen Plan haben, entwickeln – oder einen Plan zeichnen.

Speziell auf den Architekten zugeschnitten lautet der Gegensatz von *ratiocinatio* und *fabrica* hier also: Planung und Ausführung. Jede Qualifikation für sich allein reicht nicht aus, darauf weist Vitruv ausdrücklich hin. Wer lediglich über große handwerkliche Fähigkeiten verfügt, besitzt noch lange keine fachliche Autorität in den allgemeinen, über das einzelne Handwerk hinausgehenden Fragen. Gemeint sind damit ganz offensichtlich die vielen Handwerksmeister, die sich zur Zeit Vitruvs – und sehr zu seinem Ärger – in diesem Berufsfeld betätigen. Aber auch der reine Theoretiker, der die Grundlagen seiner Planung nur aus Büchern bezieht, ist für diesen Beruf ungeeignet, jagt nur einem Schatten hinterher. Vitruv spielt mit dieser Stelle wahrscheinlich auf das berühmte Höhlengleichnis Platons an, bei dem die Dinge, die der Beobachter als real wahrnimmt, in Wahrheit nur Schatten und Abbildungen des wahren Seienden sind. Ein solcher Verweis dient ihm sicherlich auch als Beleg für seine eigene philosophische Bildung.

Der Architekt muß also beides besitzen und beherrschen: Theorie und Praxis[158], Wissen und Können, handwerkliche und planerische Fähigkeiten – das ist die Voraussetzung des beruflichen Erfolgs. Und wenn Vitruv abschließend schreibt, daß diejenigen, die beides gründlich gelernt haben, schneller an ihr Ziel gelangen, können wir getrost annehmen, daß er sich selbst zu diesem Personenkreis zählt.

Entwurf und Darstellung (3)

Im nächsten Absatz knüpft Vitruv scheinbar an diese Dualität von Theorie und Praxis an, führt aber in Wirklichkeit ein neues Gegensatzpaar ein: „*das, was bezeichnet wird, und das, was bezeichnet*" („quod significatur et quod significat").[159] Auch dieser Unterscheidung liegt wahrscheinlich ein geläufiges Thema philosophischer Erörterungen seiner Zeit zugrunde. Heute allerdings weckt die Formulierung beim Leser eher Erinnerungen an die Modelle der Zeichentheorie, etwa an F. de Saussures Modell des sprachlichen Zeichens als zweiseitigem Phänomen aus „Signifikant" und „Signifikat", also aus „Ausdrucksseite" und „Inhaltsseite", oder an das erweiterte Modell von Ogden und Richards, in dem die berühmte Zeichentriade aus „Signifikant" (Zeichenträger), „Signifikat" (Bedeutung) und „Referent" (reales Objekt, auf das das Zeichen verweist) formuliert wurde.[160] Wie es scheint, wurden diese Probleme aber auch schon in der Antike ausführlich diskutiert.

Vitruv stellt allerdings schon im nächsten Satz den konkreten Bezug zur Architektur wieder her: Bezeichnet wird „*die vorgeschlagene Sache, über die diskutiert wird*", also der Entwurf. Jeder Architekt kennt die Situation, in der er seinen Entwurf beim Bauherrn präsentiert und ihn anschließend mit ihm bespricht. Dies geschieht notwendigerweise anhand von Projektzeichnungen – und sie sind es, die den Entwurf „bezeichnen". Dabei handelt es sich jedoch nicht um Skizzen – das zeigt der Zusatz „*mit Hilfe der theoretischen Grundlagen der Lehrgebiete erarbeitet*" –, sondern um technische Zeichnungen, wie sie Vitruv im 2. Kapitel im Rahmen der *dispositio* beschreibt, also Lagepläne, Grundrisse, Ansichten und Perspektiven einschließlich Vermaßung und Proportionierung. Um solche Pläne erarbeiten zu können, ist über die Entwurfsidee hinaus erhebliches Fachwissen erforderlich: Maßkunde, Geometrie und Proportionslehre. Das Gegensatzpaar lautet hier also: Entwurf und Entwurfsdarstellung. Und wieder schließt Vitruv die Forderung an: Wer sich Architekt nennen will, muß beides beherrschen.

Begabung und Gelehrsamkeit (3, Fortsetzung)

Daraus ergibt sich anschließend ein drittes und letztes Gegensatzpaar: Begabung und Gelehrsamkeit. Von der Gelehrsamkeit hatte Vitruv ja schon zu Beginn gesprochen, aber die in unmittelbarem inhaltlichen Zusammenhang mit dem Entwerfen erfolgende Einführung der Begabung als gleichrangiges und zwingend erforderliches Qualifikationsmerkmal ist neu: „*Daher muß er sowohl schöpferisch begabt als auch im Unterricht gelehrig sein; denn weder schöpferische Begabung ohne Unterrichtung, noch Unterricht ohne schöpferische Begabung kann den vollkommenen Meister hervorbringen.*" In Fensterbuschs Übersetzung wird allerdings aus dem zentralen Problem des Architektenberufes, *beide* Qualifikationen in sich vereinigen zu müssen, anstatt wie der Künstler auf wissenschaftliche Ausbildung und wie der Wissenschaftler auf genuin schöpferisches Talent verzichten zu können, ein belangloser, in der Regel einfach überlesener Allgemeinplatz.[161]

Die einzelnen Fächer (4–11)

Durch die drei Gegensatzpaare – handwerkliche Praxis und theoretisches Wissen, Entwurf und Darstellung, Begabung und Gelehrsamkeit – erhält das Spektrum der notwendigen Qualifikationen des Architekten, das Vitruv vorschwebt, bereits deutliche Konturen.

Allerdings geht der Autor an dieser Stelle auf das Thema Begabung nicht weiter ein, sondern setzt den Text mit der Aufzählung der Unterrichtsfächer fort, die der Architekt beherrschen muß. In der Kurzfassung sind dies neun Fächer, in den anschließenden Erläuterungen ergänzt er die Liste noch um die Arithmetik, so daß insgesamt zehn Lehrgebiete in folgender Anordnung abgehandelt werden:

1. Schriftkunde
2. Zeichnen
3. Geometrie
4. Arithmetik
5. Geschichte
6. Philosophie
7. Musik
8. Medizin
9. Jura
10. Astronomie

Die weitgehende Übereinstimmung dieser Fächer mit den neun „disciplinae" Varros ist offensichtlich. Wahrscheinlich ist es auch kein Zufall, daß Vitruv in der Kurzfassung genau neun Fächer aufzählt. Die Fächer gehören allerdings inhaltlich sehr heterogenen Bereichen an und sind auch nicht ganz konsequent geordnet. (Die folgenden Klammern hinter den Fächern beziehen sich auf die Reihenfolge, in der sie bei Vitruv aufgeführt sind.)

Da gibt es zum einen die Fächer, die einen direkten Bezug zur Architektur haben: Zeichnen (2), Geometrie (3) und Arithmetik (4). Selbstverständlich muß der Architekt zeichnen können, um seine Ideen vorzustellen und festzuhalten; ebenso logisch taucht die Geometrie hier auf, und auch die Arithmetik ist – wie wir bei der Besprechung des 2. Kapitels noch sehen werden – für die Ermittlung des modularen Aufbaus der Gebäude von ausschlaggebender und unverzichtbarer Bedeutung, nicht zuletzt auch für die Berechnung der Gebäudekosten.

Dann gibt es Fächer, die eher dem allgemeinen Bildungsbereich zuzuordnen sind, beziehungsweise der Forderung Vitruvs nach kultureller und moralischer Kompetenz des Architekten geschuldet sind: Schreibkunde (1), Geschichte (5) und Philosophie (6). Erinnert sei hier auch an Cicero, der in seiner Schrift *De Oratore* von der Redekunst nicht nur die „vollkommene Beherrschung rhetorischer Theorie und Praxis, sondern auch umfassende Kenntnisse auf juristischem, historischem und philosophischem Gebiet" erwartet.[162]

Vitruvs Ausführungen zur Philosophie werden allerdings um einen weiteren Bereich ergänzt, den der Autor mit dem griechischen Wort *physiologia* bezeichnet und unter dem er die Kenntnis der Naturgesetze subsumiert. Damit bildet dieser zweite Teil eine inhaltliche Gruppe mit den Fächern Musik (7), Medizin (8) und Astronomie (10). Denn auch bei diesen Fächern interessiert Vitruv nicht ihr gewohnter Inhalt, sondern im wesentlichen der mathematisch-naturwissenschaftliche Aspekt. Gerade bei der Musik – auch das eine von den Griechen übernommene Vorstellung – ist die Beziehung zur Mathematik und zur Physik sehr eng oder sogar unauflöslich. Dazu gehört das Verständnis der Zusammenhänge zwischen regelmäßigen Abständen (Intervallen, Streckenteilungen) in der Mathematik und Harmonien in der Akustik (beispielsweise Quinten, Quarten, Oktaven), ebenso das Wissen um die Wellenform des Schalls und die damit zusammenhängenden Phänome der Resonanz und der Abhängigkeit der Tonhöhe (Frequenz) von der Länge und Spannung der Saiten. Parallelen wurden auch gezogen zwischen musikalischen und astronomischen Intervallen, den Tag-, Monats- und Jahreszyklen wie überhaupt den Gesetzen der Himmelsmechanik, deren Verständnis im gleichen Ausmaß mathematische und physikalische Kenntnisse erforderte. Nimmt man noch die Medizin hinzu, die Vitruv ebenfalls nur unter meteorologischen und biologisch-chemischen Aspekten (gesunde Luft und Wasser) interessiert, so wird innerhalb der vier Fächer ein nicht unerhebliches Spektrum gemeinsamer mathematisch-naturwissenschaftlicher Grundlagenkenntnisse angesprochen. Wie man aus den angeführten Beispielen ersieht (Wasser-, Kriegsgerät-, Maschinen- und Uhrenbau), sind diese Kenntnisse unter anderem für die Tätigkeitsbereiche der Bauingenieure und Maschinenbauer erforderlich, die ja im Altertum (und bis in den Barock hinein) integraler Bestandteil der Architektentätigkeit waren.

Zwischen den Fächern Medizin und Astronomie erläutert Vitruv schließlich noch die erforderlichen juristischen Kenntnisse (9) und gibt uns so einen kurzen Einblick in das anscheinend weit entwickelte römische Baurecht, zumindest was Fragen der Abstandsflächen, der Erschließung, der Ver- und Entsorgung und der Verträge zwischen Bauherren und Bauunternehmern angeht.

Die nicht aufgeführten Fächer

Vitruvs Fächerkanon umfaßt also den zeichnerisch-geometrisch-arithmetischen Bereich, den Bildungsbereich, den mathematisch-naturwissenschaftlichen und den juristischen Bereich. Interessanter noch als diese umfängliche Liste sind allerdings diejenigen Wissensfelder, die Vitruv *nicht* aufführt.

Wenn vom Wissen des Architekten oder von den Kenntnissen, die zur Ausübung seines Berufes erforderlich sind, die Rede ist, erwartet man am Beginn der Aufzählung eigentlich weniger die Schriftkunde als vielmehr profunde Kenntnisse der Baustoffe sowie detailliertes Wissen über deren Zusammenfügung, also die Fächer Baustoffkunde und Baukonstruktion, zumal Vitruv gerade der Baustoffkunde später, im 2. Kapitel, ein ganzes Buch und damit immerhin etwa ein Zehntel seines Gesamtwerkes widmet. Auch baukonstruktive Fragen wie zum Beispiel Mauerwerksarten, Fundamentierung, Decken-, Wand- und Fußbodenaufbauten werden an vielen Stellen des Buches in einer Genauigkeit abgehandelt, die das sofortige Zeichnen konstruktiver Details ermöglichen würde. Warum erscheinen diese elementaren Fächer dann aber nicht in Vitruvs Kanon? Warum werden sie nicht einmal in einem Nebensatz erwähnt? Die Antwort ist einfach: weil es keine eigenen Fächer waren, weil solche Kenntnisse von der ‚Konkurrenz‘, von den Handwerksbetrieben selbst vermittelt wurden. Alles, was man über Baustoffe und Baukonstruktion wissen konnte und mußte, gehörte zum Wissensbestand eines jeden guten Handwerksmeisters, zumindest wenn er nicht zu sehr auf ein Gewerk spezialisiert war, sondern als Bauunternehmer selbstständig ganze Gebäude errichtete. Es handelt sich also um Wissen aus dem Bereich der „fabrica“, der handwerklichen Praxis, das Vitruv zwar gleich eingangs als notwendig und unverzichtbar deklariert, das ihm hier aber ganz offensichtlich weniger wichtig ist. Im Zentrum seines Interesses stehen vielmehr jene Fächer, die gerade über diese Handwerkstätigkeiten hinausweisen, die aus einem Handwerksmeister erst einen Architekten machen, die also zu der gewünschten Aufwertung des Berufsstandes und zu dessen Aufstieg aus der ‚schmutzigen‘ Sphäre des Handwerklichen in die ‚reine‘ Sphäre der „diciplinae“ beitragen können.

Weiterhin fehlt in dem Fächerkanon des 1. Kapitels der gesamte Bereich der Gebäudekunde, dem Vitruv, wenn man es weit auslegt, später vier von zehn Büchern widmet, nämlich das Dritte und Vierte Buch (Sakralbau), das Fünfte Buch (Öffentliche Bauten) und das Sechste Buch (Privatbauten). Man kann mit einigem Recht behaupten, daß diese Themen den eigentlichen Schwerpunkt des Werkes bilden und letztlich Anlaß zu dessen Erarbeitung gewesen sind. Eine solche zusammenfassende Abhandlung über Aufbau und Eigenart der unterschiedlichen Bauaufgaben gab es vor Vitruv nicht, es gab nur einzelne Lehrschriften oder Erläuterungen zu einzelnen Gebäuden.

Wenn es aber diese Art Gebäudetypologie (oder Gebäudekunde), die aus dem Unterricht an Architekturschulen heute nicht mehr wegzudenken ist, vor Vitruv als Lehrfach noch nicht gab, konnte es natürlich auch nicht im Kanon der allgemein bekannten Unterrichtsfächer auftauchen.

Schließlich fällt auf, daß der ganze Bereich der Ästhetik vollständig ausgeblendet wird. Es wäre ja denkbar gewesen, daß Vitruv zur Schulung der gestalterischen Fähigkeiten die Malerei oder Bildhauerei in den Kanon der für den Architektenberuf notwendigen Unterrichtsfächer aufgenommen hätte – entsprechend den heute üblichen Fächern wie etwa Gestaltungslehre oder Plastisches Gestalten. Aber Maler und Bildhauer waren eben Handwerker (wie Zimmerleute oder Steinmetze), und ihr Metier war ein Lehrberuf, keine „disciplina". Es gab auch kein allgemeines Lehrfach „Ästhetik". Fragen aus diesem Bereich wurden als Teilgebiet der Philosophie oder im Rahmen der Mathematik (als Lehre von den harmonischen Proportionen) abgehandelt.

Fazit – und wichtig für die Einordnung – ist also, daß die zehn von Vitruv aufgeführten Fächer keineswegs das ganze Wissen des Architekten repräsentieren. Sie bilden in einigen Fällen sogar nur relativ kleine Schnittmengen mit dem eigentlichen Kernbereich der Architektur. Ihre Verknüpfung mit der Architektur – oder besser: die Verknüpfung der Architektur mit ihnen, den anerkannten Disziplinen – hat über diese Gemeinsamkeiten hinaus die zusätzliche Aufgabe, das Fach „Architektur" aufzuwerten, es gegen die bloße Handwerkstätigkeit abzugrenzen und es selbst in den Rang einer solchen „disciplina" zu erheben. Um diese Anerkennung zu erlangen, war eine Art „geistiger Überbau" zwingend erforderlich. Motiv und Richtung dieser Absetzbewegung wird daher unter (11) auch noch einmal eindeutig und abschließend ausgesprochen: „*Da also dieses Fach so umfassend ist, mit einem Übermaß an vielfältigen und unterschiedlichen Kenntnissen sorgfältig angereichert, glaube ich nicht, daß sich [solche Personen] vorschnell und mit Recht als Architekten bezeichnen können, die nicht von Kindesbeinen an die Stufenleiter der Unterrichtsfächer emporsteigend – und so durch den Wissensbestand der meisten theoretischen Schriften und Berufszweige genährt – zum innersten Bezirk der Architektur vorgedrungen sind."*

Generalist und Spezialist (12–14)

Der nächste Absatz zeigt allerdings, daß Vitruv dieser äußerst hohe Anspruch an das Bildungsniveau des Architekten selbst problematisch erscheint. Wer soll das alles lernen und behalten, läßt er einen skeptischen Laien zu Recht fragen und beginnt mit einer schrittweise argumentierenden Relativierung. Als erstes führt er die seit Platon bekannte – und auch von Cicero aufgenommene – Überlegung an, daß alle diese Wissensgebiete untereinander in Verbindung stünden.[163] Durch das Vorhandensein gemeinsamer Merkmale und Zusammenhänge werde die Aufnahme des umfangreichen Stoffes erleichtert. Vitruv benutzt bei der Kennzeichnung dieser Art von Bildung das griechische Fremdwort „encyclios" – heute enzyklopädisch –, das schon von Aristoteles mehrfach verwendet wurde[164] und seinerzeit in der Debatte über den Gegensatz zwischen einer nicht in die Tiefe gehenden Allgemeinbildung und einer „Fachbildung, die nur Sache von Wenigen ist"[165] eine wichtige Rolle spielte. Indem Vitruv die Forderung des Pytheos, der Architekt solle in allen Bereichen mehr leisten können als der jeweilige Spezialist, als unrealistisch zurückweist, schlägt er sich auf die Seite der Allgemeinbildung: Der Architekt müsse in allen Bereichen wissen, worum es geht, er könne aber unmöglich überall Fachmann sein. An dieser Einschätzung der realen Möglichkeiten hat sich bekanntlich bis heute wenig geändert. Eher hat sich die Problematik für den heutigen Architekten, der von allen Seiten von Spezialisten umringt und bedrängt wird, durch das exponentiell angestiegene Fachwissen in den einzelnen Bereichen noch verschärft.

Theoretisches Wissen und praktische Kompetenz (15/16)

Eine weitere Relativierung erfolgt durch Vitruvs Unterscheidung zwischen theoretischen Grundlagen und praktischer Ausführung. Er erläutert diesen Unterschied am Beispiel von Musikern und Medizinern, die auf der theoretischen Ebene durchaus viele Gemeinsamkeiten haben, in der praktischen Berufsausübung in dem jeweils anderen Fach jedoch völlig fehl am Platze wären. Er hätte als Beispiel aber auch Mathematiker und Architekten nennen können: Beide können sich lange über geometrische Formen unterhalten, aber wenn es um den Bau eines Hauses geht, sollte man doch besser den Architekten fragen, während für den Wunsch nach einem verbesserten Meßinstrument eher den Mathematiker zuständig wäre. Ganz offensichtlich ändert sich die Rolle (Generalist oder Spezialist) je nach der Ebene, die betrachtet wird. Für die generelle Ausübung seines Berufes benötigt der Architekt ein breites Wissen, das viele andere Disziplinen einschließt. Aber dieses Wissen kann aus den genannten Gründen nicht in die Tiefe gehen. Daher bleibt der Architekt auf der Ebene der allgemeinen Grundlagen Generalist. Auf der Ebene der Planung für eine spezifische Bauaufgabe hingegen ist er genauso Fachmann oder Spezialist wie der Arzt am Bett eines Kranken. Bezogen schließlich auf die reale Ausführung der einzelnen handwerklichen Teilleistungen wechselt er erneut in die Rolle des Generalisten, für den ein ‚mittleres' Wissen ausreicht, um die ordnungsgemäße Ausführung der vielfältigen Bauleistungen beurteilen und gewährleisten zu können.

Architekt oder Wissenschaftler (17)

Wenn der Rollenwechsel von der Ebene des allgemeinen Grundlagenwissens zur konkreten Tätigkeit als verantwortlicher Architekt jedoch ausbleibt, weil jemand, wie Vitruv schreibt, auf theoretischem Gebiet besonders begabt oder scharfsinnig ist und sich auf die Theorie – hier besonders auf die Fächer Geometrie, Astronomie, Musik (und Arithmetik) – spezialisiert, dann kann aus ihm ein Mathematiker werden. Das klingt ein wenig befremdlich, weil wir heute unter einem Mathematiker etwas anderes verstehen als die Antike. Wie man an den von Vitruv angeführten Beispielen sieht, hielten Griechen und Römer Mathematiker eher für mathematisch-naturwissenschaftliche Theoretiker und Erfinder. Das Rollenbild entsprach vermutlich am ehesten dem des heutigen Naturwissenschaftlers. Interessant ist hier wieder Fensterbuschs tendenziöse Übersetzung: „Die aber, denen die Natur soviel Talent, Scharfsinn und Gedächtnis verliehen hat, daß sie Geometrie, Sternkunde, Musik und die übrigen Wissenschaften voll und ganz beherrschen, *wachsen über den Beruf des Architekten hinaus* und werden Mathematiker."[166] Hier wird eine Rangordnung etabliert, die den Mathematiker über den Architekten stellt, obwohl dies weder aus dem von Vitruv verwendeten Verb „präeter-ire" (vorüberziehen) zwingend hervorgeht noch seiner tatsächlicher Auffassung entsprechen dürfte.

Architektur als gleichrangige Disziplin (18)

Sicherlich gibt es immer nur wenige hochbegabte Wissenschaftler und Erfinder, aber deren Tätigkeit ist auch nicht Aufgabe des Architekten. Dieser muß für seinen Beruf in *allen* Bildungsfächern ein gewisses Grundlagenwissen besitzen – mehr ist nicht möglich –, kennt sich dafür aber in seinem Spezialgebiet, der Architektur, nicht weniger gut aus als der Philosoph, der Redner oder der Sprachwissenschaftler. Es ist gewiß kein Zufall, daß Vitruv am Ende seiner Ausführungen zur Qualifikation und Rolle des Architekten gerade diejenigen drei „disciplinae" erwähnt, die in der Antike das höchste Ansehen genossen. Er bittet zwar um Nachsicht, daß er als Architekt hier nicht mithalten könne, reklamiert aber für sein eigenes Fach mit großem Selbstbewußtsein die gleiche Kompetenz, wie sie den hervorragendsten Repräsentanten jener Disziplinen zugebilligt wird. Genauso wenig ist es ein Zufall, daß das 1. Kapitel an dieser Stelle endet. Alle Argumente für die These, daß ein Architekt mehr ist oder sein muß als ein einfacher Maurer-, Steinmetz- oder Zimmermannsmeister, daß der Beruf des Architekten über das Handwerkliche hinausweist in die Sphäre der „disciplinae" und daß die Architektur nur dort den ihr gebührenden Platz findet, sind gefallen. Im nächsten Kapitel wird Vitruv daher das notwendige theoretische Instrumentarium entwickeln, über das eine solche Disziplin zwingend verfügen muß.

Neue Übersetzung

1. Die Architektur [das Fachgebiet] aber besteht aus ordinatio, die griechisch ‚taxis‘ genannt wird, dispositio, die die Griechen ‚diathesis‘ nennen, eurythmia, symmetria, decor und distributio, die griechisch ‚oikonomia‘ genannt wird.

2. Ordinatio ist die passende maßliche Einteilung der Glieder eines Bauwerks im einzelnen und die Bereitstellung der Proportionen im Hinblick auf die symmetria im ganzen.
Sie wird aus der quantitas, die griechisch ‚posotes‘ heißt, zusammengestellt.
Quantitas aber [die Mengeneinteilung] ist die [Voraussetzung für die] Gewinnung der Module aus dem Bauwerk selbst und aus den einzelnen Teilen der Bauglieder und [bewirkt so] die harmonische Ausarbeitung des gesamten Gebäudes.

Dispositio aber ist die passende Anordnung der Dinge und die durch die Zusammenstellung gemäß ihrer Eigenschaften geschmackvolle Ausarbeitung des Bauwerks.
Die Darstellungsformen der dispositio, die von den Griechen ideae genannt werden, sind folgende: ichnographia, orthographia und scaenographia.
Ichnographia ist der kontinuierliche maßstäbliche Gebrauch von Zirkel und Lineal, aus dem die Festsetzungen der Gebäudeformen auf dem Terrain des Bauplatzes gewonnen werden [Lageplan oder Grundrißzeichnung für das Abstecken des Gebäudes auf der Baustelle].
Orthographia hingegen ist das aufrechte Bild der Vorderfront und die maßstäblich gezeichnete, aus dem Konzept des zukünftigen Gebäudes entwickelte Umrißfigur [Ansichtszeichnung].

Gleichermaßen ist scaenographia die illusionistische Darstellung der Fassade und der in die Tiefe fluchtenden Seiten und die Ausrichtung aller Linien [dieser Seiten] auf einen Fluchtpunkt [Zentralperspektive].

Diese [Gebäudedarstellungen] sind das Ergebnis von cogitatio und inventio.

Cogitatio [Überlegung] ist die unermüdliche Pflege [der intensive Einsatz] von Interesse, Fleiß und Aufmerksamkeit bei der – mit Leidenschaft betriebenen – Ausarbeitung eines Vorschlags [Plans].

Inventio [Erfindung] aber ist die Lösung schwieriger Fragen und die Berechnung [das Durchdenken] einer neuen, mit Hilfe von beweglicher [geistiger] Kraft entdeckten Sache.

Dies sind die Begriffsbestimmungen der dispositio.

3. Eurythmia ist das anmutige Aussehen und das maßgerechte Erscheinungsbild in der Zusammenfügung [Komposition] der Bauglieder.

Sie wird erzeugt, indem die Glieder des Bauwerks in bezug auf Höhe zu Breite und Breite zu Länge harmonisch abgestimmt sind und insgesamt alle [Bauglieder] ihren symmetriae folgen.

4. Symmetria ist dementsprechend die harmonische Übereinstimmung zwischen den Gliedern des Bauwerks selbst sowie zwischen den Einzelbauteilen und dem Aussehen der Gesamtgestalt bezogen auf einen festgesetzten Teil [Modul].

So wie die Eigenschaft der eurythmia beim menschlichen Körper auf dem modularen Aufbau von Elle, Fuß, Hand, Finger und den übrigen Teilen beruht, so ist es auch bei der Herstellung der Bauwerke. Und besonders bei heiligen Bauwerken wird entweder aus der Dicke der Säulen, aus der Triglyphe oder aus dem Embater, bei der Balliste aus dem Bohrloch, das die Griechen ‚peritreton' nennen, bei den Schiffen aus dem Zwischenraum zwischen zwei Ruderzapfen, den die Griechen ‚dipechyaia' nennen, und ebenso aus den Gliedern der übrigen Bauwerke die Berechnungsgrundlage der symmetriae [des modularen Aufbaus] gewonnen.

5. Decor aber ist das fehlerfreie Erscheinungsbild eines Gebäudes, das gemäß den anerkannten Regeln aus erprobten Dingen zusammengefügt ist.

Dies geschieht im Hinblick auf statio [Stellung], die die Griechen ‚thematismos' nennen, im Hinblick auf consuetudo [Brauch, Sitte, Konvention] oder im Hinblick auf natura [die natürlichen Gegebenheiten].

Im Hinblick auf statio, wenn dem Jupiter Fulgur, dem Himmel, der Sonne und dem Mond Bauten unter freiem Himmel und Tempel ohne Dach über der Cella errichtet werden; denn wir sehen die Zeugnisse und Wirkungen dieser Götter unter freiem Himmel in Erscheinung und zutage treten. Minerva, Mars und Herkules werden dorische Tempel errichtet; denn es ziemt sich, daß diesen Göttern ihrer kriegerischen Heldentaten wegen Häuser ohne schmückendes Beiwerk gebaut werden. Für Venus, Flora, Proserpina und die Quellnymphen scheinen die in korinthischem Stil erbauten Tempel den passenden Charakter zu haben, weil für diese Göttinnen aufgrund ihrer Zartheit die schlankeren und blumenreich ausgeführten und durch Blattwerk und Voluten geschmückten Arbeiten das angemessene Aussehen zu fördern scheinen. Wenn [hingegen] für Juno, Diana, Bacchus und die übrigen Götter, die jenen ähneln, ionische Tempel errichtet werden, wird ihrer Mittelstellung Rechnung getragen werden, weil der spezifische Aufbau [dieser Tempel] sowohl aus dem ernsten Charakter des Dorischen als auch aus der Zartheit des Korinthischen ausgewogen zusammengesetzt ist.

6. Im Hinblick auf consuetudo aber zeigt sich decor [beispielsweise] darin, daß bei Gebäuden mit prächtigem Inneren auch die Eingangshallen [dazu] passend und geschmackvoll ausgeführt werden. Wenn nämlich die Innenräume von vollendetem Geschmack wären, die Zugänge aber niedrig und unansehnlich, dann entsprächen sie nicht den Regeln des decor.
Ebenso wird, wenn am Gesims des dorischen Gebälks Zähnchen eingemeißelt werden oder wenn bei Säulen mit ionischem Kapitell und ionischem Gebälk Triglyphen angebracht werden – [wenn also] die Eigenarten aus einem Baustil in einen anderen übertragen werden – [ein solcher] Anblick Mißfallen erregen, weil sich vorher andere Gewohnheiten der Anordnung herausgebildet hatten.

7. Decor naturalis aber wird dann [erfüllt] sein, wenn als erstes für alle Tempel die gesündesten Gegenden ausgewählt und für alle Stellen, an denen Heiligtümer errichtet werden sollen, geeignete Wasserquellen gesucht werden, besonders aber [bei Heiligtümern] für Äskulap, Salutus und diejenigen Götter, durch deren Heilkunst offenbar viele Kranke geheilt werden. Denn wenn die kranken Körper von einem ungesunden an einen gesunden Ort gebracht werden und ihnen der Gebrauch gesunden Quellwassers ermöglicht wird, werden sie schneller genesen. So kommt es, daß die Gott-

heit aufgrund der Beschaffenheit des Ortes in [ihrem] Ansehen einen höheren und besseren Ruf erwirbt.

Weiterhin wird decor naturalis [erfüllt] sein, wenn für die Schlafzimmer und Bibliotheken Licht von Osten genommen wird, für die Badezimmer und die Winterzimmer Licht von Süd-Süd-West [Winterwestseite], für die Gemäldegalerien und für jene Teile der Wohnung, die gleichmäßiges Licht benötigen, Licht von Norden, weil diese Himmelsregion durch den Lauf der Sonne weder überstrahlt noch verdunkelt wird, sondern den ganzen Tag über gleichmäßig und unverändert [belichtet] ist.

8. *Distributio aber ist die zweckmäßige Einteilung der vorhandenen Baumaterialien [Vorräte] und des Bauplatzes und das sparsame und rechte Maß bei der Berechnung der Gebäudekosten.*

Sie wird dann beachtet, wenn zum ersten der Architekt keine [Baumaterialien] anfordert, die nicht [in der Nähe] gefunden oder nur mit großem [Aufwand] beschafft werden können. Denn nicht überall sind Grubensand, Bruchsteine, Tannenholz, Fichtenholz oder Marmor vorrätig, deren Transport schwierig und kostspielig ist, sondern das eine kommt hier, das andere dort vor. Wo es aber keinen Grubensand gibt, muß man Flußsand oder ausgewaschenen Meersand nehmen. Ebenso wird man dem Mangel an Tannen- oder Fichtenholz durch die Verwendung von Zypressen-, Pappel-, Ulmen- oder Pinienholz begegnen; und auch die übrigen [Baustoffprobleme] müssen in ähnlicher Weise gelöst werden.

9. *Eine zweite Stufe der distributio ist es, wenn die Gebäude passend auf die [Wohn-] Nutzung von Familienvätern oder auf die vorhandenen Geldmittel oder auf die würdevolle Stellung eines Redners zugeschnitten werden. Denn offensichtlich müssen die Häuser in der Stadt anders angelegt werden als jene, in die die Erträge aus ländlichen Besitzungen fließen; die [Häuser] für die Geldverleiher anders als diejenigen für die reiche und vornehme Gesellschaft. Erst recht werden die [Häuser] für die Mächtigen, durch deren Überlegungen der Staat gelenkt wird, dem Gebrauch entsprechend zugeschnitten. Und überhaupt müssen die Zuschnitte der Gebäude für alle Personengruppen [Berufe, Stände] jeweils passend hergestellt werden.*

(Zitate im nachfolgenden Kommentar, die der neuen Übersetzung entnommen sind, werden auch dort kursiv gedruckt.)

Kommentar

Einleitung

Die Beschäftigung mit den sechs Grundbegriffen nimmt in der umfangreichen Vitruv-Literatur mit Abstand den größten Raum ein, in vielen Fällen beschränkt sie sich sogar fast ausschließlich auf diesen Bereich. Eine vorrangig kunstgeschichtlich orientierte Forschung erhoffte sich gerade von diesem Kapitel grundlegende Aussagen über das Wesen der Baukunst und wurde darin durch solche frei hinzugefügten Überschriften wie etwa „Die ästhetischen Grundbegriffe der Baukunst" noch bestärkt. (Diese von Fensterbusch gewählte Überschrift orientiert sich im übrigen stark an entsprechenden Formulierungen des Holländers A. Jolles in seiner Dissertation von 1906 wie etwa „Die ästhetischen Kategorien bei Vitruv"; auch bei der Definition der Grundbegriffe ist eine große Nähe zu Jolles unübersehbar.)[167]

Um so größer war dann regelmäßig die Enttäuschung, wenn sich herausstellte, daß die einzelnen Begriffe sich einer solchen Deutung oder Entschlüsselung konsequent verweigerten – sei es wegen der teilweise kryptischen Formulierungen Vitruvs, sei es durch Übersetzungsprobleme, sei es durch inhaltlich nicht zueinander passende oder zu dem vermuteten Thema in keinem Zusammenhang stehende Textbestandteile. Auch in der Gesamtbetrachtung ließ sich unter dieser Prämisse eine inhaltlich nachvollziehbare oder logische Zusammengehörigkeit aller sechs Begriffe einfach nicht herstellen, so daß es zur Bildung von immer neuen Untergruppen, meistens Zweier- oder Dreierkombinationen mit nicht integrierbaren Restbegriffen kam. Der dadurch aufgestaute Unmut machte sich dann vielfach in abwertenden oder gar verächtlich machenden Bemerkungen über Vitruvs geringes intellektuelles Vermögen Luft.

Tatsächlich geht es Vitruv jedoch in diesem Kapitel weder um die „Baukunst", noch um die „ästhetischen" Grundbegriffe, sondern unzweifelhaft um das terminologische Grundgerüst seiner Architekturlehre. Eine angemessene Einteilung der Materialien und der Baukosten im Rahmen der *distributio* hat sehr wenig mit Baukunst, aber sehr viel mit dem Fachgebiet Architektur zu tun. Auch die Stellung des Bauherrn, die Beachtung der Konventionen und die Lage des Ortes und der Himmelsrichtungen im Sinne des *decor* behandelt wichtige Aspekte des Faches Architektur, nicht aber ästhetische Regeln oder Handlungsanweisungen. Diese Aufzählung ließe sich auf alle Begriffe ausdehnen, mit Ausnahme der *euryth-*

mia, bei der es tatsächlich um ästhetische Fragen geht. Wer also Vitruvs sechs Kategorien als „ästhetische Grundbegriffe der Baukunst" liest, muß zwangsläufig enttäuscht werden.

Vitruv beschäftigt sich – wie auch schon im ersten Kapitel – mit seinem Fach, seiner Disziplin, mit dem gerade erst durch Varro, den älteren Zeitgenossen, in den Rang einer „disciplina" gehobenem, dem Handwerklichen immer noch sehr nahe stehenden Berufsgebiet, dessen Stellung und Rang er durch eine präzise Terminologie zu verbessern oder zu festigen sucht. Liest man das 2. Kapitel unter diesem Blickwinkel, ergibt sich auf einmal ein erstaunlich klarer Überblick über die von Vitruv für notwendig erachteten Grundlagen einer Architekturlehre der damaligen Zeit.

Dennoch bleiben gerade die „Grundbegriffe" wegen der teilweise ungeklärten Wortbedeutungen und der äußerst verkürzten Formulierungen eine große Herausforderung für jeden Übersetzer. Daher werden in der nachfolgenden Besprechung die Einzelbegriffe zum Teil noch einmal Wort für Wort analysiert, um eine möglichst weitgehende Sicherheit über Inhalt und Bedeutung zu erlangen.

Ordinatio oder Die Maßordnung

1. Über seinen ersten Grundbegriff erfahren wir bei Vitruv zugleich am wenigsten – streng genommen nur die Informationen aus dem Eingangssatz. Denn im nächsten Satz führt er schon eine weitere Unterkategorie ein, die *quantitas*, die er dann im dritten und letzten Satz definiert. Das ist alles. Im ganzen Buch taucht der Begriff der *ordinatio* im Sinne eines Grundbegriffs, einer Kategorie, nicht mehr auf.[168]

Nur ganz am Anfang, im Rahmen der Aufzählung aller Grundbegriffe, gibt Vitruv noch einen Hinweis auf den entsprechenden griechischen Terminus *taxis*, der soviel wie „Ordnung, Anordnung" bedeutet. Das hilft aber nicht weiter, denn die Bedeutung des lateinischen Wortes „ordinatio" ist dieselbe.

Erschwerend kommt hinzu, daß selbst in diesem einzigen kurzen Eingangssatz die zweite Hälfte als Hilfe für eine inhaltliche Klärung entfällt, da sie lediglich auf zwei weitere, erst später eingeführte Termini, *proportio* und *symmetria*, verweist. Die somit verbleibende erste Hälfte aus wenig mehr als fünf Wörtern läßt sich mit „die passende maßliche Einteilung der Glieder eines Bauwerks" übersetzen, ist dann aber in dieser Form tatsächlich der Kern dessen, was überhaupt als Definition des Begriffs *ordinatio* zur Verfügung steht. (Nähere Erläuterungen dazu im Anhang 2.) Kein Wunder, daß die Vitruv-Kommentatoren und die so umfangreiche Vitruv-Literatur gerade um diesen Begriff in der Regel einen großen Bogen macht.

2. Soviel läßt sich immerhin sagen: Es geht offensichtlich um eine Ordnung in der maßlichen Einteilung, um eine „Maßordnung" also, oder, wenn man die Reihenfolge umdreht: es geht nicht um beliebige Maße, Abmessungen oder Einteilungen, sondern um spezielle, „geordnete" Maße. Solche Maße sind anscheinend zur Herstellung der *proportio*, also der modularen Verhältnisse, notwendig und dienen dann dem Aufbau der *symmetria* im ganzen.

Diese *Maßordnung* wird aus der *quantitas* zusammengestellt. Die Übersetzung lautet hier: „Größe, Anzahl, Menge" – im griechischen mit „posotes" etwa gleichbedeutend – und als Terminus verwendet vielleicht: das System der Längen-, Größen- und Mengeneinteilungen. Grundlage einer Maßordnung ist also eine bestimmte Mengen- oder Längeneinteilung – das ist problemlos nachvollziehbar. Für die anschließend gegebene Erläuterung der *quantitas* gilt dies weniger. Aus grammatikalischen und inhaltlichen Gründen wird es hier wahrscheinlich nie eine unanfechtbare Interpretation geben. (Die Anmerkungen hierzu und die Begründung für die gewählte Übersetzung werden aus Gründen der Lesbarkeit des Textes ebenfalls im Anhang II behandelt.)

3. Es gibt aber klärende Hinweise in den Erläuterungen zum Aufbau des ionischen Tempels im 3. Kapitel des Dritten Buches (im übrigen inhaltlich fast identisch mit den Erläuterungen zum Aufbau des dorischen Tempels im 3. Kapitel des Vierten Buches, Abs. 3). Dort heißt es: „Die für den Tempel bestimmte Vorderseite des Grundstücks wird bei einem Tetrastylos – ohne Fundamentvorsprünge und Ausladung der Basen – in 11 Teile und eine Hälfte eingeteilt; wenn es sechs Säulen sind, in 18 Teile; bei einem Oktastylos in 24 Teile und eine Hälfte. Sodann wird von diesen Teilen, ob Tetra-, Hexa- oder Oktastylos, ein Teil genommen [„sumatur"], und dieser wird der Modul sein." [169]

Am Anfang stehen also ein für die Errichtung eines Tempels vorgesehenes Areal und eine Vorstellung von der Größe des dort zu errichtenden Heiligtums. Dann wird die Grundstücksseite, an der die Tempelfront stehen soll – abhängig von der gewünschten Anzahl der Frontsäulen –

in gleichmäßige Einheiten geteilt und damit die reale Größe des Moduls gewonnen, der im weiteren den Aufbau des ganzen Gebäudes und der Teile bestimmen wird.[170] Die Längeneinteilung (*quantitas*) ist demzufolge tatsächlich die Voraussetzung für die Gewinnung eines Moduls, der wiederum Grundlage der *ordinatio*, des gesamten maßlichen Aufbaus, der Maßordnung des Gebäudes ist.

4. Das Wort „quantitas" wird im Sinne von „Längeneinteilung" noch einmal in der Vorrede des Vierten Buches erwähnt, wo es um die drei Säulenordnungen geht, „die durch die nach Modulen bestimmten Proportionen sorgfältigst abgestimmte Längeneinteilungen besitzen" („quae subtilissimas haberent proportionibus modulorum quantitates").[171]
Darüber hinaus gibt es im weiteren Verlauf des Buches eine Stelle, an der sich Vitruv ganz allgemein mit solchen Maß- und Mengeneinteilungen auseinandersetzt, auch wenn der Terminus *quantitas* dort nicht mehr auftaucht. Es handelt sich um das 1. Kapitel des Dritten Buches, wo es um die *symmetriae* der Tempel und deren Zusammenhang mit dem Aufbau des menschlichen Körpers geht. In drei Beispielsequenzen möchte Vitruv hier die Vorbildfunktion des menschlichen Körpers für den Tempelbau herausstellen. In der ersten geht es um den modularen Aufbau, in der zweiten um den Nachweis geometrischer Grundformen am menschlichen Körper und in der dritten schließlich um die anthropometrische Herkunft auch der Maß- und Zahlsysteme: „Nicht weniger haben sie [die Vorfahren] die Grundlagen des Messens, die in allen Bauwerken notwendig zu sein scheinen, von den Gliedern des Körpers entlehnt, wie *Finger, Hand, Fuß* und *Elle*, und diese in die perfekte Zahl, die die Griechen *teleon* nennen, unterteilt."[172] Mit „perfekter Zahl" meint Vitruv die Bezugsgröße von Zahlensystemen, denn im Anschluß diskutiert er die Vor- und Nachteile erst des 10er-Systems, dann des 6er-Systems, auch in ihren Anwendungen auf das griechische und das römische Münzwesen. Abschließend erklärt er die Addition aus beiden perfekten Zahlen, die 16, zur „numerum perfectissimum" und damit das 16er-System zur optimalen Grundlage auch des Bauwesens und seiner Bezugsgrößen *Elle, Fuß, Hand* und *Finger*.

5. Spätestens an dieser Stelle muß man sich vor Augen führen, daß es in römischer Zeit – und letztlich „bis zur Einführung des Meters durch die französische Nationalversammlung im Jahre 1795"[173] – ein auf eine einzige und genormte Maßeinheit bezogenes Maßsystem nicht gab: Messen und Vermaßen, auf der Baustelle ebenso wie auf der Entwurfszeichnung, war

also eine wesentlich kompliziertere Angelegenheit als heute, wo man jedes beliebige Maß problemlos in Meter, Zentimeter oder Millimeter definieren kann. Vor allem konnte man Teilmengen prinzipiell nur in Brüchen darstellen, in Verhältnissen also oder – lateinisch – in „Proportionen", nicht wie heute als Betrag hinter dem Komma. Und sollte das System zum Messen und Vermaßen tauglich sein, durfte es sich tunlichst nicht um „irgendwelche" oder „beliebige" Brüche handeln, sondern um aufeinander bezogene, ohne Rest ineinander aufgehende, passende Brüche wie etwa 1/2, 1/4, 1/8, 1/16 etc.

Genau dies ist nun aber der Vorzug anthropometrischer Maßeinheiten wie *Finger, Hand, Fuß* und *Elle*: ein *Finger* ist bei Vitruv 1/24 einer *Elle*, 1/16 eines *Fußes*, 1/4 einer *Hand*, eine Hand wiederum ist 1/24, ein Fuß 1/6 und eine Elle 1/4 der Größe eines erwachsenen, aufrecht stehenden Menschen etc.

Auf der Basis solcher geordneter, modular definierter Einteilungen, einer *Maßordnung* also, einer *ordinatio*, ließen sich solche antiken Maß- und Meßstäbe herstellen wie etwa der Vergleichsmaßstab des Philon von Byzanz. Ist dieser zusätzlich auf ein Realmaß, beispielsweise eine Elle geeicht, erhält man ein Meßinstrument, wie es in der Antike und „bis in die Neuzeit eine allen Bauhandwerkern geläufige Sache"[174] war.

6. Deutlich wird damit aber auch, wie wichtig die Kenntnis der verschiedenen Maßordnungen gerade auch für den Architekten war: Er mußte ja nicht nur die realen Abmessungen des geplanten Gebäudes bis in die kleinsten Unterteilungen der Bauteile hinein festlegen, sondern sich auch schon vorab ständig zwischen seinen verkleinerten Entwurfszeichnungen oder Modellen und den tatsächlichen Maßen hin- und herbewegen können. Dafür brauchte er ein System, eine handhabbare Ordnung, die auf die ihm zur Verfügung stehenden Instrumente zugeschnitten war, also im wesentlichen auf Zirkel und Lineal. Mit diesen Instrumenten konnte man problemlos Strecken halbieren, immer wieder – und daher eine gewisse Vorliebe für Zahlenfolgen wie 1/2, 1/4, 1/8, 1/16 etc. –, man konnte aber auch über den Schnittpunkt der Seitenhalbierenden eines Dreiecks eine Strecke dritteln und so zu Einteilungen wie 1/3, 1/9, 1/24 etc. kommen, insgesamt also zu dem kombinierten System von 2er- und 3er-Teilungen, wie es der Folge 1/2, 1/4, 1/6, 1/8, 1/12, 1/16, 1/24 etc. zugrunde liegt. Weiter vorne, bei der Aufzählung der notwendigen Kenntnisse und Fähigkeiten des Architekten, schreibt Vitruv dazu: „Durch Arithmetik aber […] werden Regeln für das Messen ausgearbeitet, und durch geometri-

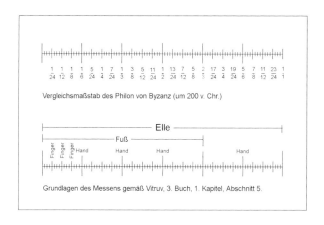

$\frac{1}{24}$ $\frac{1}{12}$ $\frac{1}{8}$ $\frac{1}{6}$ $\frac{5}{24}$ $\frac{1}{4}$ $\frac{7}{24}$ $\frac{1}{3}$ $\frac{3}{8}$ $\frac{5}{12}$ $\frac{11}{24}$ $\frac{1}{2}$ $\frac{13}{24}$ $\frac{7}{12}$ $\frac{5}{8}$ $\frac{2}{3}$ $\frac{17}{24}$ $\frac{3}{4}$ $\frac{19}{24}$ $\frac{5}{6}$ $\frac{7}{8}$ $\frac{11}{12}$ $\frac{23}{24}$ 1

Vergleichsmaßstab des Philon von Byzanz (um 200 v. Chr.)

Elle

Fuß

Finger Finger Finger Hand   Hand   Hand   Hand

Grundlagen des Messens gemäß Vitruv, 3. Buch, 1. Kapitel, Abschnitt 5.

Maßordnung und Meßinstrument

sche Gesetze und Methoden werden die komplizierten Fragen der *symmetriae* gelöst."[175]
Aber der ständige Umgang mit Maßen beschränkt sich für den Architekten ja nicht nur auf die Festlegung der Abmessungen von Bauteilen. Auch die *Form*, die er den einzelnen Elementen geben möchte, muß er spätestens auf der Ebene der Ausführungszeichnungen in Maße, Radien und Winkel herunterrechnen, um sie für den Handwerker umsetzbar zu machen. Man kann das sehr schön an der Beschreibung des ionischen Polsterkapitells mit seiner aufwendigen Spiralform nachvollziehen, die Vitruv im Dritten Buch fast eine ganze Seite voller kompliziertester Zahlenangaben und Verfahrensvorschriften kostet. Anders als ein Maler oder Bildhauer muß der Architekt – weil er seine Produkte nicht selbst ausführt – über die Idee und den Entwurf hinaus ja auch noch die exakten Maßangaben für die Umsetzung liefern. *Der Architekt ist derjenige, der die Maße liefert* (und später deren Umsetzung auf der Baustelle überwacht) – das ist, neben dem Entwurf, der zweite Schwerpunkt seiner Tätigkeit überhaupt. Entsprechend hoch ist die Bedeutung einer handhabbaren, auf modulare Einteilungen bezogenen Maßordnung. Jetzt läßt sich vielleicht besser verstehen, warum Vitruv gerade diesen Terminus an den Anfang seiner Grundbegriffe stellt. Der allgemeine Umgang mit verschiedenen Maßordnungen und die Beherrschung aller Details ihrer Anwendungen bildeten tatsächlich die Grundlage der damaligen Architektentätigkeit, und die Festlegung

der speziellen Maßordnung eines Gebäudes durch Gewinnung eines Moduls mit Hilfe der *quantitas*, der Mengeneinteilung, stand tatsächlich am Anfang des Gebäudeentwurfs.

Dispositio oder Die Konzeption

1. Im Gegensatz zur *ordinatio* hat es bei Vitruvs zweitem Grundbegriff, der *dispositio*, kaum jemals ernsthafte Kontroversen über den Inhalt gegeben. Es war immer Konsens, daß es hier im wesentlichen um den Entwurf, vor allem aber um die Entwurfs*darstellung* ging. Problematisch war eher die Frage, was denn Entwurf und Entwurfsdarstellung mit den „ästhetischen Grundbegriffen der Baukunst" zu tun haben könnten. Im Gegensatz zu Begriffen wie Ordnung, Schönheit, Symmetrie oder Dekor handelte es sich hier doch ganz offensichtlich um eine *Tätigkeit* oder um eine Phase im Planungsprozeß eines Bauwerks. Der Begriff lag also – ähnlich wie weiter hinten die *distributio* – auf einer ganz anderen inhaltlichen oder logischen Ebene.

Da dieses Dilemma sich nicht lösen ließ, hat die *dispositio* in vielen Kommentaren eher ein Schattendasein geführt, wurde meist nur pflichtschuldig abgehandelt, bevor man sich den angeblich zentralen ästhetischen Kategorien zuwandte. Oder man konzentrierte sich auf die Darstellungsformen, vor allem auf die dritte Form, die Perspektive, und versuchte diese in einen Zusammenhang mit ästhetischen Problemen zu bringen. Oder die Unmöglichkeit, diesen Begriff in ein schlüssiges ästhetisches System zu integrieren, führte einmal mehr dazu, Vitruv mangelnde logische Klarheit zu unterstellen. So hat die Suggestivkraft einer falschen Überschrift den Blick auf eine der zentralen Kategorien jeder Architekturlehre lange Zeit verstellt. Um so wichtiger ist es, noch einmal Schritt für Schritt nachzuvollziehen, wie Vitruv selbst den Begriff *dispositio* erläutert.

2. Er beginnt – wie immer bei seinen Grundbegriffen – mit einer allgemeinen Definition: „*Dispositio aber ist die passende Anordnung der Dinge und die durch die Zusammenstellung gemäß ihrer Eigenschaften geschmackvolle Ausarbeitung des Bauwerks.*"

Das läßt an Klarheit wenig zu wünschen übrig, die hier gewählte Übersetzung weicht aber in der zweiten Satzhälfte auch schon von der herkömmlich benutzten Formulierung deutlich ab. Fensterbusch übersetzt hier „die durch die Zusammenstellung schöne Ausführung des Baues mit

Qualitas"[176] und dehnt damit den Bereich der Dispositio extrem weit aus: Sie umfaßt dann nicht nur den Entwurf, sondern auch noch die Ausführung. Nachvollziehbar ist das nicht, wenn man bedenkt, daß Vitruv diesen Terminus direkt aus der Rhetorik übernimmt, wo er eine ganz klar umrissene Stellung und Bedeutung hat: die *dispositio* folgt der *inventio,* dem Auffinden der Argumente, und hat die Einteilung, Gliederung, Disposition der Rede zum Gegenstand. Im übrigen entspricht das auch der normalen lexikalischen Bedeutung von „dispositio": „Anordnung, Einteilung, Gliederung". Und auch die von Vitruv selbst anschließend gegebene Erläuterung des Begriffs handelt nicht von der „Ausführung", sondern im ersten Teil von den zeichnerischen Darstellungsformen und im zweiten Teil vom Entstehen dieser Formen durch Nachdenken und Erfindung.

3. Nach dieser allgemeinen Definition führt Vitruv drei Formen der graphischen Darstellung ein: *ichnographia, orthographia* und *scaenographia.* „Die Formen der dispositio"[177], übersetzt Fensterbusch, obwohl das keinen Sinn ergibt, denn Zeichnungen sind keine „Formen" des Entwerfens, sondern entweder Ergebnisse oder Hilfsmittel. Tatsächlich spricht Vitruv selbst von „species dispositionis"[178], also von „Anblick, Erscheinung, Aussehen" des Entwurfs. Es handelt sich also zweifelsfrei um Formen der *Darstellung*, nicht um Formen des *Entwurfs.*
Man weiß nicht genau, wie solche Zeichnungen damals tatsächlich ausgesehen haben. Vitruv selbst spricht im Rahmen der *ichnographia* keineswegs von „Grundrissen" (wie Fensterbusch übersetzt), sondern vom „*kontinuierlichen maßstäblichen Gebrauch von Zirkel und Lineal, aus dem die Festsetzungen der Gebäudeformen auf dem Terrain des Bauplatzes gewonnen werden".*
Offensichtlich geht es hier eher um die Schaffung von Grundlagen, nach denen der Vermesser auf der Baustelle die Absteckung des Gebäudes vornehmen kann als um Grundrisse im heutigen Sinne.
Die Interpretation von *orthographia* als Ansichtszeichnung ist dagegen unstrittig, während *scaenographia* in der Übersetzung von Fensterbusch ohne seinen Zusatz „perspektivisch" (den es bei Vitruv nicht gibt) schon wieder völlig unverständlich wäre. Vitruv spricht vielmehr von der „*illusionistischen Darstellung der Fassade und der in die Tiefe fluchtenden Seiten und der Ausrichtung aller Linien [dieser Seiten] auf einen Fluchtpunkt"* und meint damit offensichtlich die Zentralperspektive, deren Anwendung zu seiner Zeit durchaus geläufig war – man denke nur an die Wandmalereien in Rom und Pompeii.

4. Diese verschiedenen Formen der Gebäudedarstellung werden – so Vitruv im dritten Abschnitt seiner Erläuterungen zur *dispositio* – „erzeugt durch" oder „geboren aus" Überlegung und Erfindung: „*Cogitatio [Überlegung] ist die unermüdliche Pflege [der intensive Einsatz] von Interesse, Fleiß und Aufmerksamkeit bei der – mit Leidenschaft betriebenen – Ausarbeitung eines Vorschlags [Plans]. Inventio [Erfindung] aber ist die Lösung schwieriger Fragen und die Berechnung [das Durchdenken] einer neuen, mit Hilfe von beweglicher [geistiger] Kraft entdeckten Sache.*"

Mit diesen beiden Termini stößt Vitruv nun tatsächlich zum Kern des Entwurfsvorgangs vor, und man spürt, daß er sehr wohl weiß, wovon er spricht. Da ist zum einen der Aspekt des durchaus langwierigen Überlegens und Suchens, das ohne den unermüdlichen, ja leidenschaftlichen, gleichwohl mit Freude und Vergnügen betriebenen Einsatz von Interesse, Fleiß und Konzentration nicht zum Erfolg führen kann. Diese Lösung muß noch nicht unbedingt originell sein, sie muß nur alle an das Gebäude gestellten Anforderungen erfüllen – und das ist schwer genug.

Darüber hinaus gibt es aber noch eine weitere Stufe des Entwerfens, die Vitruv mit seinem zweiten Begriff anspricht: die Lösung schwieriger Fragen und das Beschreiten *neuer* Wege, die Fähigkeit, sich etwas auszudenken, das es so bisher noch *nicht* gibt – diejenige Stufe also, die über wahre Kreativität und Originalität entscheidet und für die geistige Beweglichkeit notwendig ist. Beide Aspekte zusammen, *cogitatio* und *inventio*, bilden – so beendet Vitruv seine Erläuterungen – die Begriffsbestimmungen der *dispositio*, der Lehre vom Entwerfen.

5. Im Gegensatz zur *ordinatio* verwendet Vitruv den Begriff *dispositio* auch im weiteren Verlauf des Buches, um Aspekte der Gliederung, Anordnung oder Konzeption zu beschreiben, beispielsweise am Ende eines Kapitels – „aedium ionicarum […] dispositiones hoc volumine scripsi"[179] (die Gliederungen der ionischen Tempel habe ich in diesem Buch beschrieben) – oder in der Form des Partizips Perfekt von disponere: „Haec autem ita erunt recte disposita"[180] (Diese werden aber dann richtig entworfen sein).

Aber auch auf die besonderen Qualifikationen, die der Architekt besitzen muß, um schwierige entwurfliche Probleme lösen zu können, kommt Vitruv mehrfach zurück. Schon im ersten Kapitel bei der Ausbildung des Architekten hatte er ja darauf hingewiesen, daß es mit Fleiß allein nicht getan sei, der Architekt müsse auch „ingeniosus"[181], also schöpferisch begabt sein. Und im Kapitel über den Theaterbau, in dem es um notwendige Abweichungen von den normalen *symmetriae* geht, nimmt er diesen Faden wieder auf und spricht von Modifikationen, die „cum sensu"[182], „mit Gefühl" zu erfolgen hätten. Dazu bedürfe es eines Architekten, der nicht nur erfahren sei, sondern darüber hinaus „ingenio mobili sollertiaque"[183], also „schöpferische Begabung und einen beweglichen Geist" besitzen müsse. Ähnlich im 2. Kapitel des Sechsten Buches, in dem es um optische Täuschungen geht, die nur mit „magni iudicii"[184], mit „großem Urteilsvermögen" ausgeglichen werden könnten. Anschließend wiederholt er dort fast wörtlich die Feststellung aus dem 1. Kapitel: „ingeniorum acuminibus, non solum doctrinis efficiuntur"[185], „durch scharfsinnige Überlegungen aufgrund angeborener Fähigkeiten, nicht allein durch Lehren erreicht". Und ein Kapitel weiter, anläßlich der Beschreibung des römischen Wohnhauses, spricht er erneut von „ingenio et acumine"[186], von „Kreativität und Scharfsinn".

Welchen Stellenwert schließlich die *dispositio* insgesamt für Vitruv hat, geht aus der Abschlußbetrachtung am Ende des Sechsten Buches hervor, als er noch einmal die drei Dinge aufzählt, die bei der Beurteilung aller Bauwerke ausschlaggebend sind: die saubere handwerkliche Ausführung, die großzügige Ausstattung und – der Entwurf! („fabrili subtilitate et magnificentia et dispositione"[187]) Sieht ein Betrachter also ein in jeder Hinsicht vorzügliches Gebäude, so wird er für das erste die Handwerker loben, für das zweite den Bauherrn, für die „vorbildliche Schönheit des modularen Aufbaus und der Proportionen aber" – letztlich also für den Entwurf – „wird der Ruhm dem Architekten gehören"[188]. Mit dieser Feststellung rückt Vitruv die *dispositio* tatsächlich ins Zentrum der Architektentätigkeit.

Eurythmia oder Die harmonische Gliederung

1. *Eurythmia* ist der einzige der sechs Begriffe Vitruvs, auf den die Kennzeichnung *„ästhetischer* Grundbegriff" tatsächlich zutrifft. Ganz offensichtlich geht es hier – darauf deutet schon die griechische Vorsilbe „eu", also „gut, wohl, schön" hin – um ästhetische Fragen, um Schönheit. Ansonsten aber sind die Aussagen, die zur Klärung dieses Grundbegriffs zur Verfügung stehen, ähnlich spärlich wie bei der *ordinatio*. Insgesamt viermal taucht das Wort in den *Zehn Büchern* auf, davon allein dreimal direkt bei der Behandlung der Grundbegriffe[189]: in der anfänglichen Aufzählung – diesmal ohne weitere Ergänzung, da Vitruv das griechische Fremdwort direkt übernimmt –, dann bei der Definition des Begriffs selbst und noch einmal gleich anschließend bei den Erläuterungen zur *symmetria*. Zu der vierten Stelle später.

2. Das griechische Wort *eurythmia* bedeutet also, wörtlich übersetzt, in etwa: „schöner Rhythmus, Takt, rhythmische Bewegung". Mit „Schönheit der Bewegung" nimmt Germann[190] eine Interpretation F. W. Schlikkers auf.[191] Stellt man dieser Übersetzung die Definition Vitruvs gegenüber, so läßt sich auf den ersten Blick kein „rhythmisches" Element erkennen: *„Eurythmia ist das schöne Aussehen und das maßgerechte Erscheinungsbild in der Zusammenfügung der Bauglieder."* Auffällig ist hier vielmehr der starke visuelle Aspekt: Anscheinend geht es nicht um „Schönheit" allgemein – dafür steht bei Vitruv das Wort „venustas" – sondern speziell um das schöne *Aussehen* und das *Erscheinen* der Schönheit.[192] Und weiter geht es offensichtlich auch nicht um das Gebäude insgesamt – sonst würde Vitruv „venusta species operis" schreiben – sondern um die Zusammenfügung der *Bauglieder* („in compositionibus membrorum"). Folgerichtig spricht Vitruv auch im nächsten Satz, wo er beschreibt, wie dieses schöne Aussehen zustande kommt, nicht von dem Gebäude, sondern von den Baugliedern: *„Sie wird erzeugt, indem die Glieder des Bauwerks in bezug auf Höhe zu Breite und Breite zu Länge harmonisch abgestimmt sind und insgesamt alle [Bauglieder] ihren symmetriae folgen."* „Wohlproportioniert" würde man vielleicht heute sagen: Das schöne Aussehen und das maßgerechte Erscheinungsbild entsteht durch harmonisch abgestimmte Proportionen der Bauglieder.

Solche abgestimmten Proportionen können dann allerdings sehr wohl einen schönen Rhythmus, Takt oder eine harmonische Abfolge innerhalb des Gebäudes hervorrufen – und hier wäre dann eine Verbindung zur griechischen Bedeutung von *eurythmia*.

Interessanterweise spricht Vitruv ja auch in der Definition der *dispositio* von „compositionibus". Aber dort geht es um die passende Zusammenstellung der Dinge gemäß ihren *Eigenschaften*, während es jetzt, in dem unmittelbar anschließenden Begriff, um bestimmte *ästhetische Wirkungen* in der Zusammenstellung der Bauglieder geht. Man kann dies allerdings durchaus als nächste Stufe der architektonischen Bearbeitung interpretieren.

3. Vitruv schließt seine knappe, nur aus den zwei zitierten Sätzen bestehende Erläuterung der *eurythmia* mit dem erneuten Hinweis auf die nachfolgende *symmetria* ab, ohne daß sich daraus zusätzliche Informationen ergeben. Festzuhalten bleibt, daß er eine eindeutige Beziehung zwischen harmonischen Proportionen und einem schönen Aussehen herstellt. Oder anders formuliert: Für Vitruv ist schönes Aussehen oder Anmut eine *Funktion* harmonischer Proportionen. In diesem Sinn benutzt er den

Begriff auch an den einzigen beiden Stellen, an denen dieser noch einmal auftaucht.

Die eine findet sich gleich vier Zeilen weiter in seinen Erläuterungen der *symmetria*. Dort heißt es: *„So, wie die Eigenschaft der eurythmia beim menschlichen Körper auf dem modularen Aufbau von Elle, Fuß, Hand, Finger und den übrigen Teilen beruht, so ist es auch bei der Herstellung der Bauwerke.“* Dazu muß man wissen, daß die Proportionen des menschlichen Körpers für Vitruv absoluten Vorbildcharakter haben. Die Stelle, an der er dies ausführt, befindet sich im 1. Kapitel des Dritten Buches und wird uns bei der Betrachtung der *symmetria* noch ausführlich beschäftigen. An diesem Zitat ist aber noch zusätzlich bemerkenswert, daß die *eurythmia* keine spezifisch architektonische Eigenschaft beschreibt, sondern daß sie als eine Art „schönes Aussehen durch Wohlproportioniertheit“ überall und daher auch am menschlichen Körper in Erscheinung treten kann.

Die zweite Stelle befindet sich im 2. Kapitel des Sechsten Buches, wo es gegen Ende heißt: „erfolgt die Ausarbeitung der Proportionen im Hinblick auf den *decor* so, daß das Erscheinungsbild der *eurythmia* bei den Betrachtern unstrittig ist.“[193] Wieder wird hier eine direkte Beziehung zwischen der Arbeit an den Proportionen und der *eurythmia* hergestellt: „aspectus eurythmiae“ formuliert Vitruv und benutzt den Begriff damit ähnlich wie ein Adjektiv: „eurythmisches, wohlproportioniertes, anmutiges Aussehen“.

4. Es gibt weitere Stellen in den *Zehn Büchern*, in denen man die Verwendung des Begriffs *eurythmia* eigentlich erwartet hätte, so etwa in dem Kapitel über die fünf Tempelarten, in dem Vitruv dem Eustylos eine Vorrangstellung einräumt, weil dieser in seinen Augen die schönsten Proportionen besitzt. Eigentlich trifft die Definition der *eurythmia*: *„das anmutige Aussehen und maßgerechte Erscheinungsbild in der Zusammenfügung der Bauglieder“* auf diesen Typ genau zu – im Gegensatz zu den anderen vier Tempelarten, die entweder zu kurze oder zu weite Säulenabstände haben. Aber in diesem Fall spricht Vitruv vom „aspectum venustum“[194] und nicht, wie oben, vom „aspectus eurythmiae“.

Die Erklärung dafür liegt vermutlich darin, daß es sich bei der *eurythmia* – wie bei allen anderen Grundbegriffen auch – um eine *Planungskategorie* handelt: Die Lehre von der *eurythmia* befaßt sich mit der *Herstellung* von schönem Aussehen und maßgerechter Erscheinung, aber sie ist es nicht selbst – das ist die Domäne der *venustas*.

Symmetria oder Der modulare Aufbau

1. Nachdem Vitruv schon bei der Definition der *ordinatio* und der *eurythmia* auf die *symmetria* verwiesen hatte, ohne diese jedoch näher zu erläutern, holt er dieses Versäumnis nun mit der Definition seines vierten Grundbegriffs nach. Ob es tatsächlich ein Versäumnis ist, oder ob der Abfolge in der Einführung der Grundbegriffe ein logischer Aufbau zugrunde liegt, soll später erörtert werden.

Dringlich wird die Einführung der *symmetria* aber auch deshalb, weil dieser Terminus der von Vitruv mit Abstand am häufigsten benutzte Grundbegriff ist und schon darum für die meisten Kommentatoren eine Schlüsselstellung im Verständnis seiner Architekturlehre einnimmt. Andererseits ist dadurch auch die richtige Deutung gerade dieses Begriffs für die gesamte Theorie von ausschlaggebender Bedeutung und eine falsche Interpretation, etwa im Sinne des heute geläufigen Symmetriebegriffs, besonders fatal.

Was also ist der Inhalt der *symmetria* bei Vitruv? Zunächst einmal knüpft der Autor wieder direkt an den vorangegangenen Begriff an. Heißt es bei der *eurythmia* noch: *„Harmonie zwischen den Gliedern eines Bauwerks"*, so folgt im ersten Satz der *symmetria*: *„harmonische Übereinstimmung zwischen den Gliedern des Bauwerks"*, diesmal allerdings – und das ist der entscheidende neue Zusatz – *„bezogen auf einen festgesetzten Teil"*, einen Modul („ratae partis"). Darauf aufbauend – und mit erneutem Bezug auf die eurythmia – fährt er dann mit dem eben schon zitierten Abschnitt fort: *„So, wie die Eigenschaft der eurythmia beim menschlichen Körper auf dem modularen Aufbau von Elle, Fuß, Hand, Finger und den übrigen Teilen beruht, so ist es auch bei der Herstellung der Bauwerke."*

Im Anschluß daran ergänzt Vitruv diese Betonung des modularen Prinzips durch eine Aufzählung von Bauteilen, aus denen ein solcher Modul bei Bauwerken, Maschinen oder Schiffen gewonnen werden kann. Aber immer stammt dieser, wie Vitruv schon bei der *ordinatio* schreibt, „aus dem Bauwerk selbst". Und er schließt den Satz und die Definition insgesamt mit der Bemerkung ab, daß aus diesen *moduli* die Berechnungsgrundlagen der *symmetriae* gewonnen werden.

2. Vitruvs *symmetria* ist also definiert durch den Bezug auf einen Modul. Dazu paßt, daß auch das griechische Fremdwort *symmetria* „für Euklid das Verhältnis kommensurabler, d.h. mit gleichem Maß meßbarer Strecken ist"[195]. Was kann man sich aber jetzt unter der auf einen Modul bezo-

genen harmonischen Übereinstimmung der Bauteile vorstellen? Was ist das Wichtige, Besondere daran?

Zum Glück greift Vitruv genau dieses Thema im 1. Kapitel des Dritten Buches, das als Einleitung der Behandlung des Tempelbaus vorangestellt ist, noch einmal auf. Dort heißt es gleich zu Beginn: „Die Komposition der Tempel beruht auf *symmetria*, deren Regeln die Architekten auf das Sorgfältigste einhalten müssen. Diese aber wird von der *proportio* erzeugt, die die Griechen *analogia* nennen. *Proportio* ist das – auf einen festgesetzten Teil [Modul] bezogene – zusammenstimmende Verhältnis der Glieder im ganzen Gebäude und [des Gebäudes] insgesamt, aus dem das System der *symmetriae* hergestellt wird."[196] Vitruv führt hier – ähnlich wie bei der Definition der *ordinatio* mit der *quantitas* – sofort einen zweiten Terminus ein, die *proportio*, in deren Definition sich wortwörtlich der gleiche Zusatz findet wie bei der *symmetria*: „auf einen festgesetzten Teil bezogen" („ratae partis"). *Proportio* und *symmetria* sind also gleichermaßen modular definiert, die eine als modulares Verhältnis, die andere als der aus diesen Verhältnissen hergestellte modulare Gesamtaufbau.

3. Schon in seinem ersten, an diese Eingangssätze anschließenden Beispiel wird dann deutlich, worum es ihm bei der *symmetria* geht. Vitruv schildert dort den proportionalen Aufbau eines – wohlgestalteten – menschlichen Körpers: „Den Körper des Menschen hat nämlich die Natur so geformt, daß das Gesicht vom Kinn bis zum oberen Ende der Stirn und dem untersten Rande des Haarschopfes 1/10 beträgt, die Handfläche von der Handwurzel bis zur Spitze des Mittelfingers ebensoviel, der Kopf vom Kinn bis zum höchsten Punkt des Scheitels 1/8, von dem oberen Ende der Brust mit dem untersten Ende des Nackens bis zu dem untersten Haaransatz 1/6, von der Mitte der Brust bis zum höchsten Scheitelpunkt 1/4. Vom unteren Teil des Kinns aber bis zu den Nasenlöchern ist der dritte Teil der Länge des Gesichts selbst, ebensoviel die Nase von den Nasenlöchern bis zur Mitte der Linie der Augenbrauen. Von dieser Linie bis zum Haaransatz wird die Stirn gebildet, ebenfalls 1/3. Der Fuß aber ist 1/6 der Körperhöhe, der Vorderarm 1/4, die Brust ebenfalls 1/4."[197]

Was Vitruv hier beschreibt, sind nicht mehr und nicht weniger als die *symmetriae* des menschlichen Körpers:

– Er verwendet kein einziges Realmaß, die Beschreibung trifft auf einen klein gewachsenen Menschen genau so zu wie auf einen großen.

– Er benutzt einen aus der betrachteten Sache selbst entnommenen Modul (die Höhe eines aufrecht stehenden Menschen), und definiert alle anderen Abmessungen als Teilmengen dieses Moduls, als modulare Verhältnisse: 1/10M, 1/6M etc.

– Die beschriebenen Proportionen sind „commensus", zusammen stimmend, glatt ineinander aufgehend, es sind keine „krummen", beliebigen Verhältnisse wie 1/7, 1/13, 1/53, sondern aufeinander bezogene Verhältnisse im Rahmen einer Maßordnung: 1/4M, 1/6M, 1/8M, 1/10M etc. (vgl. *ordinatio*).

In genau der gleichen Weise wird Vitruv im folgenden auch die *symmetriae* der Tempel beschreiben: Er wird einen Modul definieren, den er aus dem Gebäude selbst entnimmt – beim ionischen Tempel etwa den unteren Säulendurchmesser, beim dorischen die Breite der Triglyphe oder den halben Säulendurchmesser – und er wird diesen auch zu der Gesamtgröße modular in Beziehung setzen – beispielsweise zur Frontbreite, die beim dorischen Tetrastylos das 27fache, beim Hexastylos das 42fache des halben Säulendurchmessers beträgt. Ebenso wird er dann die einzelnen Bauteile als Teilmengen oder Vielfache seines Grundmoduls definieren, bis in die kleinsten Einzelheiten hinein. Kein Realmaß wird in diesen Beschreibungen auftauchen, denn hier geht es um die *symmetriae* der Tempel, um ihren modularen Aufbau aus den modularen Verhältnissen heraus, nicht um einen speziellen, konkreten, einzelnen Tempel.

4. Mit den Termini *proportio* und *symmetria* formuliert Vitruv also die Grundbegriffe einer rein modularen Welt. Es ist nicht die Welt der Bauhandwerker, die es mit realen Abmessungen auf der Baustelle zu tun haben, auch nicht die Welt der Bauherren, die ihre Wünsche in bezug auf die Größe ihres Wohnhauses oder ihres öffentlichen Gebäudes ganz konkret formulieren – sondern es ist die *Welt der Architekten*, die in ihren Plänen die Abmessungen und Proportionen des zukünftigen Gebäudes unabhängig von seiner realen Größe in „harmonische" Beziehungen zueinander setzen müssen, die aber auch ganz allgemein über umfassende Kenntnisse in der Gebäudetypologie verfügen müssen, wo es ja auch nicht um Realobjekte, sondern um funktionale, konstruktive und formale Beziehungsmuster geht.

Es ist übrigens auch die Welt der Maler und Bildhauer, die ja zum Beispiel Menschen unabhängig von der Größe des beauftragten Bildes (oder der Skulptur) proportional richtig darstellen müssen. Deshalb erwähnt Vitruv wahrscheinlich diese benachbarten Berufsgruppen direkt im Anschluß an seine Aufzählung der menschlichen Proportionen – und nicht, weil er der Meinung war, mit seinen dürren Beschreibungen schon ein vollständiges ästhetisches Konzept geliefert zu haben, wie es ihm seine Kritiker in diesem Zusammenhang immer wieder unterstellt haben.

Unabhängig davon – und das ist letztlich der entscheidende Punkt – würde es natürlich im Rahmen einer Architektur- und Bauentwurfslehre nicht den geringsten Sinn machen, Realmaße anzugeben, die nur für ein einziges Objekt gelten und die der Leser oder Benutzer für sein eigenes Bauvorhaben dann jeweils mühevoll umrechnen müßte. Selbstverständlich geht es Vitruv um Typen, um allgemein verwendbare Muster, an erster Stelle um solche für die unterschiedlichen Tempel, dann aber auch für öffentliche Bauten, Privatbauten und sogar für Maschinen (Zehntes Buch). Und folgerichtig spricht er genau solange, wie er in dieser typologischen und somit modularen Welt verbleibt, ausschließlich von *symmetriae*. Und er wechselt genau dann und dort zu Realmaßen wie *Fuß* oder *Elle*, wo diese modulare Welt sich mit der realen Welt verschränkt oder diese berührt, wie es in einer Vielzahl von Punkten zwangsläufig der Fall sein muß:

a) Ein Paradebeispiel hierfür, das jeder Architekt kennt, sind Treppenstufen. Sie können nicht proportional kleiner oder größer werden, ohne ziemlich schnell unbenutzbar zu sein. Auf diesen Punkt kommt Vitruv unter anderem im Abschnitt über den Theaterbau zu sprechen, nachdem er zuvor die für kleine und große Theater gleichermaßen geltenden *symmetriae* beschrieben hat: „Es gibt nämlich Bauteile, die in einem sehr kleinen und in einem großen Theater wegen ihrer Verwendung immer in der gleichen Größe gebaut werden müssen, wie die Stufen, die Gürtelgänge, die Plutei, die Gänge, Treppen, die Bühnenhöhe, die Tribunalien und wenn sich sonst noch etwas anderes bietet, das notwendigerweise dazu zwingt, von der *symmetria* abzuweichen, damit die Benutzung nicht behindert wird."[198] Auch im 4. Kapitel des Dritten Buches gibt er die Stufenhöhe an den Stirnseiten der Tempel in Realmaßen an.[199]

b) Mit der Realität verzahnt sind natürlich auch die Bereiche, in denen es um ganz konkrete Nutzungen geht. Bei der Beschreibung des römischen Wohnhauses sieht sich Vitruv genötigt, „Größenberechnungen, wie sie im Hinblick auf Zweckmäßigkeit und Wirkung als die besten ermittelt sind, Gattung für Gattung darstellen zu müsssen"[200]. Beträgt beispielsweise bei den Atrien „die Länge 40 bis 50 Fuß, so teile man die Länge in 3 1/2 Teile und gebe einen von diesen Teilen der Breite der Alae [Seitenräume]. Beträgt aber die Länge 50 bis 60 Fuß, so soll 1/4 der Länge den Alae als Breite zugeteilt werden."[201] Und er begründet dies noch einmal: „Kleine Atrien können nämlich nicht die gleichen *symmetriae* haben wie die größeren. Wenn wir nämlich die *symmetriae* größerer Atrien bei kleineren anwenden, können weder die Tablinen noch die Alae zweckentsprechend sein. Wenden wir aber die *symmetriae* kleinerer bei größeren an, dann werden diese Teile bei ihnen kolossal und ungeheuer groß sein."[202]

c) Das gleiche Verfahren, *symmetriae* entsprechend den unterschiedlichen Realabmessungen – bis 15 Fuß, zwischen 15 und 20, zwischen 20 und 30, zwischen 30 und 40 Fuß etc. – zu differenzieren, wendet Vitruv auch bei der Verjüngung der Tempelsäulen an, hier aber nicht aus funktionalen, sondern aus optisch-ästhetischen Gründen: „Diese Zusätze (am oberen Säulendurchmesser bei höheren Säulen) werden wegen des Höhenabstandes des Blickes des Auges, der von unten nach oben emporsteigt, zu den oberen Säulendurchmessern (der niedrigeren Säulen) hinzugefügt, um die optische Täuschung auszugleichen."[203]

d) Im Gegenzug wechselt er, als er vom städtischen Wohnhaus zur Beschreibung ländlicher Gebäude übergeht, sofort in Realmaße; denn die Breite der Rinder- oder Schafställe richtet sich nicht nach modularen Schwankungen, sondern nach der Größe der Tiere. Und beim Maschinenbau im Zehnten Buch gibt es zwei Angriffswaffen, die in sehr unterschiedlichen Größen gebaut werden – Katapulte und Ballisten –, und darum beschreibt er in diesen Fällen ihre *symmetriae*, während er bei allen anderen Apparaturen Realmaße verwendet.

e) Es gibt eine Ausnahme: Als Vitruv von der Basilika in Fano berichtet, an deren Errichtung er selbst maßgeblich beteiligt war, spricht er ebenfalls von *proportiones* und *symmetriae*, schildert aber den Aufbau in Realmaßen. Letzteres ist völlig korrekt, da es sich ja hier nicht um einen Typus handelt, sondern um ein konkretes, einzelnes Gebäude, dessen Maße er zudem auch noch genau kennt. Aber er dürfte hier eigentlich nicht von *proportiones* und *symmetriae* reden. Das bleibt aber ein Einzelfall.

f) Prinzipiell äußert sich Vitruv zu diesem ganzen Komplex der Verzahnung zwischen modularer und realer Welt noch einmal im Kapitel über die Verteidigung: „Es kann nämlich nicht alles nach denselben Methoden ausgeführt werden, sondern es gibt Dinge, die, in großem Format hergestellt, ähnlich funktionieren wie in einem nicht großen, andere aber dulden keine Herstellung in einem Modell, sondern können nur in ihrer natürlichen Größe hergestellt werden. Manche Dinge aber gibt es, die offensichtlich im Modell möglich sind, die aber, wenn man beginnt, sie in immer größerem Format herzustelllen, (von einer gewissen Größe an) nicht mehr verwirklicht werden können."[204] Erinnert sei an gleichlautende Überlegungen Leonardo da Vincis über die Größen von Vogel- und Dinosaurierknochen.

5. Schon durch diese wenigen Beispiele und Zitate wird die ganze Komplexität der Materie sichtbar, mit der Vitruv sich hier auseinandersetzt, vor allem aber, daß er sich dem Problem einer Architektur-Typologie, die nichtsdestoweniger an vielen Stellen mit der realen Welt verzahnt ist, auch tatsächlich stellt, und zwar in funktionaler wie auch in ästhetischer Hinsicht. Natürlich will er allgemeingültige Prinzipien formulieren – er schreibt ja schließlich ein Lehrbuch –, aber diese dürfen nicht zu abstrakt, zu dogmatisch, zu starr sein, sonst taugen sie nicht für die Anwendung, sonst sind sie wertlos. Also schreibt er im 2. Kapitel des Sechsten Buches: „Wenn also das System der *symmetriae* aufgestellt ist und die ineinander aufgehenden Maße durch theoretische Überlegungen ausgearbeitet sind, dann ist es eine Sache des Scharfsinns, im Hinblick auf die Natur des Ortes, den Gebrauch oder das Aussehen durch Abzüge oder Hinzufügungen für das rechte Maß zu sorgen und, wenn von der *symmetria* etwas abgezogen oder hinzugefügt worden ist, es zu erreichen, daß es [das Gebäude] richtig gestaltet zu sein scheint und bei seinem Anblick nichts vermißt wird."[205]
Es ist dies im übrigen das Problem einer jeden Architekturlehre.

6. Kehrt man noch einmal zur Ausgangsfrage dieses Kapitels zurück, läßt sich das Ergebnis zusammenfassend so formulieren: Der Terminus *symmetria* ist der notwenige Grundbegriff für die Beschreibung modularer Gebäudeaufbauten oder feststehender Bautypen wie etwa des dorischen Tempels, des römischen Wohnhauses, des griechischen Theaters etc. Vitruv verwendet den Begriff in einem engeren und in einem weiteren Sinn: Bei „die *symmetrae* der Triklinen" sind es die modularen Abmessungen, bei „die *symmetriae* der Tempel" ist es der modulare Aufbau der Tempel, ihr Bauplan insgesamt. In dieses System gehört dann auch die *proportio* (wenn sie als Terminus benutzt wird, was nicht immer der Fall ist) und als solcher meint sie die modularen Verhältnisse, „aus denen das System der *symmetriae* hergestellt wird" (s. 3.1. Definition der *proportio*). Daher verwendet Vitruv sehr häufig beide Begriffe zusammen: „Cuius proportiones et symmetriae sic sunt constitutae"[206] oder: „Wirkt es [das Gebäude] aber

anmutig durch seine *proportiones* und *symmetriae*, dann wird der Ruhm dem Architekten gehören."[207]

Trotzdem wird deutlich, warum Vitruv die *symmetria* in den Rang eines Grundbegriffs erhebt, die *proportio* aber nicht: die modulare Einteilung ist lediglich die Vorstufe, die Voraussetzung für den modularen Aufbau, der erst als solcher dem Gebäude seine charakteristische Gestalt verleiht.

Decor oder Die Angemessenheit

1. Im Rahmen der Grundbegriffe gehört der *decor* ähnlich wie die *symmetria* zu den am heftigsten umstrittenen Kategorien. Das liegt unter anderem daran, daß hier schon lexikalisch zwei unterschiedliche Interpretationsmöglichkeiten gegeben sind: Die eine zielt mit „Anstand, Schicklichkeit, Angemessenheit" auf eine *vergleichende* Ebene, verbunden noch mit einer gewissen moralischen Komponente, die andere mit „Anmut, Schmuck, Zierde" ganz eindeutig auf eine *ästhetische* Dimension: „mit Geschmack geformt"[208] übersetzt dementsprechend Fensterbusch. Der viel verwendete Ausdruck „das Schickliche", wie er auch von Goethe und darauf aufbauend von A. Horn-Oncken in ihrer umfassenden Studie zum *decor* gewählt wurde, hält zwischen beiden eine wohltemperierte Mitte – „angemessene Anmut" –, klingt aber für unsere Ohren etwas altmodisch, ja verstaubt. Nimmt man andererseits die Bedeutung, die wir heute mit dem Wort „Dekor" verbinden, also „Schmuck, Applikation, Dekoration", und setzt die von Vitruv ohne jegliche Verwendung ästhetischer Vokabeln gegebene Definition „*fehlerfreie[s] Erscheinungsbild des Gebäudes*" dagegen, so klaffen beide Bedeutungen extrem weit auseinander. Von daher ist es, genau wie bei der *symmetria*, zwingend erforderlich, das lateinische Fremdwort *decor* als Begriffsbezeichnung beizubehalten. Mit der deutschen Bezeichnung und Schreibweise „Dekor" bestünde sonst die Gefahr, ständig auf die Ebene des Schmucks oder der Dekoration abzugleiten.

Ein solches Abgleiten setzte allerdings schon in spätrömischer Zeit (3. Jahrhundert n. Chr.) mit Cetius Faventinus ein und verstärkte sich dann unaufhaltsam bis in die jüngste Zeit hinein. A. Horn-Oncken hat die Geschichte der Interpretationen dieses Begriffs sehr gründlich dokumentiert; daher werden hier nur die wichtigsten Bezeichnungen noch einmal aufgezählt: „*Bellezza* und *ornamento, decoro, convenevolezza, beauté* und *bienséance, Zier.*"[209]

Die starke ästhetische Ausrichtung der Begriffsinhalte ist unverkennbar und insofern befremdlich, als sie sich keineswegs aus dem Originaltext Vitruvs ableiten läßt. Um daher ein besseres Bild von Vitruvs *eigener* Vorstellung zu erhalten, wird hier in einem ersten Schritt versucht, die Bedeutung des *decor*-Begriffs nur aus den von ihm selbst gegebenen Hinweisen abzuleiten. Dabei wird in der Reihenfolge vorgegangen, in der die Kategorien *statio, consuetudo* und *natura* im Text erscheinen.

2. *Statio. Decor* im Hinblick auf *statio* ist – nach Vitruv – dann gewährleistet, wenn ein Gebäude bestimmte Merkmale des Bauherrn, im Falle des Tempelbaus stellvertretend verschiedene personale Attribute der Götter widerspiegelt oder angemessen zum Ausdruck bringt. Im ersten Beispiel sind das die Manifestationen von Jupiter, Himmel, Sonne und Mond, die „im Freien" stattfinden, weshalb auch das Götterstandbild „im Freien", das heißt in einer Cella ohne Dach angeordnet werden muß. Im zweiten Fall sind es die sehr unterschiedlichen Charaktereigenschaften der einzelnen Gottheiten, für die jeweils eine angemessene bauliche Entsprechung gefunden werden muß. Vitruv zieht dazu die unterschiedlichen baulichen Erscheinungsformen oder ‚Anmutungen' der Baustile heran, denen er die Fähigkeit zuschreibt, Charaktereigenschaften auszudrücken: Nicht nur Götter sind „kraftvoll, ernst, streng" oder „zart, heiter, verspielt", sondern auch bestimmte Architekturformen oder Formenkombinationen sind es – und zwar *objektiv*, wie er postuliert, keineswegs nur als subjektive Projektion des Betrachters in die unbelebte Materie hinein – sonst gäbe es bei der Verknüpfung kein „richtig" oder „falsch", kein „fehlerhaft" oder „fehlerfrei". Da allerdings nur drei Reaktionsmöglichkeiten – nämlich die drei Stile dorisch, ionisch und korinthisch – zur Verfügung stehen, erfolgt die Zuordnung etwas pauschal in drei großen Gruppen.
Soweit die beiden Beispiele für *decor stationis* innerhalb der *decor*-Definition selbst. Später, im 9. Kapitel des Fünften Buches, wo es um die Säulengänge und Wandelhallen hinter dem Theater geht, greift Vitruv das Thema der Ausdrucksqualität von Architekturformen noch einmal auf, indem er den Säulen dort „subtilitas"[210] (Zartheit) zubilligt, im Gegensatz zu den Ordnungen bei den Tempeln, die jetzt insgesamt „gravitas"[211] (ernste Würde) ausstrahlen müssen.
Ebenfalls später, im 9. Kapitel des Vierten Buches thematisiert Vitruv im Zusammenhang mit der Anlage der Altäre ein weiteres Unterscheidungsmerkmal zwischen den einzelnen Göttern, ihren Wohn- oder Aufenthaltsort, auf den baulich angemessen reagiert werden muß, wenn die Bedin-

gung des *decor* erfüllt sein soll. Die Höhe der Altäre muß „ad sui cuiusque dei decorem"[212] (wie sie dem Gott angemessen ist) festgelegt werden, also müssen für die hoch oben in den Himmelsregionen wohnenden Götter möglichst hohe, nach oben gerichtete, für die auf der Erde und im Meer wohnenden hingegen möglichst niedrige, nach unten gerichtete Altäre gebaut werden.

Schließlich wird im 7. Kapitel des Ersten Buches auch noch eine Übereinstimmung zwischen den „Berufen" oder „Zuständigkeitsbereichen" der Götter und der Lage ihrer Tempel gefordert: also Merkur, der Gott der Händler, am Markt, Apollo am Theater, Herkules am Gymnasium oder am Circus, Mars und Vulkanus außerhalb der Stadt, damit diese im Inneren von Kriegen und Feuersbrünsten verschont bleibt. In diesem Abschnitt fehlt allerdings die ausdrückliche Erwähnung des Wortes *decor*, die Rede ist nur vom „aptae templis areae"[213] (dem passendes Areal der Tempel).

Festzuhalten bleibt, daß Vitruv generell eine angemessene bauliche Reaktion auf die Eigenarten der mit dem Bauwerk verbundenen Person für notwendig erachtet. Im Hinblick auf die Götter erfolgt diese Reaktion relativ zu ihrer jeweiligen „Stellung" im System der griechischen Götterwelt: wer wo wohnt, wer was macht, wer über welche Eigenschaften verfügt – und die bauliche Repräsentation hat dann die Aufgabe, diese starke Differenzierung entsprechend abzubilden. Sähen alle Tempel gleich aus, obwohl sie ganz unterschiedliche Götter repräsentierten, wäre dies ohne Zweifel ein Verstoß gegen den *decor stationis*.

3. *Consuetudo. Decor* im Hinblick auf *consuetudo* wird Vitruv zufolge dann erreicht, wenn innerhalb des Gebäudes ein durchgängig einheitliches Erscheinungsbild hergestellt wird, das den baulichen Gewohnheiten, Bräuchen und Konventionen genau entspricht. So sei es unangemessen und ohne *decor*, wenn an einem Bauwerk eine starke Diskrepanz zwischen Innen und Außen zutage träte wie im ersten Beispiel mit den prächtigen Innenräumen und der unansehnlichen Vorhalle.[214] Das gleiche gilt für Verstöße gegen die Stileinheit oder -reinheit wie im zweiten Beispiel. Die stilistischen Konventionen, die sich in einem langen Prozeß herausgebildet haben und die am Ende sowohl das Aussehen des einzelnen Elements als auch die Art und Weise seiner Verknüpfung mit den anderen Elementen genau festlegen, dürfen nicht aufgeweicht oder durchbrochen werden, die Einheitlichkeit des Erscheinungsbildes muß gewahrt bleiben. Soweit wieder die beiden Beispiele für *decor consuetudinis* innerhalb der *decor*-Definition. Später, im 7. Kapitel des Sechsten Buches, als Vitruv von

den unterschiedlichen Bauweisen der griechischen und römischen Wohnhäuser berichtet, spricht er ebenfalls von „consuetudines" im Sinne von Bräuchen und Konventionen, die sich im Laufe der Zeit herausgebildet haben, und fügt im nächsten Satz hinzu, daß er damit neben der *venustas* auch den *decor* abgehandelt habe.[215]

Schließlich spricht er auch bei der Behandlung der Foren von „a maioribus consuetudo tradita est"[216], also von der „von den Vorfahren überlieferten Tradition", die Märkte anders anzulegen als bei den Griechen, weil die Römer dort zusätzlich Gladiatorenspiele veranstalten und daher die umlaufenden Säulenhallen einen weiteren Säulenabstand haben müssen. Außerdem müssen Balkone im Obergeschoß vorhanden sein, und auch die Form muss eher rechteckig sein, im Gegensatz zum quadratischen Forum der Griechen. Das Wort „decor" selbst taucht allerdings bei diesem Beispiel nicht auf.

4. *Natura*. Unter dem Gesichtspunkt der *natura* schließlich wird *decor* nur dann erreicht werden, wenn bei der Konzeption von Gebäuden auf die umgebende Natur oder die natürlichen Gegebenheiten Rücksicht genommen wird. Im ersten Beispiel führt das dazu, daß vor Baubeginn mit großer Sorgfalt die besten und gesündesten Plätze für die Tempel ausgesucht werden müssen, im Idealfall sogar noch in Verbindung mit einer Heilquelle, deren Vorhandensein den Ruhm der Gottheit noch weiter zu steigern vermag.

Ganz allgemein ist die Auswahl gesunder Plätze für Vitruv ein zentrales Thema des Bauens, das sich wie ein roter Faden durch sein ganzes Buch zieht – sicherlich auch deshalb, weil zu seiner Zeit die Möglichkeiten, sich vor schädlichen Einflüssen der umgebenden Natur zu schützen, wesentlich geringer waren als heute. Er thematisiert diesen Aspekt bei der Anlegung der Privathäuser[217], der Landhäuser und Bauernhöfe[218], der Theater[219], am ausführlichsten aber bei der Anlegung von Stadtmauern im 4. Kapitel des Ersten Buches[220], wo es in Wirklichkeit um die Lage der Stadt selbst im Hinblick auf gesundheitsschädliche Einflüsse geht: um den Schutz vor giftigen Ausdünstungen von Sümpfen, vor zu heißen, zu kalten, zu feuchten oder zu trockenen Winden, vor ungesunden Böden und vor verseuchtem Wasser.

Um ganz andere Themen scheint es im zweiten Abschnitt des *decor naturalis* zu gehen, nämlich um die Ausrichtung der Funktionsräume auf die Himmelsrichtungen. Aber auch Himmelsrichtungen sind „natürliche Gegebenheiten", unverrückbar und unbeeinflußbar, wenn das Grundstück einmal feststeht, und also muß der Architekt, wenn er die Regeln des *decor* erfüllen will, die Zimmeraufteilung im Grundrißentwurf so vornehmen, daß die vorgesehenen Nutzungen optimal an die Himmelsrichtungen anpaßt sind.

Später, im 4. Kapitel des Sechsten Buches, das den Langtext zu den aufgezählten Beispielen liefert, findet man noch ausführlichere Erläuterungen. Würden zum Beispiel Bibliotheken nach Süden oder Westen orientiert, erklärt Vitruv, würden die Hitze und die feuchten Winde die Schimmelbildung bei Büchern und das Wachstum von Schädlingen (Raupen, Motten) fördern. Beim Thema der Nordlage für Gemäldegalerien fügt er noch die Werkstätten der Maler hinzu, die für die Einschätzung der Farbnuancen gleichmäßiges Licht benötigen. Die Ausrichtung von Atelierfenstern nach Norden war also schon in römischer Zeit gang und gäbe.

Insgesamt haben Himmelsrichtungen für Vitruv fast die gleiche Bedeutung wie die gesunde Lage, oft sind beide auch kausal miteinander verknüpft: *wegen* der günstigen Himmelsrichtung ist die Lage gesund. So folgt dem Kapitel über die Lage der Stadt(mauern) sehr bald, im 6. Kapitel des Ersten Buches, ein Abschnitt über die Ausrichtung der Straßenzüge nach den Windrichtungen, die ihrerseits wieder auf die Himmelrichtungen bezogen sind – und alles wird immer im Hinblick auf die gesundheitlichen Auswirkungen diskutiert. Auch bei der Anlegung öffentlicher Bäder muß auf die Himmelsrichtungen Rücksicht genommen werden; sinnvoll ist hier Süd-West.[221]

Schließlich müssen auch die Tempel nach den Himmelsrichtungen ausgerichtet sein, allerdings nicht aus gesundheitlichen Gründen, sondern weil „alle Altäre der Götter zur aufgehenden Sonne gerichtet sein müssen"[222], also nach Osten. Wir finden diese Regel sehr viel später bei den christlichen Gotteshäusern wieder.

5. Läßt man die sechs Beispiele für *decor* zusammen mit ihren weiteren Fundstellen im Buch noch einmal Revue passieren, so fällt es trotz der Untergliederung in die drei Bereiche *statio, consuetudo* und *natura* schwer, einen gemeinsamen Nenner zu finden. Da werden Erscheinungsorte von göttlichen Manifestationen mit baulich-räumlichen Anordnungen, Charaktereigenschaften mit Baustilen, Innen mit Außen, Einzelelemente mit Gesamtordnungen, Gesundheit mit Lagequalitäten und Funktionen mit Himmelsrichtungen verknüpft – ein scheinbar zufälliges und willkürliches Sammelsurium unterschiedlichster Aspekte des Bauens.

Und trotzdem verbindet alle diese Beispiele etwas: ihre gemeinsame *Ausrichtung*. Immer ist es die *bauliche Seite*, die auf etwas anderes, außerhalb des Bauwerks Liegendes, Vorgegebenes reagieren muß. Im Falle der *statio* sind es die Götter mit ihren Eigenheiten, im Falle der *consuetudo* die bestehenden Konventionen, im Falle der *natura* die natürlichen Umweltbedingungen. Es handelt sich also um eine Aufzählung der von außen vorgegebenen *Rahmenbedingungen*, die sich vom Architekten weder beeinflussen noch verändern lassen. Also muss er die bauliche Lösung, den Entwurf, die Konzeption an diese Bedingungen anpassen! Das ist der gemeinsame Nenner, zusätzlich verbunden mit einer qualitativen Forderung: Die bauliche Lösung muß sich „richtig", „passend", „angemessen", „fehlerfrei" auf die äußeren Gegebenheiten einstellen – nur dann sind die Vorgaben des *decor* erfüllt.

Vitruvs *decor*-Theorie scheint also – so das vorläufige Resümee der Analyse seiner eigenen *decor*-Beispiele – den Aspekt des angemessenen baulichen Umgangs mit außerhalb liegenden Faktoren (Wünsche und Eigenheiten des Bauherrn, Konventionen, natürliche Gegebenheiten) zu behandeln.[223] Ein Zusammenhang des *decor*-Begriffs mit den Themen „Schmuck", „Zier" oder gar „Schönheit", wie er von der überwiegenden Mehrheit der Interpreten hergestellt wurde, läßt sich aus den bisher betrachteten Aussagen nicht ableiten.

Es gibt aber, unabhängig von der Definition im 2. Kapitel, im Verlauf des Buches noch weitere Stellen, an denen Vitruv dezidiert auf den *decor*-Begriff zurückkommt. Wir werden sehen, ob es dadurch zu einer Erweiterung oder Modifikation kommt.

6. Besprochen sei hier als erstes die verwirrendste und widersprüchlichste Fundstelle im 5. Kapitel des Sechsten Buches. Dort geht es um die Konzeption der Privatgebäude im Hinblick auf Beruf, Einkommen und soziale Stellung der Bauherren. Vitruv unterscheidet zunächst zwischen privaten und öffentlichen Bereichen der Wohnung (Schlafzimmer, Bad, Speiseraum beziehungsweise Vorhalle, Hof, Peristyl) und führt dann aus, daß für gewöhnliche Hausbesitzer prächtige Vorhallen und Atrien nicht notwendig seien, da sie keine offiziellen Besucher oder Kunden empfangen. Auch bei Land- und Bauernhäusern seien Ställe, Läden, Getreidespeicher und Lagerräume wichtiger als Räume „ad elegantiae decorem"[224]. Für Honoratioren aber, die wichtige Staatsämter bekleiden, müßten tatsächlich repräsentative, hohe Vorhallen und weiträumige Atrien gebaut werden – „ad decorem maiestatis"[225] –, denn in solchen Häusern fänden viele politische und sonstige Beratungen statt, und deshalb seien dort auch die Innenräume prächtig ausgestattet. Hätten sie also niedrige und unan-

sehnliche Vorräume, dann wären sie ohne *decor*. Diesen letzten Teil kennen wir bereits aus dem ersten Beispiel für den *decor consuetudinis*, wo es um das einheitliche Erscheinungsbild gemäß der Konvention geht: prächtige Innenräume – prächtige Vorhallen. Nimmt man aber den ganzen Abschnitt, so handelt er von etwas anderem, nämlich von der erforderlichen Übereinstimmung zwischen baulichem Aufwand einerseits und Beruf oder gesellschaftlichem Rang des Bauherrn andererseits. Wenn die Gebäude – bemerkt Vitruv denn auch abschließend – gemäß der jeweiligen sozialen Stellung des Bauherrn konzipiert seien, würden sie in jeder Hinsicht angemessen und fehlerfrei sein – „uti in libro primo de decore est scriptum"[226] (wie es im ersten Buch über den *decor* geschrieben steht). Wie man sieht, unterläuft Vitruv hier ein veritabler Fehler, denn darüber hat er unter dem Stichwort *decor* ja gerade nicht geschrieben, sondern nur über die Übereinstimmung zwischen Innen und Außen, wenn auch anhand desselben Beispiels. Den Aspekt der Koordination des baulichen Aufwands mit der sozialen Stellung des Bauherrn handelt er vielmehr im 2. Abschnitt der *distributio* ab.

Nun gibt es zwei Möglichkeiten, mit dieser Verwechslung umzugehen: Entweder man interpretiert sie als Flüchtigkeitsfehler und vermutet, daß Vitruv statt „de decore" eigentlich „de distributio" sagen wollte. Dagegen spricht, daß er in diesem Kapitel zweimal von *decor* spricht, aber kein einziges Mal von *distributio*. Oder der gesamte zweite Teil der *distributio*-Erläuterung gehört eigentlich in den Passus des *decor*. Dagegen wiederum spricht, daß es Vitruv im zweiten Teil der *distributio* doch eher um den Aspekt des unterschiedlich hohen ökonomischen Aufwands für die verschiedenen Nutzungen zu gehen scheint: die Häuser und die Grundrißzuschnitte sollen in ihrem Aufwand „ad usum"[227], entsprechend des Gebrauchs, ausgeführt werden.

Die wahrscheinlichste Erklärung für die Verwechslung liegt darin, daß es in diesem stark überstrapazierten Beispiel sogar drei Ebenen der „richtigen" Ausführung gibt, die auch für Vitruv irgendwann ineinander laufen. *Erstens*: Die richtige Koordination von Innen und Außen (für einen Teilbereich); *zweitens*: Der richtige Aufwand in bezug auf die funktionalen Anforderungen (das wäre dann die *distributio*); *drittens*: Der richtige Aufwand in bezug auf die gesellschaftliche Stellung des Bauherrn – das wäre dann „ad elegantiae decorem" oder „ad decorem maiestatis". Löst man den Widerspruch in dieser Form auf, wäre die dritte Auslegung ein Fall für den *decor stationis* – da es auch hier um Bauherreneigenschaften geht – zugleich aber auch eine Erweiterung, weil diesmal der Aspekt von Status und Rang thematisiert wird und dies zusätzlich auch noch in bezug auf die Menschen und nicht mehr nur auf die Götter. Der lexikalische Rahmen und die Wurzeln des Wortes „statio" lassen jedenfalls eine solche Interpretation von „Stellung" zu. (s. dazu die Ausführungen im Anhang 2)

7. Die zweite wichtige Fundstelle außerhalb der eigentlichen *decor*-Definition befindet sich im 2. Kapitel des Sechsten Buches, wo es zunächst um den proportionalen und modularen Aufbau der Privathäuser geht, der mit großer Sorgfalt konzipiert werden muß. Aber der Architekt, schreibt Vitruv anschließend, muß darüber hinaus auch noch auf die „natürliche Beschaffenheit des Ortes" („ad naturam loci" – das kennen wir bereits), auf den Gebrauch und auf das reale Erscheinungsbild an dieser Stelle Rücksicht nehmen und dementsprechend die Proportionen modifizieren. Vitruv entwickelt dann mit wenigen Strichen Ansätze einer Wahrnehmungstheorie, indem er die Abhängigkeit der Wirkung vom jeweiligen Standort des Betrachters beschreibt (innen, außen, von oben, von unten), sich mit den optischen Täuschungen (etwa bei der perspektivischen Darstellung oder bei der Winkelbrechung von geraden Ruderstangen im Wasser) beschäftigt und abschließend feststellt, daß „manche Dinge von den Augen anders beurteilt werden als sie sind"[228]. Deshalb müssen die Proportionen nach Abschluß der abstrakt-theoretischen Ausarbeitung anschließend noch einmal „ad decorem"[229] (im Hinblick auf den *decor*) überarbeitet werden, und unter Umständen müssen Abzüge von oder Zusätze zu den errechneten Proportionen vorgenommen werden, bis für den Betrachter der harmonische Anblick erreicht ist.

Diese – unvermindert aktuelle – Differenzierung zwischen Realität und Erscheinung, zwischen „Daseinsform" und „Wirkungsform"[230], ist nun keineswegs eine einmalige – und deshalb überinterpretierte – Randbemerkung Vitruvs, sondern taucht im Dritten und Vierten Buch fast durchgängig an entscheidenden Stellen der Tempelkonstruktion auf: a) Weil die Ecksäulen mit normalem Durchmesser zu schlank erscheinen würden, müssen sie 1/50 dicker gemacht werden, so daß „die optische Täuschung durch Berechnung künstlich ausgeglichen"[231] wird. b) Der Stylobat, beziehungsweise die Basis des Tempels muß in der Mitte überhöht werden: „Wenn er nämlich waagerecht durchgeführt wird, wird er dem Auge muldenförmig vertieft erscheinen."[232] c) Entsprechend ist mit dem Epistyl zu verfahren.[233] Des weiteren geht d) die Schrägstellung der Säulen[234], e) die maßliche Ergänzung an hochgelegenen Stellen[235], f) die Vorneigung der Gesimse[236] und g) der Ausgleich der Schlankheit der inneren

Säulen durch die Erhöhung der Anzahl der Kanneluren[237] – zusammengenommen also das gesamte, in seiner Perfektion unübertroffene Erscheinungsbild des griechischen Tempels auf optische Erwägungen zurück.

Vielen Vitruv-Kommentatoren erscheint dieser Aspekt des *decor*, die Korrektur optischer Täuschungen oder die Anpassung an Besonderheiten der Bauaufgabe, als nur schwer oder gar nicht in die *decor*-Theorie zu integrierender Bestandteil. Auch A. Horn-Oncken stellt fest: „nach den Begriffsbestimmungen des I. Buches und dem im I. Buch für den *decor* aufgestellten Programm fallen diese Probleme nicht unter den *decor*, sondern unter die Forderungen der *eurythmia*, deren Gegenstand der sich dem Auge darbietende Zusammenklang der Maße ist."[238] Wenn man den Akzent aber weniger auf den Aspekt des „Schicklichen" und mehr auf den Aspekt der „Fehlerfreiheit" richtet, ist das Auftauchen eines *decor proportionis* bei Vitruv geradezu zwingend. Würde der Architekt all diese Korrekturen unterlassen, wäre das reale Erscheinungsbild des Gebäudes zweifellos „fehlerhaft", denn das mathematisch Richtige ist in der Realität das Falsche, weil es falsch *aussieht*, und ohne Anwendung der Korrekturen kann der klar formulierte Anspruch des *decor*, nämlich „*das fehlerfreie Erscheinungsbild des Gebäudes*", nicht erreicht werden.

8. In wieder anderer Verwendung taucht der *decor*-Begriff noch einmal im 5. Kapitel des Siebten Buches auf, das von der Wandmalerei handelt – auch dies eine Stelle, die für viel Aufregung gesorgt hat, weil sich Vitruv hier so persönlich und emotional äußert wie sonst nur in der Vorreden, wenn es um Ruf und Stellung des Architekten geht.

Vitruv entwickelt hier zunächst eine streng naturalistische Theorie der Malerei: „Denn durch Malerei wird eine Nachbildung dessen geschaffen, was ist oder sein kann."[239] Anschließend aber kommt er auf die in der Malerei seiner Zeit anscheinend grassierenden „Ungeheuerlichkeiten" („monstra")[240] zu sprechen wie etwa die Verwendung kannelierter Rohrstengel anstelle von Säulen, von Lampenständern, die kleine Tempel tragen oder von Pflanzenstengeln mit Menschen- oder Tierköpfen: „So etwas aber gibt es nicht, kann es nicht geben, hat es nicht gegeben"[241], ereifert er sich und beklagt: „Der durch geringe Urteilsfähigkeit getrübte Sinn aber vermag nicht zu entscheiden, was vorbildlich und angemessen [in Übereinstimmung mit den Regeln des decor] sein kann."[242] – „cum auctoritate et ratione decoris."[243]

Noch stärker als in allen anderen Aspekten des *decor* geht es hier also um „Richtigkeit", diesmal sogar im Sinne von „Wahrheit", darum, daß ‚nicht

Wanddekoration im Haus des Augustus, Rom

ist, was nicht sein kann'. Es geht um Verstöße („vitium indecentiae")[244] gegen den gesunden Menschenverstand, seien sie auch noch so virtuos und künstlerisch reizvoll gemalt, es geht selbst um solche Kleinigkeiten wie das Aufstellen von Statuen von Rechtsanwälten am Gymnasium anstatt am Markt und umgekehrt – das sei einfach „indecens", und durch solche Verirrungen könne eine ganze Stadt ihren guten Ruf verlieren.

Diese zutiefst „naturalistische" Grundüberzeugung zeigt sich auch an anderen Stellen, so etwa im 2. Kapitel des Vierten Buches, wo es – ohne daß er hier den *decor* erwähnt – um die Herkunft des Tempelschmucks aus dem Holzbau geht: „So glaubten sie, daß das, was in Wirklichkeit [am Holzbau] nicht entstehen kann, auch nicht, wenn es an den Nachbildungen [am Steinbau] gemacht ist, seine Berechtigung haben kann."[245]

Mit der Erwähnung der *ratio decoris*, der Regeln des *decor* in Zusammenhängen wie Wahrheit, naturgetreuer Wiedergabe, Realismus und gesundem Menschenverstand fügt Vitruv dem *decor*-Begriff noch eine weitere – und letzte – Facette hinzu. Ein Kapitel vorher, wo es eigentlich um die Ausführung des Wandputzes geht, hatte er den Terminus *ratio decoris* schon eingeführt, als er davon spricht, daß die Ausschmückung der Wände „zur Lage der Räume" passen müsse und „zu deren unterschiedlichen Zweckbestimmung[en] nicht im Widerspruch"[246] stehen dürfe. Neu ist, daß hier nicht mehr das Wort „decor" zusammen mit einer Spezifizierung gebraucht wird: „decor ad consuetudinem", „decor naturalis" oder „naturae", „ad decorem dei", „ad decorem elegantiae", „ad decorem maiestatis", „ad decorem proportionis" etc., sondern daß es für sich allein steht und als allgemeiner Terminus verwendet wird: *ratio decoris*, die Regeln des *decor*.

9. Wenn man die drei im Rahmen der ergänzenden *decor*-Diskussion neu hinzugekommenen Bereiche – gesellschaftliche Stellung, optische Täuschungen und naturgetreue Wiedergabe – mit den bereits bekannten Einflußfaktoren – Merkmale des Bauherren, Konventionen, natürliche Umgebung – vergleicht, stellt man sehr schnell fest, daß es sich bei ihnen in gleicher Weise um äußere Vorgaben handelt, die der Architekt nicht beeinflussen, sondern auf die er nur – und wenn möglich „richtig" – reagieren kann. Die gesellschaftliche Stellung des Bauherrn ist für ihn genauso gegeben wie die Gesetze der Optik und der Wahrnehmung, die schlichtweg befolgt werden müssen, wenn das Gebäude nicht „fehlerhaft" wirken soll. Und auch die naturalistischen Prinzipien sind für Vitruv absolute Setzungen, die der Architekt nicht übertreten darf, ohne sein Werk der Lächerlichkeit preiszugeben.
Die Regeln des *decor* betreffen also – das läßt sich als Ergebnis der detaillierten Analyse jetzt mit Sicherheit sagen – den angemessenen Umgang des Architekten mit allen äußeren Vorgaben, Rahmenbedingungen und Einflußfaktoren, die auf die Gestaltung seines Bauwerks einwirken – und in den Regeln des *decor* ist festgelegt, wie die jeweils „richtige", „angemessene", „fehlerfreie" Antwort auf diese Einflußfaktoren auszusehen hat. An keiner Stelle ist in diesen Zusammenhängen von einer „schönen" Antwort die Rede: Schönheit ist nicht das Thema des *decor*. Schönheit ist das Thema der *eurythmia*, dort ist von „venusta species" und „commodus aspectus", also vom „schönen Aussehen und maßgerechten Erscheinungsbild" die Rede, beim *decor* hingegen vom „emendatus aspectus", also dem *fehlerfreien* Erscheinungsbild".

Wenn dem Architekten allerdings die Herstellung eines solchen fehlerfreien Erscheinungsbildes gelingt, dann hat das natürlich auch *ästhetische* Konsequenzen. Ein Gebäude, das genau die richtige und obendrein noch gesunde Lage hat, in dem alle Funktionsräume sich in ihrer Ausrichtung perfekt an den Himmelsrichtungen orientieren, das die Würde, die finanzielle Situation und die gesellschaftliche Stellung des Bauherrn, aber auch seinen Charakter (ernst, streng – heiter, großzügig) exakt widerspiegelt, das eine einheitliche Gestaltungshöhe durchhält und nirgendwo gegen die Konventionen und die stilistischen Regeln verstößt und erst recht nicht gegen die Gesetze der Logik und gegen die wahren, echten, unumstößlichen Naturgesetze – das also die richtige Lage, Form, Funktion, Stellung und Ausstrahlung hat –, ein solches Gebäude wird schwerlich von unansehnlicher oder gar unästhetischer Gestalt sein. Und wenn es dem Architekten darüber hinaus auch noch gelingt, die Einflüsse der optischen Täuschungen perfekt zu korrigieren – was laut Vitruv ausdrücklich ein hohes Maß an ästhetischem Einfühlungsvermögen und Fingerspitzengefühl voraussetzt –, dann berühren sich die Aspekte des *decor* und der *eurythmia* tatsächlich beinahe. Aber eben nur beinahe, denn das feine ästhetische Gefühl im Bereich des *decor* bezieht sich nur auf die Wiederherstellung des „richtigen" Aussehens, beispielsweise einer geraden Linie, die, wenn man sie gerade bauen würde, krumm aussähe, und die man daher krumm bauen muß, damit sie gerade aussieht – also auf die Erscheinung einer *geraden* Linie, nicht auf die Erscheinung einer *schönen* Linie. Gerade Linien allein sind noch nicht schön, können aber ein unabdingbarer Bestandteil der Schönheit sein.

Für die meisten Vitruv-Interpreten hat sich dieser feine Unterschied verwischt oder wurde gar nicht erst als solcher wahrgenommen. Für Vitruv aber ist er immer gegenwärtig: Er trennt die Inhalte von *decor* und *eurythmia* nicht nur, indem er ihnen in seinen sechs Grundbegriffen jeweils einen eigenen Platz einräumt, sondern er zählt die Begriffe auch im weiteren Verlauf seines Buches stets sorgfältig voneinander getrennt auf, wenn er etwa am Ende des 7. Kapitels des Sechsten Buches seine Zusammenfassung formuliert: „de venustate decoreque"[247] (über die Schönheit und das fehlerfreie Erscheinungsbild) oder zwei Seiten später, wenn er von dem Architekten spricht, der „et venustate et usu et decore, quale sit futurum, habet definitum"[248] – der also „eine genaue Vorstellung von der Schönheit, dem Gebrauch und dem fehlerfreien Erscheinungsbild des zukünftigen Gebäudes hat".

Distributio oder Die Einteilung

1. Der letzte Grundbegriff, die *distributio*, nimmt in der Rezeptionsgeschichte eine ähnliche Stellung ein wie die *dispositio*: Es war immer relativ unstrittig, worum es bei diesem Begriff gehen sollte – zumal Vitruvs Verweis auf das griechische Fremdwort *oikonomia*, von dem noch unser heutiges Wort „Ökonomie" stammt, einen zusätzlichen Hinweis gab –, aber die Frage der Einteilungen, insbesondere unter dem Gesichtspunkt der Kosten, ließ sich fast noch weniger mit der Vorstellung von den „ästhetischen Grundbegriffen der Baukunst" vereinbaren, als dies schon bei der *dispositio* der Fall war. Insofern wurde auch diese Kategorie meist eher am Rande mitbehandelt.

2. Vitruv selbst verwendet hingegen den Terminus *distributio* im weiteren Verlauf seiner Bücher häufig, vergleichbar mit dem Umfang des Gebrauchs der *dispositio*. Manchmal tauchen beide Begriffe auch zusammen in einem Satz auf[249], oder die *distributio* nimmt sogar, wie im 6. Kapitel des Sechsten Buches, die Stelle der *dispositio* ein und wird dann auch im gleichen Sinne verwendet.[250] Diese Überschneidung und manchmal etwas unscharfe Abgrenzung liegt daran, daß es in beiden Kategorien tatsächlich in großem Umfang um Einteilen, Sortieren, Zuordnen geht, nur einmal auf der konzeptionellen, strukturierenden Ebene, zum anderen in bezug auf Sparsamkeit und optimale Einteilung der Ressourcen.

Aber auch innerhalb der *distributio* selbst lassen sich noch einmal verschiedene Ebenen des Einteilens und Sortierens unterscheiden, so daß Vitruv im Anschluß an seine Eingangsdefinition zwei inhaltlich relativ stark getrennte Aspekte der *distributio* nacheinander abhandelt.

Im ersten Teil geht es um den sparsamen Umgang mit den Baumaterialien, vor allem im Hinblick auf die Vermeidung von Transportkosten, die zu seiner Zeit eine wesentlich größere Rolle spielten als heute. So plädiert er dafür, so weit wie möglich örtlich vorhandene Materialien zu verwenden, selbst wenn dafür gewisse Nachteile in der Tauglichkeit in Kauf genommen werden müssen oder kompensatorische Maßnahmen nötig sind (mit denen er sich unter anderem in seinen ausführlichen Erläuterungen zur Baustoffkunde im Zweiten Buch auseinandersetzt).

Im zweiten Abschnitt führt er dann jenes Beispiel an, das schon in den Erörterungen zum *decor* erwähnt wurde und dort von ihm auch ganz real verwechselt wurde: den Zuschnitt der Gebäude im Hinblick auf den Beruf oder die soziale Stellung des Hausbesitzers. Aber auch unabhängig von solchen etwaigen Verwechslungen Vitruvs hat dieser zweite Teil immer wieder Irritationen ausgelöst, weil die direkte Verbindung zu den vorher behandelten Aspekten Material und Kosten nicht ersichtlich war. Allerdings spricht auch Vitruv selbst von einer „zweiten Stufe" der *distributio*: Hier geht es nämlich nicht mehr um die absolute, sondern um die relative Höhe des Aufwandes – relativ im Hinblick auf den Bedarf und die soziale Stellung. „Apta", schreibt er, „passend" sollen die Gebäude auf die unterschiedlichen Anforderungen zugeschnitten sein, einfach und bescheiden für gewöhnliche Hausbesitzer, prächtig und aufwendig für mächtige Regierungsmitglieder. „*Und überhaupt*" – damit beendet er seine Erläuterungen zur *distributio* – „*müssen die Zuschnitte der Gebäude für alle Personengruppen [Berufe, Stände] jeweils passend hergestellt werden.*" So verstanden ist die Frage des angemessenen Aufwands natürlich eine zentrale ökonomische Kategorie und gehört von daher eindeutig in den Bereich der *distributio*, auch wenn sie unter dem Aspekt der „Angemessenheit" vom Inhalt des *decor* nur schwer zu trennen ist.

Zusammenfassung

1. Stellt man nach diesen ausführlichen Einzelbetrachtungen alle sechs Grundbegriffe – verkürzt auf ihre Eingangsdefinitionen und redaktionell leicht überarbeitet – auf einem Übersichtsblatt zusammen, so wird noch einmal deutlich, daß die Begriffe keine abstrakten ästhetischen Kategorien repräsentieren, sondern wichtige Aspekte der Architekten-*Tätigkeit*:
 – den Umgang mit Maßen und Maßordnungen,
 – die Konzeption und das Darstellen,
 – die harmonische Gliederung,
 – den modularen Aufbau,
 – die angemessene Verknüpfung,
 – die sorgsame Verteilung.

In ähnlicher Weise hatte sich auch schon A. Horn-Oncken in ihrer umfangreichen Studie zum *decor*-Begriff geäußert: „Der *decor* seinerseits gehört zu den sechs Begriffen, die Prinzipien und Methoden der Architektentätigkeit bezeichnen."[251]
Bestätigt wird dieser Eindruck zusätzlich durch die Tatsache, daß Vitruv in seinen an die Eingangsdefinition anschließenden Erläuterungen durch-

gängig *Verben* (des Herstellens und Erreichens) verwendet. Die Erläuterungen sind sozusagen *Handlungsanweisungen*:

- *ordinatio*: diese wird zusammengestellt (haec componitur)
- *dispositio*: *cogitatio* und *inventio* werden geboren aus (hae nascuntur)
- *eurythmia*: diese wird erzeugt, indem (haec efficitur, cum)
- *symmetria*: die Berechnungsgrundlagen werden gewonnen aus (invenitur)
- *decor*: dies wird erreicht, wenn; dies geschieht (is perficitur, cum)
- *distributio*: a. sie wird beachtet, wenn (haec observabitur, si), b. wenn sie zugeschnitten werden (cum disponentur)

2. Bei genauerer Analyse läßt sich allerdings feststellen, daß die Struktur nicht ganz einheitlich ist. Es gibt zwei Begriffe, die tatsächlich planerische Tätigkeiten umreißen: *dispositio* und *distributio*, aber drei Begriffe, die eher das *Ergebnis* solcher Tätigkeiten, also erreichte Zustände repräsentieren: *eurythmia, symmetria* und *decor*. Und es gibt einen Begriff, *ordinatio*, der so etwas wie die Grundlage der Tätigkeiten bildet. Trotzdem handelt es sich bei allen sechs Begriffen, wenn schon nicht einheitlich um Tätigkeiten, so doch um Tätigkeitsbereiche.

Erstellt man ein gleichartiges Übersichtsblatt mit Vitruvs Originalformulierungen, wird darüber hinaus deutlich, daß es innerhalb der Grundbegriffe vielfältige inhaltliche Bezüge, Verschränkungen und Querverweise gibt, auf die auch A. Jolles immer wieder hinweist.

Dies gilt noch einmal in besonderer Weise für die drei Begriffe *ordinatio, symmetria* und *eurythmia*. Wie schon aus der Tatsache ersichtlich, daß sowohl in der *ordinatio* als auch in der *eurythmia* auf die *symmetria* verwiesen wird – und in den Erläuterungen zur *symmetria* dann wiederum auf die *eurythmia* zurück –, umschreiben diese Kategorien drei besonders eng zusammenhängende Bereiche innerhalb der entwurflichen Arbeit des Architekten und bilden insofern eine eigenständige Gruppe innerhalb der sechs Grundbegriffe.[252] Alle drei Begriffe befassen sich auf unterschiedliche Weise mit Maßen, Modulen und Proportionen: Innerhalb der *ordinatio* wird mittels Maßeinteilungen ein Modul definiert und damit die Grundlage für den gesamten maßlichen Aufbau des Gebäudes geschaffen, basierend gleichzeitig auf den modularen, aus dem Aufbau des menschlichen Körpers abgeleiteten antiken Maßsystemen. In der *symmetria* werden dann mit Hilfe dieses Moduls der Aufbau des Gesamtgebäudes und die modularen Verhältnisse jedes einzelnen Bauteils festgelegt, so daß jedes Maß des Gebäudes mit jedem anderen durch seinen Bezug zum Grundmodul verknüpft ist. Die *eurythmia* schließlich kontrolliert diese Verknüpfungen im Hinblick auf harmonische Verhältnisse und fügt damit der maßlich-modularen Arbeit die ästhetische Komponente hinzu.

Diese Rollenverteilung könnte dafür sprechen, die *eurythmia* in der Abfolge der Grundbegriffe eher hinter die *symmetria* einzuordnen. Auch die Tatsache, daß die *eurythmia* sich auf die *symmetria* bezieht, spräche für diese Reihenfolge. Andererseits muß es aber zunächst einmal Kriterien für die Auswahl eines bestimmten modularen Aufbaus geben, beispielsweise 1, 1/2 M, 2 M oder 2,1/4 M beim Säulenabstand, und ein solches Kriterium kann eigentlich nur dessen Eignung zur Erreichung einer harmonischen Wirkung im Zusammenhang mit einer speziellen Säulenordnung oder eines bestimmten Tempeltyps sein. In diesem Fall würden die Überlegungen zur *eurythmia* die Festlegung der *symmetriae* bestimmen. Eine solche Diskussion ließe sich dann allerdings auch auf die Positionen der anderen Grundbegriffe ausdehnen: Fängt der Entwurfsprozeß nicht eigentlich mit der *dispositio* an und danach sollten *ordinatio*, *symmetria* und *eurythmia* als Block folgen? Steht die *distributio* wirklich am Ende, oder gehört sie nicht in die Nähe der *dispositio* etc.?

Solche Überlegungen projizieren aber nur einen zeitlichen Ablauf in die Abfolge der Grundbegriffe hinein, der weder bei Vitruv angelegt ist noch der Realität des Planungsprozesses entspricht, der nie linear, sondern immer vielschichtig und komplex verläuft. Viel wichtiger als der zeitliche ist der eindeutige *inhaltliche* Zusammenhang: Bei allen sechs Grundbegriffen handelt es sich vollständig und ausschließlich um Bestandteile der „ratiocinatio", um den „in den hergestellten Dingen enthaltenen Anteil an Einsicht und planender Berechnung", um genau jene Bereiche, die hinzukommen müssen, um aus einem „faber" (fabrica) einen „architectus" zu machen, kurz: Es handelt sich um die ‚Bausteine der Planung', die notwendigen Schritte, Ebenen, Aspekte, Segmente eines jeden Entwurfsvorgangs.

Die sechs Grundbegriffe (redaktionell überarbeitete Kurzfassung)

Ordinatio   Die *Maßordnung* befaßt sich mit der passenden maßlichen Einteilung der Glieder eines Bauwerks im einzelnen
und der Bereitstellung der Proportionen im Hinblick auf die
symmetria im Ganzen.

Dispositio   Die *Konzeption* (und ihre *Darstellung*) befaßt sich mit
der passenden Anordnung der Dinge und der durch die
Zusammenstellung gemäß ihrer Eigenschaften geschmack-
vollen Ausarbeitung des Bauwerks.

Eurythmia   Die *Harmonische Gliederung* befaßt sich mit dem
anmutigen Aussehen und dem maßgerechten Erscheinungsbild in der Zusammenfügung der Bauglieder.
Sie wird erzeugt, indem die Glieder des Bauwerks in bezug auf
Höhe zu Breite und Breite zu Länge harmonisch abgestimmt
sind und insgesamt alle (Bauglieder) ihren *symmetriae* folgen.

Symmetria   Der *Modulare Aufbau* befaßt sich dementsprechend mit
der harmonischen Übereinstimmung zwischen den Gliedern
des Bauwerks selbst sowie zwischen den Einzelbauteilen und
dem Aussehen der Gesamtgestalt bezogen auf einen
festgesetzten Teil (Modul).

Decor   Die *Angemessenheit* (Stimmigkeit) aber befaßt sich mit
dem fehlerfreien Erscheinungsbild eines Gebäudes, das gemäß
den anerkannten Regeln aus erprobten Dingen zusammengefügt ist.

Distributio   Die *Einteilung* aber befaßt sich mit der zweckmäßigen
Einteilung der vorhandenen Baumaterialien (Vorräte) und des
Bauplatzes und dem sparsamen und rechten Maß bei der
Berechnung der Gebäudekosten.

Die sechs Grundbegriffe

Die sechs Grundbegriffe: Inhaltliche Bezüge, Verschränkungen und Querverweise im lateinischen Original
(redaktionell überarbeitete Kurzfassung)

Ordinatio

Ordinatio est modica membrorum operis commoditas separatim universeque proportionis ad symmetriam comparatio.
Quantitas autem est modulorum ex ipsius operis sumptio e singulisque membrorum partibus universi operis conveniens effectus.

Dispositio

Dispositio autem est rerum apta conlocatio elegansque compositionibus effectus operis cum qualitate.

Eurythmia

Eurythmia est venusta species commodusque in compositionibus membrorum aspectus.
Haec efficitur, cum membra operis convenientia sunt altitudinis ad latitudinem, latitudinis ad longitudinem, et ad summam omnia respondent suae symmetriae.

Symmetria

Item symmetria est ex ipsius operis membris conveniens consensus ex partibusque separatis ad universae figurae speciem ratae partis responsus.
Uti in hominis corpore e cubito, pede, palmo, digito ceterisque particulis symmetros est eurythmiae qualitas, sic est in operum perfectionibus.

Decor

Decor autem est emendatus operis aspectus probatis rebus conpositi cum auctoritate.

Distributio

Distributio autem est copiarum locique commoda dispensatio parcaque in operibus sumptus ratione temperatio.

Die sechs Grundbegriffe mit Querverweisen

Neue Übersetzung

1.   Die Architektur selbst [das Fachgebiet] umfaßt drei Bereiche: das Bauen, den [Sonnen-] Uhrenbau und den Maschinenbau. Das Bauen wiederum ist in zwei Bereiche geteilt, von denen der eine die Festlegung [des Verlaufs] der Stadtmauer und [der Lage] der Bauten für die Gemeinschaft an öffentlichen Orten umfaßt, der andere das Entwerfen der privaten Gebäude. Die öffentlichen [Bauten] aber sind in drei Bereiche eingeteilt, von denen einer der Verteidigung, ein anderer der Religion und der dritte dem [allgemeinen] Nutzen dient. Der Verteidigung dient die – im Hinblick auf das dauerhafte Abweisen feindlicher Angriffe ersonnene – Berechnung [Planung] der Mauern, Türme und Stadttore; der Religion dient die Anordnung der Heiligtümer und heiligen Gebäude der unsterblichen Götter; dem [allgemeinen] Nutzen dient die Konzeption [dispositio] der gemeinschaftlichen Anlagen für den öffentlichen Gebrauch wie Häfen, Plätze, Säulenhallen, Bäder, Theater, Wandelgänge und sonstige [Einrichtungen], die für solche Zwecke an öffentlichen Orten vorgesehen sind.

2.   Diese [Anlagen] müssen aber so gemacht [geplant] werden, daß der Festigkeit, der Nützlichkeit und der Schönheit Rechnung getragen wird. Der Festigkeit wird Rechnung getragen sein, wenn die Fundamente bis auf tragfähigen Boden hinuntergeführt sind und die Auswahl der Baustoffe, aus welchem Material auch immer, gewissenhaft und ohne Geiz erfolgt ist; der Nützlichkeit aber, wenn die Konzeption [dispositio] der Räumlichkeiten fehlerfrei ist und den Gebrauch nicht behindert, und wenn deren Verteilung [distributio] nach Himmelsrichtungen und gemäß ihrer Nutzung passend und zweckmäßig ist; der Schönheit schließlich, wenn das Aussehen des Gebäudes anmutig und geschmackvoll ist und der Abmessung der Bauglieder die richtigen theoretischen Überlegungen [Planungen] des modularen Aufbaus zugrunde gelegt sind.

Kommentar

Im 3. Kapitel des Ersten Buches, mit dem Vitruv die Exposition der theoretischen Grundlagen seiner „disciplina" beendet, tritt die doppelte Problematik der herkömmlichen Übersetzung von „architectura" noch einmal in aller Deutlichkeit zutage. „Die Teilgebiete der Baukunst" überschreibt Fensterbusch mit stoischer Konsequenz das Kapitel, obwohl *erstens* die Zugehörigkeit der bei Vitruv aufgeführten Teilgebiete Uhrenbau und Maschinenbau zur „Baukunst" nicht nachvollziehbar ist und es *zweitens* auch nicht um die Klassifizierung fertiger Bauten geht, sondern um die Arbeitsfelder des Architekten, die Teilbereiche des Faches Architektur.[253] Wie Fensterbusch dazu die lexikalisch gegebenen Bedeutungsgrenzen der von Vitruv benutzten Wörter überdehnen oder sogar verfälschen muß, wird in den Anmerkungen zur Übersetzung (Anhang 2) dargelegt.

Die Aufgabengebiete

1. Vitruv setzt also in seiner Beschreibung der Teilgebiete der Architektur neben das Planen von baulichen Anlagen (*aedificatio*) gleichrangig den Uhren- und den Maschinenbau (*gnomonice* et *machinato*) und weitet damit den Aufgabenbereich der Architektur erheblich aus. Besonders der Uhrenbau weicht sehr stark von den heute gängigen Betätigungsfeldern eines Architekten ab. Warum Vitruv ihn an dieser prominenten Stelle plaziert, während er den viel näher liegenden Straßen- und vor allem Brückenbau in seinem gesamten Werk mit keinem Wort erwähnt, wird wohl immer unklar bleiben, zumal er noch nicht einmal das Gesamtgebiet des Uhrenbaus meint, sondern dezidiert den Sonnenuhrenbau. Denn bei der Beschreibung des Baus von Wasseruhren benutzt er das allgemeine Wort „horologium"[254] für „Uhr", genauso wie bei der Begründung der Notwendigkeit astronomischer Kenntnisse des Architekten im 1. Kapitel.[255]
In der Vorrede zum Neunten Buch, in dem er den Uhrenbau abhandelt, führt er noch einmal Klage darüber, daß berühmte Sportler mit hohen, ehrenvollen Auszeichnungen bedacht würden, während dies bei den Verfassern von Schriften, die doch viel mehr für Staat und Gemeinschaft leisteten, nicht der Fall sei. In diesem Zusammenhang erörtert er die Beiträge solcher berühmter Persönlichkeiten wie Platon, Pythagoras, Archimedes, Demokrit oder Lukrez, Cicero und Varro. Das gibt ihm nicht nur Gelegenheit, seine Kenntnis ihrer Schriften zu demonstrieren, er möchte

ganz offensichtlich auch sein eigenes Werk in diesen Rahmen gestellt sehen. Zusammen mit der schon im ersten Teil geschilderten Hochachtung der Antike für die Astronomie als eine der *artes liberales* mag dies der Grund gewesen sein, warum Vitruv den Nachweis profunder Kenntnisse auf diesem Gebiet – wie sie ja der Sonnenuhrenbau voraussetzt – und dementsprechend dessen Aufnahme in die Teilbereiche der Architektur für unverzichtbar erachtete. Folgerichtig behandeln dann sechs der acht Kapitel des Neunten Buches gar nicht den Sonnenuhrenbau selbst, sondern dessen allgemeine astronomische Grundlagen und Voraussetzungen.

2. Beim Maschinenbau ist der Zusammenhang mit dem Bauen enger. Zum einen beschreibt Vitruv in dem diesem Thema gewidmeten Zehnten Buch auch die für das Bauen notwendigen Maschinen, also vor allem Vorrichtungen zum Bewegen von Lasten wie Zug-Hebemaschinen oder Transportmittel wie die schon erwähnte geniale Idee des Chersiphron. Zum anderen gibt es sechs Kapitel, die sich mit militärischem Gerät wie Katapulten, Skorpionen, Ballisten und mit Belagerungsmaschinen beschäftigen. Der Zusammenhang mit dem Bauen ist dadurch gegeben, daß diese Maschinen als Angriffswaffen sozusagen die Kehrseite der Verteidigungsanlagen bilden, die Vitruv unter das Bauen selbst einordnet. Zwischen diesen beiden Bereichen des Maschinenbaus erörtert Vitruv allerdings auch noch den Bau von Wassermühlen, Wasserdruckwerken, Wasserorgeln und sogar den Bau eines antiken Entfernungsmessers für Reisen zu Wasser und zu Lande. (s. Teil II)

3. Ähnlich ungeklärt wie der Status des Uhrenbaus bleibt auch, warum Vitruv dem Thema der Wasserversorgung nicht den Rang eines Teilbereichs der Architektur zubilligt und diese auch auf den weiteren Gliederungsebenen als eigene Kategorie nicht erwähnt, obwohl er ihr später das ganze Achte Buch widmet und sich selbst auf diesem Gebiet in Theorie und Praxis weit besser auskennt als im Uhrenbau. Die Zeit der großen Aquädukte begann allerdings auch erst, als Vitruv schon ein alter Mann war. Eines der schönsten Beispiele, der berühmte Pont du Gard, wurde erst 19 v. Chr. unter Agrippa gebaut. Vitruv selbst spricht in den Fällen, wo weit ausgedehnte Täler überbrückt werden müssen, noch davon, die Leitungen am Abhang entlang herabzuführen und dann im Tal einen so hohen Unterbau aufzuführen, daß die Leitung eine möglichst lange Strecke dieselbe Höhe beibehält. Spektakuläre Brückenbauwerke erwähnt er in diesem Zusammenhang an keiner Stelle.

4. Einerseits ist damit das Aufgabengebiet, in dem Architekten tätig sein können, erheblich größer als heute. Es umfaßt den ganzen Bereich der Militärarchitektur ebenso wie weite Teile des Ingenieur- und Maschinenbaus, ergänzt noch um einige Spezialgebiete wie Wasser-, Mühlen- und Uhrenbau. Bis weit in die Neuzeit ist es bei dieser Spannbreite geblieben: Auch Leonardo da Vinci und Michelangelo waren im Festungsbau tätig, und Balthasar Neumann war eigentlich Offizier und Militärarchitekt von Beruf. Andererseits weist der Tätigkeitsbereich aber auch erhebliche Lücken auf. Zum Beispiel beschränkt sich der Privatbau auf das repräsentative Stadthaus und auf die ländliche Villa mit Höfen, Atrien, Peristylen, mit Tablinen, Sonnen- und Winterspeiseräumen, Gemäldegalerien, Bibliotheken und Gästewohnungen. Wie schon erwähnt, fehlt der gesamte Bereich des Wohnungsbaus für die ärmeren und mittleren Schichten der Bevölkerung, also letztlich der überwiegende Teil des Bauens. Allerdings handelte es sich bei diesen Wohnbauten vielfach auch um reine „Spekulationsbauten", von Bauunternehmern „schnell und mangelhaft hochgezogen", oft mit bis zu „12 Stockwerken, was einer Gesamthöhe von 35 m entspricht"[256]. Aufgrund solcher Höhen und der unsoliden Bauweise muß es des öfteren zum Einsturz von Häusern gekommen sein, weshalb die Maximalhöhe schließlich durch kaiserlichen Erlaß begrenzt werden mußte (zur Zeit des Augustus 70 römische Fuß, also 20,60 m).[257] Auch das mag dazu beigetragen haben, daß Vitruv der *firmitas* im zweiten Abschnitt des 3. Kapitels einen so hohen Rang einräumt.

Firmitas, utilitas, venustas

1. Es ist dies der Abschnitt, an dem die sicherlich berühmtesten Kategorien Vitruvs auftauchen: *firmitas, utilitas* und *venustas*, also Festigkeit, Nützlichkeit und Anmut oder Schönheit. Auch diese drei Kategorien sind sicherlich keine „Teilgebiete der Baukunst" – aber es sind diesmal auch keine Teilgebiete des Faches Architektur. Ganz am Schluß der drei Theoriekapitel spricht Vitruv tatsächlich nicht mehr von den theoretischen Grundlagen der Planung oder des Faches oder des Architektenberufes, sondern von dem anzustrebenden Ergebnis, von den erforderlichen Qualitätsmerkmalen der zu errichtenden Gebäude. An dieser Stelle wechselt er die Ebene und definiert nicht mehr die *Mittel* der Planung und des Faches, nicht mehr die *Gebiete* und die *Inhalte*, sondern die *Ziele* der Architektur insgesamt, zu deren Erreichung genau jene Kenntnise der Baukonstruk-

tion, der Baustoffkunde und der Gebäudelehre notwendig sind, deren Vermittlung dann den Hauptteil der folgenden Bücher ausmacht.

Es ist also durchaus die richtige Stelle, um abschließend die Ziele und Zwecke, nicht der Gebäude oder der Baukunst, aber des Faches Architektur und der Tätigkeit von Architekten zu formulieren. Daß diese bedeutsame Stelle bei Fensterbusch dennoch so beiläufig daherkommt, hängt wiederum mit seiner Übersetzung zusammen. Wählt man, wie er dies tut, für „rationem habere" die lexikalisch durchaus korrekte Übersetzung „Rücksicht nehmen auf", so drückt man damit aus, daß etwas Bestimmtes geplant oder ausführt wird und dabei dann – auch noch – weitere Einflußfaktoren „berücksichtigt" werden. Die genannten Begriffe *firmitas*, *utilitas* und *venustas* sind aber keine Zusatzfaktoren, sondern die zentralen Kategorien des Bauens, und so ist die Übersetzung mit „Rechnung tragen", die der wörtlichen Übersetzung von „rationem habere" sehr nahe kommt, wesentlich angemessener.[258]

Es wird auch schnell überlesen, daß Vitruv an dieser Stelle ausdrücklich das Verb „debere", also „müssen", verwendet: Die Anlagen *müssen* so geplant werden, daß sie haltbar, nützlich und schön sind. Hier wird also ein eindeutiger Maßstab für die Arbeit des Architekten gesetzt, eine untere Grenzlinie definiert, die nicht unterschritten werden *darf*.

2. Die Angaben darüber, wie und wann diese Qualitätsgrenzen erreicht und eingehalten werden können, sind allerdings an dieser Stelle sehr knapp gehalten. Für die *firmitas* erwähnt Vitruv den Aspekt der soliden Gründung und der für die Haltbarkeit erforderlichen Materialqualität. Für die *utilitas* führt er zum einen die fehlerfreie und an der Nutzung orientierte Grundrißdisposition an, zum anderen die richtige Orientierung der Räume im Hinblick auf die Himmelsrichtungen. Bei dieser Erläuterung tauchen im übrigen zwei der sechs Grundbegriffe der Planung wieder auf, *dispositio* und *distributio*. Ein dritter Grundbegriff findet sich schließlich bei den Angaben zur *venustas*: dieser wird Rechnung getragen, wenn *erstens* das Aussehen anmutig und geschmackvoll ist und *zweitens* die Abmessungen der Gebäudeteile auf dem richtigen modularen Aufbau beruhen (habeat ratiocinationes *symmetriarum*).

Schon aus diesen wenigen Sätzen geht jedoch hervor, daß die Gleichsetzung der Begriffe *firmitas*, *utilitas* und *venustas* mit den Schlüsselbegriffen der Moderne – Konstruktion, Funktion und Form – durch die neuere architekturtheoretische Diskussion zu einer erheblichen Verschiebung der Vitruvschen Begriffsinhalte geführt hat. *Utilitas* bedeutet lexikalisch „Nützlichkeit, Brauchbarkeit, Gebrauch, Nutzen" und liegt damit sehr weit von der eher aus dem Maschinenbau entlehnten Bedeutung „Funktion" entfernt. „Reibungsloses Funktionieren" lobt man auch eher an maschinellen Prozessen als an menschlichen Handlungen, und Räume, die ‚nur' funktionieren, lassen oft genau jene Qualitäten der Nutzung vermissen, die wir in vorrangig am Gebrauch orientierten Raumkonzepten besonders zu schätzen wissen.

Auf der anderen Seite durchdringt die moderne Vorstellung von der Konstruktion heute alle Bereiche eines Gebäudes, also auch die Ausbaustruktur und die technische Gebäudeausstattung, während die *firmitas* Vitruvs eher die Solidität, ausreichende Dimensionierung und Dauerhaftigkeit der tragenden Struktur umschreibt. „Festigkeit", „Standhaftigkeit" und „Stärke" haben als Begriffe einen ganz anderen inhaltlichen Schwerpunkt als die „Konstruktion", deren Wurzel ebenfalls eher im Maschinenbau liegt.

Vor allem aber hat die „Form" als Begriff kaum noch etwas mit der Vitruvschen „Schönheit" oder „Anmut" zu tun. Jedes dreidimensionale Objekt hat eine Form, Form an sich ist – im Gegensatz zur Schönheit – überhaupt keine ästhetische Kategorie.

Es ist ein großer Unterschied, über die „Schönheit" eines Gebäudes zu diskutieren – was in der Regel gar nicht mehr stattfindet – oder „nur" noch über seine Form.

Diese kann durchaus spektakulär sein, das Gebäude als Ganzes kann aber dennoch wesentliche gestalterische Qualitäten vermissen lassen oder sogar häßlich sein.

Unabhängig von solchen Überlegungen, die in der Zusammenfassung von Teil VI noch einmal aufgenommen werden, reichen die knappen Angaben Vitruvs zur *firmitas* und *utilitas* immerhin aus, um eine relativ klare Vorstellung von den mit ihnen verbundenen Zielen zu erhalten. Die spannende Frage hingegen, wie denn nun „Schönheit" zu erreichen sei, bleibt bei den angeführten Erläuterungen – durch schönes Aussehen und durch richtigen modularen Aufbau – noch weitgehend im Dunkeln. Wie bei den meisten anderen Kategorien muß man daher in den weiteren Büchern nach ergänzenden Stellen Ausschau halten.

Exkurs: Der Schönheitsbegriff Vitruvs

1. Es gibt in der *Zehn Büchern* kein eigenes Kapitel über Schönheit, auch keine Definition wie bei den Grundbegriffen, etwa *„venustas* est…". Die

spärlichen Angaben, die Vitruv überhaupt zu diesem Thema macht, müssen der Definition der *eurythmia* und vor allem dem 1. Kapitel des Dritten Buches entnommen werden.

Schon als Ergebnis der *eurythmia*-Diskussion hatte sich herausgestellt, daß für Vitruv das schöne Aussehen durch die harmonische Gliederung der Bauteile zustande kommt, durch „Wohlproportioniertheit", oder anders formuliert: Schönes Aussehen ist für ihn eine Funktion harmonischer Proportionen.

Allerdings war durch diese Verknüpfung noch nichts darüber gesagt, *wann* Proportionen denn harmonisch sind oder *welche* Proportionen in der Lage sind, Harmonie zu erzeugen. Eine Antwort finden wir erst hundert Seiten später im 1. Kapitel des Dritten Buches, in dem es laut Fensterbusch um die „Symmetrien der Tempel" geht, in Wirklichkeit aber um die anthropometrischen Grundlagen der Proportionen, des modularen Aufbaus und des Meßwesens.

Vitruv beginnt das Kapitel – nach einer einleitenden Ermahnung, daß die Regeln der *symmetria* bei Tempeln besonders sorgfältig eingehalten werden müssen – mit der Definition der *proportio* (s. *Symmetria*-Kapitel). Aber schon im nächsten Satz liefert er dann den Schlüssel für die Beantwortung der Frage, wann Proportionen „gut gestaltet" („bene figurati") sind: „Kein Tempel kann ohne *symmetria* und *proportio* Regeln des Zusammenbaus besitzen, wenn er nicht von den Menschen her die genaue Anleitung für gut gestaltete [proportionierte] Glieder entlehnen würde."[259]

Die Proportionen des menschlichen Körpers sind also der Maßstab, das ‚Maß aller Dinge', in diesem Fall der harmonischen Proportionen. Vitruv beschreibt diese ausführlich – der Abschnitt wurde schon bei der Besprechung der *symmetria* vollständig zitiert – und kommt dann zu dem Schluß: „In ähnlicher Weise müssen daher die Glieder der Tempel eine auf das Harmonischste maßlich abgestimmte Entsprechung zwischen den einzelnen Teilen und der Gesamtsumme der ganzen Größe besitzen."[260] Man könnte hinzufügen: Dann sind sie „schön", dann entsprechen sie den Anforderungen der *venustas*.

Vitruv thematisiert hier den – durchaus erstaunlichen – Aspekt des glatten Ineinanderaufgehens der Abmessungen der einzelnen Körperteile: Die Größe des Gesichts beträgt 1/10 der Gesamtgröße, die des Kopfes 1/8, die des Fußes 1/6, die der Elle 1/4 etc. Hier herrscht offensichtlich ein hohes Maß an Ordnung, und das kann – damit drückt Vitruv die Überzeugung der gesamten Antike aus – kein Zufall sein, sondern wird bewirkt durch die „natura" („ita natura composuit")[261], in diesem Fall nicht als „die uns

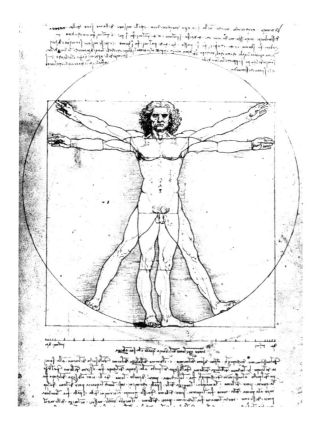

Vitruvsche Figur von Leonardo da Vinci

umgebende Natur", sondern als „Weltordnung",„Schöpfung". Im übrigen war bei den Griechen die Bezeichnung für das Weltall, das Wort „Kosmos", gleichbedeutend mit „Ordnung". Im Sichtbarwerden von Ordnung manifestiert sich die Schöpfung, und je höher die Ordnung, desto vollkommener die Schöpfung.

2. Vitruv läßt es daher auch nicht bei der Aufzählung der *symmetriae*, der modular geordneten Verhältnisse des menschlichen Körpers bewenden. Gleich im nächsten Satz trägt er ein weiteres, als „Vitruvianische Figur" weltberühmt gewordenes Argument vor. „Gleichermaßen ist der

Nabel der natürliche Mittelpunkt des Körpers. Wenn nämlich ein Mensch mit ausgestreckten Armen und Beinen auf den Rücken gelegt wird und in seinem Nabel ein Zirkel angesetzt wird, werden sowohl die Finger- wie auch die Zehenspitzen durch den geschlagenen Kreisbogen berührt. Und nicht weniger wie am Körper eine Kreisform erreicht wird, wird sich auch eine quadratische Anordnung an ihm finden. Denn wenn [seine Länge] von der Fußsohle bis zum Scheitel gemessen und dieses Maß auf das der ausgestreckten Hände bezogen wird, so wird die gleiche Breite wie Höhe gefunden, wie bei Flächen, die nach dem Winkelmaß qua- dratisch sind.“[262]

Vitruv zeigt also an diesem Beispiel, daß dem Aufbau des menschlichen Körpers die beiden vollkommenen geometrischen Figuren, Kreis und Quadrat, zugrunde liegen. Zwar war dieses Phänomen zu seiner Zeit schon bekannt und gehörte zum Lehrstoff von Malern und Bildhauern, aber das macht es nicht weniger bedeutsam. Einen stärkeren Beweis für Vollkom- menheit und für das Walten der Schöpfung konnte es kaum geben. Und wieder fügt Vitruv die Schlußfolgerung hinzu: „Wenn also die Schöpfung den Körper des Menschen so zusammengesetzt hat, daß seine Glieder durch ihren proportionalen Aufbau seiner Gesamtgestalt [Kreis, Quadrat] entsprechen, dann scheinen unsere Vorfahren aus gutem Grund vereinbart zu haben, daß auch bei der Fertigstellung der Gebäude auf die maßliche Abstimmung der einzelnen Bauglieder im Hinblick auf die Gesamtansicht der Gebäudefigur zu achten ist.“[263]

3. Als dritten Beweis für die herausragende Stellung des menschlichen Körpers und seiner Proportionen führt Vitruv schließlich die Tatsache an, daß auch alle Grundlagen der Zahlensysteme und des Meßwesens aus des- sen Gliedern und Proportionen abgeleitet sind. Dieser Komplex wurde schon ausführlich bei der Besprechung der *ordinatio* behandelt. Auch hier faßt Vitruv – und damit endet dann auch das 3. Kapitel – das Ergebnis noch einmal zusammen: „Wenn man also darin übereinstimmt, daß das Zahlensystem [*numerus*] aus dem menschlichen Körperbau abgeleitet ist und daß die maßliche Abstimmung auf der Basis eines [als Modul] fest- gesetzten Teils eine Verknüpfung zwischen den einzelnen Gliedern und der Gesamtansicht des Körpers schafft, bleibt nur noch übrig, daß wir diejenigen ehren, die auch beim Errichten der Tempel der unsterblichen Götter die Elemente der Gebäude so angeordnet haben, daß mit Hilfe von *proportio* und *symmetria* bei ihnen im einzelnen wie im ganzen harmo- nische Gliederungen erreicht wurden.“[264]

Ganz ohne Zweifel ist damit für Vitruv das dritte Ziel – *venustas* – erreicht.

4. Aufbau und Proportionen des menschlichen Körpers und seiner Glieder sind also das große Vorbild für alles Streben nach Gestaltung und Schönheit, und zwar nicht, weil der menschliche Körper schön *aussieht* (was ja durchaus nicht immer zutrifft), sondern weil sich in seinem prinzipiellen Aufbau und in seinen vollkommenen Exemplaren scheinbar ein so hohes Maß an Ordnung und damit an Ausdruck göttlicher Schöpfung manifestiert. Es geht daher auch nicht um die mechanische Übertragung der Proportionen des menschlichen Körpers auf das Gebäude, sondern um *die Erreichung eines gleichermaßen hohen Grades an Ordnung im Gebäude!* Das sieht man daran, daß beispielsweise beim Tempel weder das Quadrat als Grundrißform noch das Verhältnis 1:10 bei der Proportion der Säulen auftaucht (außer beim Pyknostylos).[265] Der Aufbau des menschlichen Körpers liefert lediglich das Prinzip und das Vorbild – die Umsetzung dieses Prinzips auf das zu entwerfende Gebäude muß der Architekt selber leisten.

An dieser Stelle setzt Vitruv mit seinem Lehrbuch ein: Er gibt umfassende und detaillierte Anweisungen für den richtigen modularen Aufbau einschließlich aller notwendigen Abweichungen, um die optischen Täuschungen auszugleichen – „denn das Auge sucht Schönheit" („Venustates enim persequitur visus").[266] Wenn man seine Ratschläge mit ästhetischem Sachverstand befolgt, wird das Ergebnis – in seinen Augen – sicherlich den Anforderungen der *venustas* genügen. Man kann also bei Vitruv in gewissem Sinne von einem „objektiven" Schönheitsbegriff sprechen: Schönheit beruht auf Gesetzmäßigkeiten der *natura*, auf mathematischer Ordnung und auf dem harmonischen modularen Aufbau der Teile und des Ganzen – Schönheit läßt sich herstellen! Und sein Lehrbuch ist in diesem Sinne tatsächlich nicht nur ein Lehrbuch der *firmitas* und der *utilitas*, sondern auch eines der *venustas*.

Das theoretische Gesamtsystem

Mit der Darlegung der Aufgaben und Ziele im 3. Kapitel des Ersten Buches ist die Präsentation der theoretischen Grundlagen der Architektur abgeschlossen und damit die Voraussetzung für die Anerkennung der „architectura" als gleichberechtigtes Mitglied im Kreis der anderen Diszi-

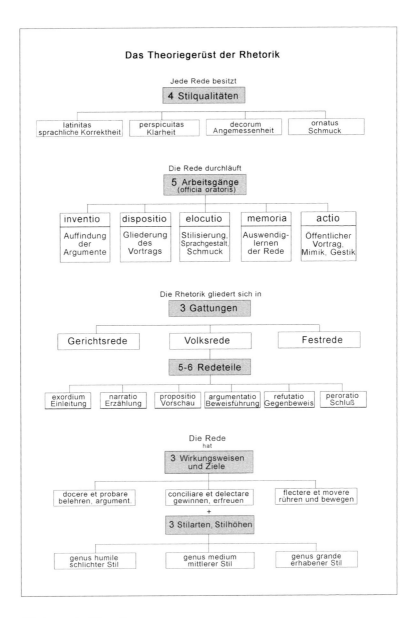

Das Theoriegerüst der Rhetorik

Jede Rede besitzt
4 Stilqualitäten

| latinitas sprachliche Korrektheit | perspicuitas Klarheit | decorum Angemessenheit | ornatus Schmuck |

Die Rede durchläuft
5 Arbeitsgänge
(officia oratoris)

| inventio | dispositio | elocutio | memoria | actio |
| Auffindung der Argumente | Gliederung des Vortrags | Stilisierung, Sprachgestalt, Schmuck | Auswendiglernen der Rede | Öffentlicher Vortrag, Mimik, Gestik |

Die Rhetorik gliedert sich in
3 Gattungen

| Gerichtsrede | Volksrede | Festrede |

5-6 Redeteile

| exordium Einleitung | narratio Erzählung | propositio Vorschau | argumentatio Beweisführung | refutatio Gegenbeweis | peroratio Schluß |

Die Rede
hat
3 Wirkungsweisen und Ziele

| docere et probare belehren, argument. | conciliare et delectare gewinnen, erfreuen | flectere et movere rühren und bewegen |

+

3 Stilarten, Stilhöhen

| genus humile schlichter Stil | genus medium mittlerer Stil | genus grande erhabener Stil |

Gliederung der Rhetorik

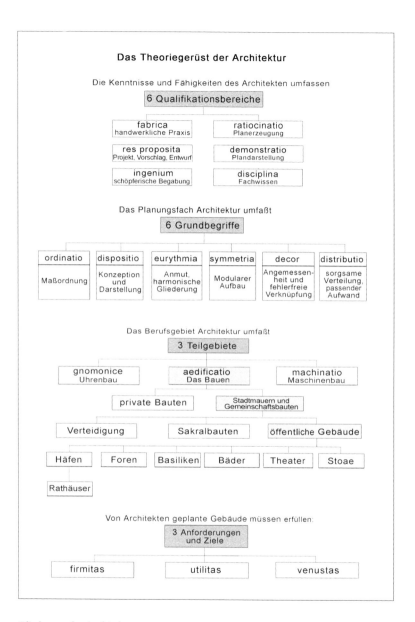

Gliederung der Architektur

plinen geschaffen. Gerade die am höchsten angesehenen „disciplinae" oder „artes" Philosophie, Rhetorik und Grammatik verfügten ja jeweils über bis in alle Einzelheiten ausgearbeitete Theoriesysteme, die Vitruv, wie alle gebildeten Zeitgenossen, natürlich kannte und die für ihn sicherlich Vorbild und Ansporn waren. Daher wird hier zu Demonstrationszwecken einmal das Theoriegerüst der Rhetorik, wie es die Römer von den Griechen übernommen und dann unter Cicero kanonisiert haben, dem von Vitruv neu entwickelten Theoriegerüst der Architektur gegenübergestellt.

1. Diese Gegenüberstellung, in der beide Systeme graphisch in eine vergleichbare Form gebracht wurden, soll allerdings keineswegs suggerieren, daß Vitruv einfach das Schema der Rhetorik als Grundlage genommen und es dann so weit wie möglich kopiert hat. Auf der ersten Vergleichsebene geht es nur um die Existenz und den Durcharbeitungsgrad solcher Schemata, um den Umfang des theoretischen Apparats und der Gliederung, wie er einer „disciplina" anscheinend angemessen war. Natürlich springt auf dieser Ebene auch ein bestimmter, gleichartiger Zahlen-Schematismus ins Auge, „in dem, außer der Drei, die Sechszahl mit Gruppen von drei Paaren dominiert"[267]. Dieser Schematismus setzt sich – und darauf zielt A. Horn-Onken mit ihrer Bemerkung zusätzlich ab – auch in den einzelnen Kategorien noch weiter fort, etwa wenn Vitruv den *decor* erneut in die drei Unterkategorien *status, consuetudo* und *natura* gliedert und dann zur Erläuterung jeweils zwei, also insgesamt wieder sechs Beispiele anführt. Auf die große Bedeutung solcher Zahlenordnungen bei den Römern wurde schon in der Besprechung der *ordinatio* hingewiesen (die 6 als vollkommene Zahl etc.). In Zweifelsfällen, wenn also die Notwendigkeit oder Zugehörigkeit einer Kategorie fraglich war, mag durchaus das Aufgehen des numerischen Schemas den Ausschlag bei der Entscheidung über Aufnahme oder Streichung gegeben haben.

2. Von dieser gleichartigen Anwendung numerischer Ordnungen abgesehen, bildet Vitruv aber durchaus eigenständige, speziell auf die Architektur zugeschnittene Kategorien und Gruppierungen aus. Eine gesonderte, in drei Gegensatzpaare gegliederte Darstellung der Qualifikationsbereiche fehlt zum Beispiel im System der Rhetorik vollständig. Es gibt dort zwar detaillierte Anweisungen für den Vortrag: stimmliche Merkmale, Lautstärke, sorgfältige Artikulation, Zeitplanung, Gestik und Körperhaltung, aber diese Regeln werden innerhalb der *Arbeitsgänge* und dort im Rahmen der *actio*, des Vortrags selbst, behandelt. Warum Vitruv den Kennt-

nissen und Fähigkeiten des Architekten in seinem System eine so wichtige Rolle einräumt, werden wir später erörtern.

Bei den Grundbegriffen, denen von ihrer Bedeutung und von ihrem Bekanntheitsgrad her vielleicht die „officia oratoris"[268], die Arbeitsgänge der Rhetorik entsprechen, gibt es nur eine gemeinsame Kategorie, die auch noch in beiden Systemen an der gleichen Stelle erscheint, die *dispositio*. Ansonsten stehen den sechs Grundbegriffen der Architektur fünf Arbeitsgänge der Rede mit weitgehend anderen Inhalten gegenüber. Allerdings hat Vitruv in seine Definition der *dispositio* den ersten Arbeitsschritt der Rhetorik, die *inventio*, bereits als Unterkategorie (zusammen mit der *cogitatio*) hineingenommen; sie umfaßt also schon zwei der fünf *officia oratoris*. Andererseits betreffen die sechs Grundbegriffe der Architektur nur den Bereich der Planung – Architektur ist eine Planungsdisziplin, nicht der Architekt baut, sondern die Baufirma –, während der Umfang der Arbeitsgänge der Rhetorik sich von der ersten Idee in der Stoffsammlung bis zur fertig gehaltenen Rede erstreckt. Den drei die Planung betreffenden Phasen der Rede stehen also sechs Planungsbereiche der Architektur gegenüber. Und während *elocutio* und *eurythmia* inhaltlich noch relativ eng beieinander liegen, behandeln die übrigen Kategorien dezidiert architekturspezifische Fragen, besonders die *ordinatio* und die *symmetria* als speziell maßgebundene Kategorien, dann aber auch die *distributio*, die Aufwand und Kosten thematisiert und damit der Tatsache Rechnung trägt, daß das Errichten von Gebäuden in der Regel eine äußerst kostspielige Angelegenheit ist. Die Kategorie des *decor* allerdings, das zentrale Thema der angemessenen Verknüpfungen, übernimmt Vitruv wiederum aus der Rhetorik, nur nicht aus den *officia oratoris*, sondern aus den Stilqualitäten, wo das *decorum* im Sinne von „situationsbezogener Angemessenheit"[269] als dritte Kategorie nach der *sprachlichen Korrektheit* und der *Klarheit* erscheint. Auf der nächst tieferen Ebene taucht dort als Unterkategorie der *sprachlichen Korrektheit* auch noch die *consuetudo* auf, die wir wiederum als eine der drei Hauptkategorien des *decor* kennen. Die Ebene der Stilqualitäten selbst übernimmt Vitruv allerdings nicht.

3. Die Gliederungen der Gesamtgebiete stimmen dann wieder numerisch überein – hier drei Gattungen, dort drei Teilgebiete –, aber auf der Ebene darunter ist in der Rhetorik jede einzelne Rede noch einmal in ihren zeitlichen Ablauf gegliedert – Einleitung, verschiedene Mittelteile, Schluß –, während sich in der Architektur die Differenzierung nach Bauaufgaben weiter fortsetzt. Diese unterschiedliche Behandlung findet ihre Erklä-

rung in dem prinzipiellen Unterschied zwischen Rhetorik und Architektur: Eine Rede entfaltet sich im Medium der Zeit, ein Gebäude in den drei Dimensionen des Raumes. So macht die Übernahme von zeitlich aufeinanderfolgenden Redeteilen für ein fertiges Gebäude, in dem alle Bestandteile simultan präsent sind, keinen Sinn, während umgekehrt die Vielzahl unterschiedlichster Bauaufgaben und Gebäudestandorte in der Rhetorik keine Entsprechung findet.

4. Auch auf die Ebene der Stilhöhen, die in der Rhetorik eine wichtige Rolle spielt und zur Zeit Ciceros zu heftigen Auseinandersetzungen führte, läßt sich Vitruv nicht ein. Er betont zwar, daß Sakralbauten zu den wichtigsten Bauaufgaben gehören und mit äußerster Sorgfalt geplant werden müssen, daß es demgegenüber bei öffentlichen und erst recht bei Privatbauten die eine oder andere Konzession geben darf, und er stellt auch fest, daß für einfache Leute schlichte Gebäude und für reiche oder berühmte Personen prächtige, erhabene Bauten errichtet werden sollen, handelt aber auch diese Aspekte der Angemessenheit unter der Kategorie des *decor* ab. Dort führt er ja auch die drei Stilarten dorisch, ionisch und korinthisch ein und ordnet ihnen durchaus unterschiedliche Ausdrucksqualitäten zu – aber sie werden bei ihm nicht Bestandteile des kategorialen Systems. Der Grund liegt wahrscheinlich darin, daß es neben den drei anerkannten Tempelordnungen eben auch noch den tuskischen Tempel und weitere abweichende römische Formen gab, deren Einordnung kompliziert war und deren Aufnahme das klare System gesprengt hätte.

5. Parallelen gibt es hingegen wieder in der Dreiteiligkeit der Ziele, sowohl bei den Wirkungsweisen der Rede als auch bei den Anforderungen an die Gebäude. Während jedoch eine Rede nicht alle drei Ziele – belehren und Argumente liefern, gewinnen und erfreuen, rühren und bewegen – gleichzeitig verfolgen und erreichen muß, ist dies bei den architektonischen Zielen *firmitas*, *utilitas* und *venustas* unbedingt erforderlich. Es tauchen allerdings bei Vitruv später auch andere Dreierkombinationen auf, etwa am Schluß des 8. Kapitels des Sechsten Buches, wo er darüber spricht, daß der Architekt, im Gegensatz zum Laien, schon vor Beginn der Ausführung eine genaue Vorstellung davon hat, wie das zukünftige Gebäude im Hinblick auf Anmut, Gebrauch und Angemessenheit auszusehen hat („et venustate et usu et decore")[270]. Hier wird also die *firmitas* durch den *decor* ersetzt. An anderer Stelle, im 3. Kapitel des Dritten Buches, wo es um die besonders empfehlenswerte Proportion des „Eustylos" geht, erscheint in

der Aufzählung anstelle der *venustas* auf einmal die *species*, das „(schöne) Aussehen" („et ad usum et ad speciem et ad firmitatem rationes habeat")[271]. Es zeigen sich also durchaus Spielräume in der kategorialen Festsetzung. Trotzdem wird insgesamt deutlich, daß Vitruvs Theoriegerüst keineswegs eine schematische Übernahme eines anderen, bereits vorhandenen theoretischen Systems ist, sondern eine sorgfältig und lange bedachte, auf die besonderen Bedingungen des Faches Architektur exakt zugeschnittene und wahrscheinlich auch noch weitgehend eigenständige Leistung dieses Architekten und Theoretikers ist. „Et magnis cogitationibus explicata"[272], schreibt er selbst dazu in seiner einleitenden Vorrede zum Ersten Buch: „durch viele Überlegungen [langes Nachdenken] entwickelt".

VI Die Architekturtheorie Vitruvs

Ohne Zweifel weicht die Darstellung der theoretischen Äußerungen Vitruvs in den drei vorangegangenen Kapiteln von den gängigen Interpretationen der letzten vierzig Jahre in vielen Punkten ab. Die neue Übersetzung hat, zusammen mit ihrer Kommentierung, einen neuen Zugang zur Architekturtheorie Vitruvs eröffnet, der eine Revision des überkommenen Vitruv-Bildes erforderlich macht. Daher soll seine Architekturtheorie, wie sie sich auf der Basis der neuen Übersetzung präsentiert, in den folgenden Abschnitten noch einmal zusammenhängend dargestellt werden.

Architektur als Querschnittsdisziplin

1. Vitruvs Architekturtheorie ist eine Theorie des *Faches* Architektur, keine Theorie der Baukunst. Nur unter diesem Blickwinkel ist nachvollziehbar und unmittelbar einleuchtend, warum das erste und noch dazu umfangreichste Theoriekapitel sich gar nicht mit der Architektur, sondern mit den Kenntnissen und Fähigkeiten des Architekten beschäftigt. Wie soll man ein Fach beschreiben, ohne über dessen Inhalte und Wissensbestandteile, also über die zu seiner Beherrschung notwendigen Qualifikationen zu reden? Und genau das findet dort statt.

Aber es ist keine normale Aufzählung. Es handelt sich vielmehr um eine Abfolge von Gegensatzpaaren, deren Darstellung jeweils in der Forderung endet, der Architekt habe beide Gebiete oder Fähigkeiten zu beherrschen, auch wenn sie sich teilweise gegenseitig ausschließen, nicht kompatibel sind oder nur äußerst selten in einer Person vereint auftreten.

Vitruv beginnt mit dem Gegensatz zwischen *fabrica* und *ratiocinatio*, also zwischen handwerklicher und planender Tätigkeit, zwischen dem Praktiker, der durch seine langjährige Übung ein genaues Gefühl für den Umgang mit Materialien und für deren Verhalten entwickelt hat – eine sehr wertvolle Fähigkeit –, der aber vielleicht große Probleme hat, ohne Plan und detaillierte Anweisungen zu arbeiten; und dem Theoretiker, der auf dem Papier problemlos eine komplette Planung entwickeln kann, in der Praxis aber oft nicht einmal in der Lage ist, auch nur einen Wasserhahn zu reparieren.

Obwohl die gleichzeitige Beherrschung beider Fähigkeiten also durchaus ein Problem ist, wurde eine solche Forderung auch *nach* Vitruv immer wieder erhoben, zuletzt noch im Manifest des Bauhauses von 1919: „Architekten, Bildhauer, Maler, wir alle müssen zum Handwerk zurück!"[273]

Als nächstes behandelt Vitruv den Gegensatz zwischen Entwurf und Darstellung. Ein Architekt soll nicht nur in der Lage sein, sich einen Plan auszudenken – er soll ihn auch noch perfekt zeichnen können! Kreative und zeichnerische Fähigkeiten gehen aber durchaus nicht immer Hand in Hand. Es gibt perfekte Zeichner und Maler, die über die Darstellung banaler Inhalte nie hinausgelangen – und es gibt kreative Visionäre, die nicht in der Lage sind, ihren Ideen auf dem Papier Gestalt zu verleihen. Gropius ist ein Beispiel für den zweiten Fall: Er konnte nicht zeichnen und war so sein Leben lang auf Partner angewiesen. Allerdings vermochte er immer wieder herausragende „Koproduzenten" zu finden.[274]

Schließlich führt Vitruv einen dritten Gegensatz ein, den er im folgenden durch Teile seiner Bildungsfächer untermauert: schöpferische Begabung und Gelehrsamkeit, Kreativität und Wissen. Dem Visionär steht der Pragmatiker gegenüber, dem Künstler der Ingenieur oder Dienstleister, der sich in Akustik, Optik, Wasser- und Maschinenbau, aber auch in Jura und Ökonomie, in Bauverträgen und Kostenanschlägen auskennen muß. Nur beides zusammen macht den „perfekten Meister" aus.

2. Nun ist ohne Zweifel alles, was Vitruv hier fordert, völlig zutreffend: Alle diese weit auseinanderliegenden Bereiche gehören unmittelbar zum Beruf des Architekten. Es ist das spezielle Kennzeichen des Fachgebietes Architektur, daß dessen Ausübung durch besonders viele („pluribus") und besonders unterschiedliche („variis") Qualifikationen „geschmückt" ist, wie Vitruv ja gleich im ersten Satz des 1. Kapitels feststellt. Das Problem ist nur, daß niemand alle diese Qualifikationen gleichermaßen besitzt! Handwerker und Planer, Entwerfer und Zeichner, Visionär und Pragmatiker, Künstler und Ingenieur in einer Person zu sein ist unmöglich – sieht man einmal von solchen Universalgenies wie Leonardo da Vinci ab. Eine Theorie des Faches Architektur kann es also nicht bei der Aufzählung der notwendigen Qualifikationen belassen, sondern muß dieses *spezielle Dilemma*, die Vielzahl scheinbar oder objektiv schwer miteinander vereinbarer Qualifikationen zum Thema machen – wie es Vitruv dann ja auch im zweiten Teil des 1. Kapitels tut.

Folgende Auswege werden von ihm diskutiert. Zum einen stellt er fest, daß auf der Ebene des Grundlagenwissens viele Bereiche miteinander zusammenhängen und daher der Besitz solcher allgemeinen Kenntnisse oft gleich für mehrere Spezialgebiete hilfreich und nützlich sein kann. Des weiteren braucht der Architekt zum Glück in den meisten Fächern gar nicht bis in einzelne Spezialbereiche vordringen; es genügt für seine Zwecke eine Art ‚mittleres' Wissen, wie es eher einen Generalisten kennzeichnet. Und schließlich braucht der Architekt die entsprechenden Berufe auch nicht praktisch auszuüben – was wiederum Spezialwissen und Übung erfordern würde –, er muß nur über das theoretische Wissen, etwa im Bereich der Baustoffkunde oder der Baukonstruktion, verfügen, um die Ergebnisse der am Bau beteiligten Fachleute begutachten zu können.

3. Daran hat sich bis heute nichts geändert. Nur haben sich die Wissens- und Spezialgebiete in der Zwischenzeit exponentiell vervielfacht, so daß der Architekt heute oft von einer Überzahl von Spezialisten an den Rand des Geschehens gedrückt wird. Die periodisch wiederkehrende Generalismusdebatte steht für das prinzipielle Dilemma des Architekten, immer noch für alles verantwortlich zu sein, aber nur noch wenig selbst erarbeiten zu können, immer mehr auf andere Personen oder deren Spezialwissen angewiesen zu sein, am Ende aber doch mit seinem Namen allein für das Ergebnis einstehen zu müssen. Immer aufs neue muß er das Kunststück vollbringen, den entscheidenden Einfluß auf alle anderen am Bau Beteiligten zu behalten, obwohl diese auf ihren Gebieten so viel mehr wissen als er selbst, damit sein Entwurf auf dem langen Weg bis zur Fertigstellung nicht deren Partikularinteressen und -problemen zum Opfer fällt.
Der Architekt befindet sich damit übrigens in einer vollkommen anderen Situation als der Maler – und oft auch der Bildhauer –, die immer die alleinige Hoheit über die Realisierung ihrer Visionen behalten haben.
Es gibt eine Ausnahme, einen Bereich, wo der Architekt nicht Generalist ist, sondern im Gegenteil Fachmann oder Spezialist, wo er auf seinem ureigensten Gebiet tätig ist und auch die höchste Kompetenz besitzt: die Planung selbst.

Architektur als Planungsdisziplin

Vitruvs Architekturtheorie ist eine Theorie des *Planungs*fachs Architektur. Die sechs Grundbegriffe des 2. Kapitels sind die von ihm für notwendig erachteten Bereiche planerischer Tätigkeit, seine ‚Bausteine' der Planung.

Daß diese Bausteine – Umgang mit Maßen und Maßordnungen (*ordinatio*), Erarbeiten einer Konzeption (*dispositio*), Überprüfung der Proportionen auf Harmonie (*eurythmia*), Durcharbeitung des modularen Aufbaus bis ins Detail (*symmetria*), richtige Abstimmung und Verknüpfung aller Elemente untereinander (*decor*) und Kontrolle des Aufwands und der Kosten (*distributio*) – zu seiner Zeit alle Segmente der planenden Tätigkeit abdeckten, ist inzwischen unstrittig. Waren alle diese Bereiche durchdacht und aufgezeichnet, war der Entwurf zweifellos fertig.

Es stellt sich aber die Frage, ob diese ‚Bausteine' auch heute noch als Grundlagen des Planungsfachs Architektur Geltung besitzen.

1. *Dispositio*. Am einfachsten läßt sich diese Frage für die *disposito* beantworten. Sie hat als einzige unter den sechs Kategorien Vitruvs die Zeiten nahezu unbeschadet überstanden. Der Vorgang des Disponierens, der Erarbeitung einer grundlegenden Konzeption – sei es bei der Einteilung und Ordnung des Raumprogramms, sei es bei der Positionierung des Gebäudes auf dem Grundstück, sei es bei der Festlegung seiner Höhen- und Formentwicklung – ist seit über 2000 Jahren elementarer Bestandteil der Entwurfstätigkeit geblieben. In der beruflichen Praxis fällt er heute unter die Leistungsphase 2 (Vorentwurf) der Honorarordnung für Architekten und Ingenieure (HOAI), an den Hochschulen gibt es in der Regel neben dem Grundlagenfach „Entwurfslehre" den so genannten „konzeptionellen" Entwurf, der die Fähigkeiten in diesem Bereich besonders trainieren soll.

Die von Vitruv eingeführten Begriffe *cogitatio* und *inventio* sind hingegen als eigenständige Termini des Entwerfens völlig in Vergessenheit geraten, obwohl sie durchaus Grundlage weitergehender Überlegungen zum Prozeß der Ideenbildung und der Konzeptionsfindung sein könnten. Es gibt zwar viele Bücher über allgemeine Kreativitätstechniken, kaum aber Fachbücher speziell zum architektonischen Entwerfen.

Gänzlich abgetrennt und zu eigenen Fächern geworden sind inzwischen die Vorgänge der Darstellung, die bei Vitruv noch integraler Bestandteil der *dispositio* sind. Es ist aber interessant und aufschlußreich, daß das Konzipieren und das Darstellen im Denken der Antike so nahe beieinander lagen oder sogar zusammenfielen. Es erinnert daran, daß das Aufzeichnen einer Idee ein *aktiver* Bestandteil des Entwurfsprozesses ist – wie das Schreiben eines Satzes beim Verfassen eines Textes –, denn vielfach entsteht aus dem Sehen oder Lesen des Gedachten erst der nächste Gedanke, die nächste Idee. Das Visualisieren ist dann *ursächlich* für den nächsten Schritt des Entwerfens (tatsächlich handelt es sich um einen ständigen Wechselprozeß), und kein Entwurf entsteht allein im Kopf. Auch die Einsicht in diesen Zusammenhang und deren praktische Anwendung wären Bestandteile einer architektonischen Entwurfslehre und könnten der einstigen Symbiose von Entwerfen und Darstellen neuen Auftrieb geben.

2. *Ordinatio, symmetria, eurythmia.* In direktem Gegensatz zur *dispositio* scheinen die maß- und proportionsbezogenen Kategorien *ordinatio*, *symmetria* und *eurythmia* ihre Bedeutung in der heutigen Planungspraxis gänzlich verloren zu haben.

a) Im Bereich der *ordinatio* gibt es nur im englischsprachigen Raum noch Reste auf den Menschen bezogener Maßordnungen (feet, inch etc.). In Deutschland existiert noch die gesonderte Maßordnung im Mauerwerksbau, die aber immerhin schon mit ihrem Grundmodul, 12,5 cm, auf den Meter (Achtelmeter) bezogen ist und zudem mehr und mehr durch die Euro-Norm ersetzt wird. Ansonsten haben das Dezimalsystem und das metrische System die früher notwendige umfangreiche Beschäftigung mit Maß- und Meßsystemen und die jeweils neue Ableitung eines Grundmoduls überflüssig gemacht.

b) Im Bereich der *symmetria*, also der vollständigen Modularisierung von Gebäuden, sei es in Richtung auf die maßliche Abstimmung der Einzelbauteile untereinander, sei es in Richtung auf die Entwicklung eines repetierbaren und variierbaren Baukastensystems, liegen die Dinge etwas anders. Einerseits hat sich im Rahmen der Industrialisierung des Bauwesens der Aspekt der Modularisierung in den Lieferprogrammen der Baustoffindustrie vollständig durchgesetzt. Andererseits ist der Versuch, dieses Prinzip auf ganze Gebäude oder Gebäudekomplexe zu übertragen, also die Entwicklung modularisierter und flexibler Baukastensysteme bis hin zur seriellen Fertigung standardisierter Raumzellen in den sechziger und siebziger Jahren des 20. Jahrhunderts unrühmlich gescheitert.

Beiden Entwicklungen gemeinsam ist aber, daß sie ausschließlich den technologischen und ökonomischen Effekt der Modularisierung, der ja erheblich sein kann, im Auge hatten und haben. Bei der *symmetria* Vitruvs hingegen ist der modulare Aufbau eines Gebäudes zugleich Voraussetzung und Grundlage der *ästhetischen* Wirkung. Wie, hatte er ja gefragt (Drittes Buch, 1. Kapitel), soll denn der Architekt die Maße der Gebäudeteile und des Ganzen finden und festlegen, wenn nicht auf der Basis eines modularen Aufbaus wie etwa beim menschlichen Körper? Ein Gebäude ohne eine bis in die kleinsten Bauteile hinein durchgehaltene modulare Abstimmung und Einteilung konnte für ihn gar nicht schön sein.

c) Diese Auffassung – und damit sind wir bei der dritten maß- und proportionsbezogenen Kategorie, der *eurythmia* – spielt heute im Entwurfsprozeß der Architekten kaum noch eine Rolle. Ästhetische Wirkungen zu einem großen Teil auf die harmonische modulare Abstimmung der Bauteile und des Gebäudeganzen zurückzuführen, dürfte in der aktuellen Architekturdiskussion, in der ganz andere Themen im Vordergrund stehen, eher befremdlich anmuten.

Es sollte aber zu denken geben, daß gerade einer der Begründer der modernen Architektur und zweifellos einer der größten Architekten des 20. Jahrhunderts aus seiner Wertschätzung von Maß- und Proportionsordnungen nie einen Hehl gemacht hat. „Die Wahl des Maß-Reglers bestimmt die geometrische Grundlage des Werkes", sie ist „einer der entscheidenden Momente der schöpferischen Inspiration, sie zählt zu den wichtigsten Faktoren in der Baukunst"[275], schreibt Le Corbusier schon 1922 in *Vers une Architecture*. Daß er dabei an Vitruv und dessen Grundbegriffe denkt, geht aus den vorhergehenden Sätzen eindeutig hervor: „Der Maß-Regler dient einer Befriedigung geistiger Ordnung, er fördert die Suche nach sinnvollen und harmonischen Beziehungen. Sie verleiht dem Werk Eurhythmie."[276] Und wie Vitruv geht Le Corbusier davon aus, daß es unterschiedliche Maßordnungen geben kann und daß die Festlegung auf eine Variante zu den grundlegenden Entscheidungen des Architekten gehört: „Hier nun einige Maß-Regler, die dazu gedient haben, sehr schöne Dinge zu machen, und die der Grund dafür sind, daß diese Dinge sehr schön sind."[277] Fünfundzwanzig Jahre später präsentiert er seine eigene – dann allerdings einheitliche und universelle – Maßordnung, den Modulor, der wie die berühmte Vitruvsche Figur auf den Maßen und Proportionen des menschlichen Körpers beruht, zusätzlich kombiniert mit der konsequent angewandten Proportion des Goldenen Schnitts. Daß sich Le Corbusier hier in der Tradition Vitruvs und Leonardo da Vincis weiß, zeigt sein Bericht über den „Congrès Divinae Proportiones" anläßlich der Triennale in Mailand 1951. Dort schreibt er: „In einer eindrucksvollen [...] Ausstellung befanden sich Manuskripte und Erstdrucke von Meistern wie Vitruvius, Villars de Honnecourt, Dürer, Pacioli, Piero della Francesca, Leonardo da Vinci usw. Dann folgte, nach dem Übergehen von vier Jahrhunderten, der Modulor."[278] Wie sehr Le Corbusier Vitruvs Grundbegriffe insgesamt verinnerlicht hatte, zeigt eine wenig später folgende Äußerung: „In einer kürzlich in Mailand abgehaltenen Sitzung wurde der Vorschlag gemacht, den provisorischen Namen [Modulor, G. F.] durch einen definitiven, nämlich ‚Symmetrie' zu ersetzen."[279] Le Corbusier versteht also den vierten Grundbegriff

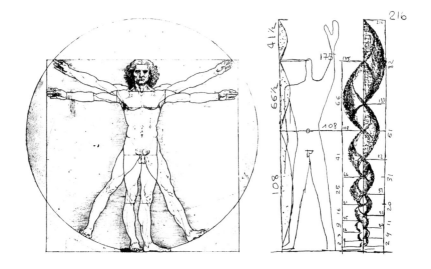

Vitruvsche Figur und Modulor

Vitruvs exakt in der gleichen Weise, wie er hier in der vorangegangenen Einzelanalyse beschrieben wurde: als „modularen Aufbau", als „modulares System" – und nicht als Symmetrie im heute gebräuchlichen Sinn.

Es sollte des weiteren zu denken geben, daß auch zwei weitere Protagonisten der Moderne, Gropius und Mies van der Rohe, sowie deren Ziehvater Peter Behrens, in dessen Atelier beide – und Le Corbusier – gearbeitet haben, Proportionssysteme benutzten. Solche Systeme gehörten durchaus zu den Grundlagen ihres Entwerfens, und wie bei allen Meisterwerken der Baukunst ist die ästhetische Qualität ihrer Bauten von der Anwendung solcher Systeme nicht zu trennen, auch wenn dieser Aspekt vielleicht nicht im Vordergrund stand.

Ähnlich eindeutig wie Le Corbusier äußert sich schließlich Bruno Taut, ein weiterer bedeutender Architekt des Neuen Bauens, im ersten Kapitel seiner Architekturlehre unter der Überschrift „Was ist Architektur?": „Architektur ist die Kunst der Proportion".[280] Und unter Proportion versteht auch Taut kein beliebiges Verhältnis von Teilen zueinander oder zum Ganzen, sondern „die schöne harmonische Ordnung, das Ebenmaß in der Gliederung"[281] – also exakt jenes Phänomen, das Vitruv mit dem Begriff der *eurythmia* zu fassen versucht.

Von daher wäre zu überlegen, ob der Komplex von *ordinatio, symmetria* und *eurythmia* angesichts seiner immensen Bedeutung in der *gesamten* Baugeschichte – die letzten 50 Jahre ausgenommen – nicht doch einen Platz in der Grundlehre des Entwerfens behalten sollte.

3. Distributio. Die Planungskategorie *distributio* nimmt bei Vitruv eine merkwürdige Zwitterstellung ein. In ihrem ersten Aspekt, der Einteilung der vorhandenen Ressourcen Geld, Baumaterialien und Grundstück und der ständigen Überprüfung der Kosten/Nutzen-Relation, gibt es starke Überschneidungen mit der *dispositio*, die diese Aspekte schon bei der Erarbeitung der Konzeption ständig im Auge behalten muß. Zugespitzt könnte man sagen: Die *dispositio* hat eine funktionale, eine konstruktive, eine ästhetische und eine ökonomische Dimension, und letztere wäre dann die *distributio*. Es wurde ja auch schon im Kommentar zu den Grundbegriffen des 2. Kapitels erwähnt, daß Vitruv beide Begriffe oft parallel verwendet und manchmal sogar gegeneinander austauscht.

In ihrem zweiten Aspekt wiederum, dem angemessenen Aufwand in bezug auf die gesellschaftliche Stellung des Bauherrn, liegt die *distributio* so nahe am Bereich des *decor*, daß es sogar bei Vitruv selbst zu Verwechslungen kommt. Sicherlich könnte man die Frage, wieviel Aufwand, Schmuck und Prachtentfaltung der jeweiligen Bauaufgabe angemessen ist, auch innerhalb einer weiteren Facette des *decor*-Begriffs diskutieren.

Von daher wäre zu fragen, ob dieser Grundbegriff als eigenständige Planungskategorie überhaupt erforderlich ist, oder ob Vitruv sich hier eher aus Gründen der Zahlenordnung auf sechs statt auf fünf Kategorien versteift. Für letzteres spricht, daß der Begriff *distributio* nie in das normale Vokabular der Architekten und Planer eingegangen ist und auch heute als eigene Planungskategorie gänzlich unbekannt ist. Gegen die These von der Verzichtbarkeit spricht, daß Kosten und Aufwand zu allen Zeiten die letztlich entscheidende Rolle beim Bauen gespielt haben und daß Vitruv dieser Tatsache mit seinem sechsten Begriff Rechnung tragen will. Bauen ist extrem teuer, und ohne Geld oder einen zahlungskräftigen Bauherrn bleiben auch die großartigsten Pläne Makulatur. So ist schon vor Beginn der Planung für jede konkrete Bauaufgabe ein relativ schmaler ökonomischer Korridor vorgezeichnet, innerhalb dessen der Architekt überhaupt nur „disponieren" kann. In Wirklichkeit stehen ökonomische Aspekte nicht am Ende, sondern ganz am Anfang jeder Planung und prägen letztlich das Ergebnis entscheidend vor. Dieser Aspekt wird allerdings nur selten thematisiert – am wenigsten in den Diskussionen über Baukunst.

Angesichts dieser oft geübten Verdrängung der ökonomischen Seite des Bauens könnte eine Orientierung an Vitruv, der dem Aspekt des Aufwands und der Kosten den gleichen Stellenwert einräumt wie seinen anderen fünf Kategorien, durchaus neue Anstöße für den Aufbau des Planungsfachs Architektur geben. Es wäre sicherlich sinnvoll, die ökonomische Seite des Bauens, die heute im wesentlichen von Fächern wie Bauwirtschaft und Bau- und Planungsmanagement vertreten wird, zumindest in ihren ‚strategischen' Bereichen der Kosten/Nutzen-Überlegungen und der Fragen der Angemessenheit des Aufwands ganz weit vorn im Bereich der Vorplanung anzusiedeln und ihnen dort auch einen eigenen Begriff zuzuordnen. Allerdings sollte es nicht die Bezeichnung *distributio* sein, die schon von Seiten Vitruvs her eher ein Mißgriff war, da sie als Vokabel die ökonomische Implikation nicht transportierte. Besser und verständlicher wäre es gewesen, sich bei der Wortwahl an der griechischen Vorlage *oikonomia* zu orientieren. Das ändert aber nichts an der prinzipiellen Richtigkeit der Aufnahme des ökonomischen Aspekts in den zentralen Bereich der Planungskategorien.

4. *Decor.* Diese Kategorie ist die am meisten mißverstandene und in ihrer Bedeutung für das architektonische Entwerfen am stärksten unterschätzte Kategorie Vitruvs. Eigentlich geht es hier um die zentralen Probleme der Architektentätigkeit, um Fragestellungen, die auch heute noch jeden entwerfenden Architekten unablässig beschäftigen. Das ist allerdings aus Fensterbuschs Übersetzung unmöglich herauszulesen – und auch in der neuen Lesart bedarf es dazu genauen und längeren Hinsehens. Daher wird hier die Frage der Relevanz des Vitruvschen *decor*-Begriffs anhand der einzelnen Kategorien noch einmal etwas genauer beleuchtet.

a) *Decor stationis.* Wenn Vitruv die Anpassungen des antiken Tempelbaus an die vielfältigen Eigenheiten der damaligen Götterwelt als Beispiele für den *decor stationis* heranzieht, so liegt diese Thematik dem heutigen Leser so fern, daß sie sehr schnell als völlig belanglos oder – in der Simplizität der Zuordnungen – als einfach nur banal eingestuft wird, als Anhäufung von Platitüden.

Der Gedanke der unterschiedlichen Zuordnung selbst ist uns dagegen merkwürdig vertraut: daß es ‚falsch' wäre, wenn eine Synagoge wie eine katholische Kirche aussähe, ein Kindergarten wie ein wissenschaftliches Labor etc. Es ist der Gedanke der *Motiviertheit* des äußeren Erscheinungsbildes durch eine innere Eigenschaft des Gebäudes, sei es durch seine Funktion oder sei es durch seine Zuordnung zu einer bestimmten

Nutzergruppe: daß sich beides gleichermaßen im Äußeren zeigen muß, daß das Äußere nur ‚richtig' erscheint, wenn es die besondere Zweckbestimmung oder spezifische Nutzung im Inneren auch abbildet oder symbolisiert. Daß es ebenso ‚falsch' wäre, auf diese Differenzierung zu verzichten und alle Gebäude gleich aussehen zu lassen, wie es in Vitruvs Augen falsch gewesen wäre, alle Tempel gleich auszuführen, obwohl sie doch ganz unterschiedliche Gottheiten repräsentierten.

Die These Vitruvs also, daß die äußere Erscheinungsform eines Gebäudes und dessen spezifische Merkmale nicht beliebig oder willkürlich sein dürfen, sondern motiviert sein müssen, ist eine der Grundthesen der 2000-jährigen Architekturdiskussion geblieben und erlebte gerade auch in den Debatten der Moderne über die Reizthemen Funktionalismus und Formalismus eine neue Konjunktur. Und letztlich muß sich auch heute noch jeder praktizierende Architekt bei jedem neuen Projekt die Frage stellen: Wie komme ich zu meiner Form? Wenn der Anstoß kein wie auch immer geartetes *inhaltliches* Merkmal der Bauaufgabe ist, was ist es dann?

Nun geht Vitruv in seinem zweiten Beispiel aber noch einen Schritt weiter: Gebäude sollen nicht nur ‚berufliche' oder funktionale Merkmale zum Ausdruck bringen, sondern darüber hinaus auch noch *Charaktereigenschaften*. Und seine Beispiele sollen nicht mehr und nicht weniger als die These belegen, daß dies tatsächlich relativ zielgenau möglich ist, daß also bauliche Formen, vor allem aber bestimmte Formenkombinationen bis hin zu Säulenordnungen und Stilformationen *objektivierbare* Ausdrucksqualitäten besitzen können. Daß sie also nicht nur ‚irgendwie' wirken, sondern gezielt einsetzbar sind, um *Eigenschaften des Bauherrn oder der Bauaufgabe* auszudrücken.

Diese zweite Verknüpfung, von *Ausdruck* und Form diesmal, also das Thema der Ausdrucksqualität von Architekturformen, hat bekanntlich nicht weniger Einfluß auf die Architekturgeschichte gehabt als die erste und hat die Architekten nie mehr losgelassen. Im Rahmen der Stilarchitektur erreichte diese Auseinandersetzung einen letzten Höhepunkt mit dem Eklektizismus des ausgehenden 19. Jahrhunderts, als man auf der Basis der gleichzeitigen Verfügungsmacht über alle historischen Stile damit begann, den einzelnen Bauaufgaben schematisch Stilgewänder anzupassen, die angeblich ihrem jeweiligen Charakter entsprechen sollten.

Aber auch in der Moderne wurden die neuen, klaren Formen aus Stahl, Glas und Beton eindeutig als Repräsentanten der neuen Zeit, als *Ausdruck* von ‚Modernität', ‚Fortschritt' und ‚wissenschaftlicher Rationalität' gefeiert.

Die Form des Flachdachs etwa spielte im sogenannten Dächerkrieg als ‚fortschrittliche‘ und dem Satteldach des damals immer noch stark verwurzelten Heimatstils angeblich weit überlegene Form eine große Rolle und war Bestandteil einer teilweise schrillen, stark ideologisch gefärbten Debatte über die Ausdrucksqualitäten von Architekturformen. Erst in der pluralistisch geprägten Ära des *anything goes* am Ausgang des 20. Jahrhunderts hat diese Diskussion an Intensität verloren.

Im Rahmen der Architekturtheorie, besonders aber bei den Bauhistorikern wurde diese These Vitruvs allerdings immer kritisch gesehen. Sehr bald schon wurde nämlich klar, daß sich für seine schöne und klare Zuordnung von Säulenordnungen zu Charaktereigenschaften der Götter relativ wenige Entsprechungen in der realen Denkmallandschaft fanden: die Bautätigkeit sowohl in den Jahrhunderten vor Vitruv als auch zu seinen Lebzeiten schien sich nicht ernsthaft um solche Zuordnungen gekümmert zu haben – manchmal stimmten sie, manchmal nicht. Das führte bei einigen Interpreten dazu, die Relevanz dieser Verknüpfung insgesamt wieder in Frage zu stellen und Vitruv einmal mehr mangelnde Sachkenntnis, Unklarheit und Inkonsequenz zu unterstellen.

Nie thematisiert wurde dabei jedoch die einfache Tatsache, daß jemand, der ein Lehrbuch über Architektur schreiben will, angesichts mehrerer unterschiedlicher Baustile der Frage gar nicht ausweichen kann, welche dieser Ordnungen ein Architekt denn jeweils in einer konkreten Situation wählen sollte – daß er also Auswahlkriterien formulieren und Gründe benennen *muss*. Also lieferte Vitruv solche Begründungen – wahrscheinlich in Übereinstimmung mit den gängigen Überzeugungen seiner Zeit –, obwohl auch ihm sicherlich klar war, daß er damit die Vergangenheit nicht rückwirkend vereinheitlichen konnte und auch die Zukunft nur in dem Maße würde beeinflussen können, wie seine Architekturlehre und die von ihm propagierten Zuordnungen unter der Architektenschaft Einfluß und Verbreitung finden würden.

Unumstritten weiter wirksam ist jedoch die dritte Verknüpfung, die Vitruv im weiteren Verlauf des Buches mit seinen Äußerungen zum *decor elegantiae* und zum *decor maiestatis* herstellt: die Verknüpfung zwischen der gesellschaftlichen Stellung des Bauherrn und dem für ein Gebäude betriebenen Gestaltungsaufwand. Daß der Architekt hier jeweils die ‚richtige‘ Entsprechung finden und formulieren muß, gehört nicht erst seit Vitruv zu den Grundlagen seiner Tätigkeit; später machen die Ergebnisse dieser Bemühungen in Form der Repräsentationsarchitektur den größten Teil der Baugeschichte aus.

In einem kurzen Intermezzo ist in den zwanziger Jahren dann versucht worden, diese Verknüpfung aufzulösen und die äußere Form vorrangig nach konstruktiven und funktionalen Prinzipien auszurichten, aber schon in den fünfziger Jahren sah sich beispielsweise Le Corbusier gezwungen, für seine Regierungsbauten in Chandigarh eine neue Formensprache zu entwickeln, die der besonderen Bedeutung dieser Bauaufgabe besser gerecht wurde als das karge Vokabular des „Internationalen Stils".

Heute ist die Verknüpfung von architektonischem Aufwand und gesellschaftlicher Bedeutung wieder weitgehend rehabilitiert: Wenn eine Stadt ein Museum in Auftrag gibt, erwartet sie oftmals von vornherein eine spektakuläre Gestaltung, schon aus Gründen des Stadtmarketings. Wenn ein multinationaler Konzern seine Zentrale baut, muß diese schon den Charakter eines Wahrzeichens besitzen. Und auch wenn ein wohlsituierter Privatmann sich eine Villa bauen läßt, ist es nicht mehr anrüchig, wenn die architektonische Erscheinungsform auch seinen finanziellen Status angemessen zum Ausdruck bringt.

b) *Decor consuetudo*. Im Rahmen des *decor consuetudo* nimmt Vitruv zunächst die Verknüpfung zwischen Innen und Außen wieder auf, diesmal aber nicht bezogen auf Funktionen, Charaktereigenschaften des Bauherrn oder gesellschaftlichen Rang, sondern auf das Kriterium der *Einheitlichkeit*. Auch dieses Kriterium kommt dem heutigen Architekten erstaunlich vertraut vor, ist doch eine der ersten Forderungen an seinen Entwurf immer, daß alles zusammenpassen muß: die Fassade zum inneren Aufbau, die Größe des Foyers zur Größe der Konzerthalle, die Ausstattung des Vorzimmers zu Möblierung des Chefzimmers etc.

Unabhängig davon muß natürlich auch – und damit sind wir bei Vitruvs zweitem Beispiel – die *stilistische* Einheitlichkeit durchgehalten werden. Daran hat es zu seiner Zeit durchaus gefehlt, und um so wichtiger war es ihm, dies an zentraler Stelle noch einmal zu betonen. Letztlich ist ja stilistische Reinheit – oder zumindest ein gewisses Maß an Resistenz gegenüber fremden Formelementen – für jeden Stil von entscheidender Bedeutung. Bei zu vielen ‚Verunreinigungen' verliert er genau jene unverwechselbare Ausdrucksqualität, die ihn erst in den Rang einer eigenständigen, von allen anderen Stilen klar zu unterscheidenden Architektursprache erhebt – und wird ‚stillos'. Stile sind immer Konventionen, Gewohnheiten, fest gefügte Regelsysteme, Sprachen. Nimmt die Zahl der Fremdwörter überhand, verlieren sie ihre Aussagekraft. Insofern blieb Vitruvs Forderung nach stilistischer Reinheit über den ganzen Zeitraum der Stilarchitektur hinweg in dem Maße aktuell, wie es zu ständig neuen Verstößen gegen diese Reinheit kam. Vereinzelt wurden sogar Akademien – allen voran die Vitruvianische Akademie von 1546 – gegründet, um entweder die Reinheit der Lehre wiederherzustellen oder um sie zu bewahren, allerdings durchgängig mit wenig Erfolg.

Aber auch die Architektur der Moderne reagierte sehr sensibel auf formale Elemente, die nicht in das neue, eher industriell geprägte Erscheinungsbild paßten, war insofern ähnlich exklusiv und in diesem Sinne natürlich ebenso ein Stil, wie ihn Henry-Russell Hitchcock und Philip Johnson dann ja auch sehr zum Ärger ihrer Protagonisten 1932 ausriefen.[282]

Heute ist, zumindest seit der Postmoderne und diversen „Cross-over-" und „Retro"-Perioden, stilistische Einheit oder ‚Reinheit' eigentlich kein Thema mehr. Es ist aber nicht verschwunden, sondern hat sich nur auf die Ebene der Ideolekte, also der Personal- oder Einzelstile, verlagert, wo es dann unvermindert Gültikeit besitzt: das Vokabular eines O. M. Ungers läßt sich genausowenig mit dem eines Günter Behnisch vermischen wie das einer Zaha Hadid mit dem eines David Chipperfield – andernfalls würden sie genau jene Identität verlieren, die sie zu unverkennbaren ‚Markenzeichen' gemacht hat.

c) *Decor naturae*. Mit dem „Aussuchen der besten Lage" für ein geplantes Bauvorhaben thematisiert Vitruv in seinem ersten Beispiel für den *decor naturae* – von der speziellen Zuspitzung auf den gesundheitlichen Aspekt und die Götterwelt einmal abgesehen – einen weiteren, zentralen Aspekt des Bauens. Kein Gebäude, und sei es architektonisch noch so brillant, kann seine Wirkung entfalten, wenn die Lage ‚falsch' gewählt ist. Oder umgekehrt: Die faszinierende Ausstrahlung all der bekannten Monumente und Wahrzeichen der Baugeschichte ist von ihrer herausragenden Lage nie zu trennen. Bis weit in das 19. Jahrhundert hinein wurde daher die Lage der bedeutenden Bauten immer mit großer Sorgfalt und unter Berücksichtigung von Sichtachsen, topographischen Situationen und wichtigen Plätzen festgelegt. Der modernen Architektur hingegen ist das Gespür für die Wichtigkeit dieses Aspektes weitgehend abhanden gekommen – Containerarchitektur ist das zugehörige Schimpfwort für diese Art gebauter Bezugslosigkeit. Die Quittung findet man in jenen heterogenen und – trotz weiterhin spektakulärer Neubauten – meist gesichtslosen Arealen der Stadt, die ihre Prägung erst in der Zeit nach dem Zweiten Weltkrieg erhalten haben.

Dafür war den zwanziger Jahren der zweite Aspekt, den Vitruv im Zusammenhang mit dem *decor naturae* anspricht, um so wichtiger: die Ausrichtung der Funktionen auf die Himmelsrichtungen. Die strikte Ost-

West-Ausrichtung vieler Zeilensiedlungen der zwanziger Jahre, besonders rigide in der Siedlung Dammerstock von Walter Gropius, basiert auf dem gleichen funktional ausgerichteten Ansatz, wie er den Beispielen Vitruvs zugrunde liegt, und es ist interessant zu sehen, wie hier von Vitruv aus eine Brücke in die Neuzeit geschlagen wird. Vitruv erörtert die Beziehung zwischen Lage und Funktion nämlich nicht nur innerhalb seines *decor*-Begriffs, sondern verwendet genau dieses Beispiel auch für seine Erläuterung der *utilitas*, der mittleren seiner drei Ziele des Bauens. Der *utilitas* wird Rechnung getragen sein, schreibt er, *„wenn die Konzeption der Räumlichkeiten fehlerfrei ist und den Gebrauch nicht behindert und wenn ihre Verteilung nach Himmelsrichtungen und gemäß ihrer Nutzung passend und zweckmäßig ist“*[283]. Folgerichtig taucht dann in den zwanziger Jahren der von dieser Vitruvschen Kategorie abgeleitete Terminus „Utilitarist“ als Bezeichnung für die Vertreter eines rein zweckorientierten Bauens auf, unter anderem bei Adolf Behne in seinem Buch *Der moderne Zweckbau* von 1925[284], hier allerdings schon mit negativer Bedeutung.

Unabhängig davon ist es nach wie vor selbstverständlich, bei der Ausarbeitung der Grundrisse die Himmelsrichtungen zu berücksichtigen. Im Rahmen des energieeffizienten Bauens gewinnt dieser Aspekt inzwischen sogar noch zusätzlich an Bedeutung.

d) *Decor proportionis*. Für Vitruv war es selbstverständlich, daß es in der Architektur nicht auf die geometrisch richtige Berechnung der Linien, Winkel und Proportionen ankommt, sondern darauf, daß diese am realisierten Gebäude richtig *wirken*. Dieses Wissen ist in der Baugeschichte immer lebendig geblieben. Wir finden es in der Praxis der Renaissance- und Barockarchitekten, die – unabhängig von der Anwendung der anderen, von Vitruv schon erwähnten Modifikationen – die Länge und Neigung ihrer Figuren auf den Dächern der Kirchen und Paläste dem Blickwinkel der Betrachter anpaßten. Wir finden es theoretisch noch einmal ausformuliert in der Bauästhetik des 19. Jahrhunderts, etwa bei Adolf von Hildebrandt in seiner Schrift *Die Rolle der Form in der bildenden Kunst*, wo es heißt: „Wenn der Architekt den geometrischen Querschnitt eines Gesimses aufzeichnet, so stellt er damit eine Daseinsform fest, die der Steinmetz plastisch aushauen soll. Die Zeichnung ist derart, daß der Steinmetz danach messen kann, und hat nicht den Zweck, die Formwirkung zu kennzeichnen. Diese tritt erst zutage, wenn der Steinmetz das Gesims ausgehauen und es, an seinem Orte angebracht, zu Gesicht kommt. Erst dann kommt die reale Bedeutung der Zeichnung zur Geltung als künstlerische Absicht.“[285]

Wir finden es aber auch in den sechziger Jahren des 20. Jahrhunderts bei einem der bedeutendsten Architekten dieses Jahrhunderts wieder, bei Mies van der Rohe und seiner Berliner Nationalgalerie, deren elegant schwebendes Dach er aus exakt den schon bei Vitruv erwähnten Gründen um 12 cm überhöht anfertigen ließ.

In dem Maße allerdings, in dem die Maschine und die industrielle Produktion Eingang in das Bauen gefunden haben, schwindet der Einfluß dieser Überlegungen, und auch das Wissen darum nimmt mehr und mehr ab. In diesem Zusammenhang ist auch die vollständige Abstützung des Entwurfsprozesses auf den Computer – neben den ungezählten Vorteilen – eine nicht zu unterschätzende Gefahr für die architektonische Qualität: Dieser ist nur schwer auf die – immer notwendige – Korrektur optischer Täuschungen zu programmieren. Der maschinenhaft geprägte Entwurfs- und Herstellungsprozeß drückt sich dann oft in der Sterilität und Kälte ‚toter‘ Fassaden aus.

e) *Ratio decoris*. Schließlich ist auch die naturalistische Einstellung Vitruvs, die bei ihm der Forderung nach ‚Wahrheit‘ in der Architektur gleichkommt, in der Baugeschichte immer wieder gegen formale und ästhetische Verirrungen ins Feld geführt worden. Erinnert sei hier nur an den Aufstand des Klassizismus gegen die ins Verspielte und Dekorative abgeglittene Architektur des Rokoko, den Marc-Antoine Laugier mit seinem *Essai sur l'architecture* (1753) theoretisch zu untermauern versuchte. „Die Architektur", schreibt er einleitend, „ist wie alle anderen Künste beschaffen, d.h. ihre Prinzipien beruhen auf der einfachen Natur."[286] Aus diesem Ansatz leitet er anschließend eine Vielzahl von „Fehlern" der überkommenen Architekturproduktion ab. Pilaster zum Beispiel „sind nur ein schlechter Abklatsch der Säulen"[287], denn „die Säule muß rund sein, da die Natur nichts Viereckiges hervorbringt"[288]. Damit liegt er genau auf der Linie Vitruvs, dessen Werk er natürlich kannte.

Fast 150 Jahre später, als das Unwesen des Eklektizismus auch die USA und den eigentlich höchst fortschrittlichen Hochhausbau erreicht hatte, leitete Louis Henry Sullivan seinen berühmten Leitsatz ebenfalls direkt von der Natur ab: „Ob wir an den im Flug gleitenden Adler, die geöffnete Apfelblüte, das schwer sich abmühende Zugpferd, den majestätischen Schwan, die weit ihre Äste breitende Eiche, den Grund des sich windenden Stroms, die ziehenden Wolken oder die über allem strahlende Sonne denken: immer folgt die Form der Funktion – und das ist das Gesetz."[289] Auch Sullivan spricht zwei Sätze weiter von der Wahrheit: „Sind wir so dekadent, so töricht, so ungeheuer kurzsichtig, daß wir diese so einfache

Wahrheit nicht erkennen? Ist diese Wahrheit so durchsichtig, daß wir durch sie hindurchsehen, ohne sie wahrzunehmen?"[290]

Wieder 25 Jahre später wird Le Corbusier dann in den Leitsätzen von *Vers une Architecture* (1922) formulieren: „,Stile' sind Lüge"[291] und damit den Wahrheitsanspruch der modernen Architektur noch einmal untermauern. Als man allerdings in den fünfziger- und sechziger Jahren erkennen mußte, wie stark die angeblich aus funktionalen Begründungen abgeleiteten Ikonen der Moderne in Wirklichkeit vom reinen Formwillen ihrer Schöpfer geprägt waren, kam es – jetzt unter umgekehrten Vorzeichen – erneut zu einen lang anhaltenden Debatte über Wahrheit in der Architektur, über konstruktive ,Ehrlichkeit' und ,saubere' Konstruktionen.

Interessant ist, daß bei diesem Thema, wie schon bei Vitruv, durchgängig die Emotionen hochschlagen, daß hier sozusagen ein Nerv getroffen wird, weil mit den Begriffen ,Wahrheit' und ,Lüge' auf einmal eine *moralische* Kategorie in die Architektur eingeführt wird.

Unabhängig davon zeigt dieser letzte Aspekt noch einmal beispielhaft die Brisanz der von Vitruv insgesamt innerhalb seiner *Decor*-Theorie an--geschnittenen Inhalte. Man kann sagen, daß fast alle relevanten Themen der Architektur in diesem Grundbegriff zur Sprache kommen: die Verknüpfung zwischen

den Teilen	und	dem Ganzen
Innen	und	Außen
Funktion	und	Form
Inhalt	und	Ausdruck
Bedeutung	und	Aufwand
Nutzung	und	Lage
Sein	und	Schein
etc.		

Und man kann weiterhin sagen, daß der gemeinsame Nenner all dieser zentralen Aspekte der Architektur die Notwendigkeit der Verknüpfung selbst ist: *Architektur ist etwas, das verknüpft!* Ein Architekt ist jemand, der aus einem Bündel unterschiedlichster Anforderungen eine funktionierende Struktur generieren muß, der alle relevanten Aspekte und Anforderungen des Bauens, wie sie in den Beispielen oben aufgeführt sind, miteinander verknüpfen muß.

Und man kann in einem dritten Anlauf sagen, daß Architektur nur dann entsteht, wenn diese Verknüpfungen jeweils ,richtig', ,passend', ,angemessen' vorgenommen werden, exakt so, wie es Vitruv in seinem *decor*-Begriff und in seinen Beispielen fordert. In jedem Diplomkolloquium, in jeder Wettbewerbsjury sind genau dies die Fragen, die an die Entwürfe gestellt werden: Paßt die Form zur Funktion? Paßt der Ausdruck zum Inhalt? Paßt das Außen zum Innen? Ist also alles in sich ‚stimmig'? Wenn das der Fall ist, bedeutet das noch nicht den Sieg oder die beste Note – es ist damit ja noch nichts über die Qualität der Entwurfsidee selbst, über die Wirtschaftlichkeit oder über andere wichtige Aspekte gesagt. Ist aber etwas an diesen Verknüpfungen ‚unstimmig', ‚falsch' oder ‚unlogisch', dann führt das mit Sicherheit zu einer schlechteren Note oder zu einem Ausschluß aus der Preisgruppe. Der größte Teil der Entwurfsarbeit des Architekten dreht sich tatsächlich um nichts anderes als darum, dieses äußerst komplexe Geflecht von richtigen Verknüpfungen herzustellen und innerhalb dieser Struktur rechtes Maß und Stimmigkeit zu erreichen – das ist heute nicht anders als zu Zeiten Vitruvs.

Allerdings hat auch Vitruv den *decor*-Begriff nicht aus dem Nichts geschaffen. Es gibt eine Vielzahl von Bezügen, vor allem aus dem Bereich der antiken Rhetorik, in der diese Kategorie, wie wir gesehen haben, als *decorum* unter den Stilqualitäten auftaucht. So schreibt etwa Cicero im *Orator:* „Ut enim in vita sic in oratione nihil est difficilius quam quid deceat videre."[292] (Sowohl im Leben als auch in der Kunst der Rede ist nichts schwieriger, als zu erkennen, was angemessen ist.) Und für Horaz ist das Entscheidende, so zitiert ihn Alste Horn-Oncken, „immer und überall zu wissen, *quid deceat, quid non*"[293] (was angemessen ist und was nicht). Das trifft exakt den Kern dessen, was Vitruv im Rahmen des *decor*-Begriffs auf die Architektur überträgt. Es trifft aber auch exakt den Kern dessen, was zwar nicht die ursprüngliche Vision, aber anschließend die konkrete Arbeit des Architekten am Schreibtisch oder am Computer ausmacht, wo er ununterbrochen Entscheidungen fällen muss: So – oder anders? Und wo er sich bei jeder dieser Entscheidungen fragen muß: Paßt das zu meiner Vision? Geht es in die richtige Richtung? Ist es die logische Antwort? Decet, non decet?

Architektur als Gestaltungsdisziplin

Vitruvs Architekturtheorie ist eine Theorie des *Gestaltungs*fachs Architektur. Die lakonische, keinerlei Prioritäten setzende oder Rangunterschiede zulassende Aufzählung der drei Ziele *firmitas*, *utilitas* und *venustas* – „Vitruvs harmonischer Dreiklang gleichwertiger Bedingungen"[294], wie

Fritz Neumeyer formuliert – schließt eben auch die „Schönheit" mit ein und erteilt damit allen Versuchen, das Fach auf Technik und Zweckerfüllung, auf Konstruktion und Funktion zu reduzieren, eine klare Absage.

1. Trotzdem hat es bekanntlich solche Versuche im Verlauf der Baugeschichte immer wieder gegeben. Ihren theoretischen Höhepunkt erreichten sie mit dem Aufbruch der Moderne in den zwanziger Jahren des letzten Jahrhunderts, als gegen Ende der Bauhaus-Ära unter dem Direktorat von Hannes Meyer die Losung ausgegeben wurde: „Architektur als ‚Affektleistung des Künstlers' ist ohne Daseinsberechtigung." [295] „Bauen ist nur Organisation: soziale, technische, ökonomische, psychische Organisation." [296] Der praktische Höhepunkt wurde dann allerdings erst in den sechziger- und siebziger Jahren mit den Verwüstungen eines nur noch an Ökonomie und Masse orientierten Bauwirtschaftsfunktionalismus erreicht. Zugleich wurde aber auch für jedermann sichtbar, wie der Verzicht auf den Gestaltungsanspruch zu einem beispiellosen Niedergang der Baukultur führte.

Es hat aber immer auch gegenteilige Bestrebungen gegeben: Architektur als reine Kunstproduktion und Gestaltung, Schönheit, *venustas* als einzig wichtige Kategorie, für die *firmitas* und *utilitas* nur die unvermeidliche Grundlage lieferten. Solche Tendenzen gipfelten in den Salonentwürfen der Akademien und des Prix de Rome im ausgehenden 19. Jahrhundert, gegen die die Protagonisten der Moderne mit ihren Forderungen nach Berücksichtigung der neuen Funktionen, Materialien und Konstruktionen zu Recht Sturm liefen. Erstaulicherweise war Vitruv an diesen Akademien immer noch Unterrichtsstoff und wurde eifrig studiert, anscheinend aber nur, um möglichst genaue Informationen über die klassischen Säulenordnungen zu erlangen. Der Kern seiner architekturtheoretischen Aussage, *die gleichzeitige Erfüllung aller drei Kriterien*, fiel dabei weitgehend unter den Tisch.

Anscheinend fällt es der Theorie wie der Praxis gleichermaßen schwer, die *Gleichrangigkeit* der Ziele zu akzeptieren, wie sie Vitruv sicherlich mit Absicht und aus innerer Überzeugung heraus postuliert. Stattdessen wird der größte Teil der Debatten in der Architekturtheorie seit dem Ende des Vitruvianismus um den *Vorrang* einer der drei Kategorien geführt – „Schlagworte wie Funktionalismus, Konstruktivismus, Formalismus kennzeichnen diese Verabsolutierung" [297]. Und auch in der Realität erfüllen die meisten Gebäude nur selten alle drei Anforderungen auf gleichermaßen hohem Niveau. Trotzdem bleibt natürlich die Forderung nach gleichzeitiger Erfüllung aller drei Bedingungen bestehen, denn gerade diese Maxime unterscheidet das Fach Architektur vom Maschinenbau auf der einen und von Malerei und Skulptur auf der anderen Seite.

2. Offen ist aber noch, was Vitruv denn nun genau unter der gestaltenden, auf die Erreichung der *venustas* gerichteten Arbeit des Architekten versteht. Gestalt und Stil des dorischen, ionischen und korinthischen Tempels, aber auch der Bautyp der Basilika, des Rathauses, des Theaters, der römischen Villa lagen ja weitgehend fest, hier brauchte und sollte nichts Neues erfunden werden. Und über diese prinzipiellen Typen hinaus liefert Vitruv ja auch noch ihre *symmetriae*, also ihren gesamten modularen Aufbau bis ins einzelne hinein; zumindest dokumentiert er sie und hält sie als erster zusammenhängend in einem Lehrbuch fest. Variationsmöglichkeiten – und damit Ansatzpunkte für die eigene Gestaltung – gab es erst in der Wahl der Maßordnung, der Säulenordnungen, der Tempeltypen (Eustylos, Systylos etc.), der Materialien, des Schmucks, der Ausstattung und natürlich bei der Feinabstimmung aller Teile untereinander und zum Ganzen, beim letzten ästhetischen Schliff, wie ihn Vitruv unter anderem beim Ausgleich der optischen Täuschungen im Rahmen des *decor* beschreibt.

Man kann die Ausgangssituation des antiken Architekten in diesem Punkt mit der eines Malers vergleichen, der zum Beispiel das Portrait einer jungen Frau zeichnen möchte: Aufbau und Struktur des menschlichen Gesichts sind ja für alle Exemplare der Gattung vorgegeben, die speziellen weiblichen Merkmale ebenso und darüber hinaus auch noch die Richtwerte des proportionalen Aufbaus, die *symmetriae*, wie sie Vitruv im 1. Kapitel des Dritten Buches beschreibt (Kinn bis Nase 1/3, Nase selbst und Stirn jeweils 1/3 etc.). Trotzdem kann das Ergebnis seiner Bemühungen auf der ästhetischen Skala unendlich variieren.

In ähnlicher Weise bleiben auch an jedem – als Typus noch so klar definierten – Bau immer noch genügend gestalterische Fragen offen, die den ganzen Scharfsinn des Architekten erfordern, teilweise systembedingt, wie etwa der „Dorische Eckkonflikt", teilweise aus den speziellen Anforderungen der konkreten Bauaufgabe, des Bauherrn, des Grundstücks oder der vorhandenen Materialien, teilweise aber auch einfach aus den Notwendigkeiten der gestalterischen Durcharbeitung heraus. So schreibt Vitruv in einer der für die entwurfliche Arbeit des Architekten wichtigsten Passagen seines Buches, die hier, ergänzt um den einleitenden Satz, noch einmal wiederholt wird (s. Abschnitt über die *symmetria*): „Die größte Sorge des Architekten muß es sein, die rechnerischen Grundlagen der Privatgebäude im Hinblick auf ihre modularen Verhältnisse [ständig] zu überprüfen. Wenn also das System der *symmetriae* aufgestellt ist und die ineinander aufgehenden Maße durch theoretische Überlegungen ausgearbeitet sind, dann ist es eine Sache des Scharfsinns, im Hinblick auf die Natur des Ortes, den Gebrauch oder das Aussehen durch Abzüge oder Hinzufügungen für das rechte Maß zu sorgen und, wenn von der *symmetria* etwas abgezogen oder hinzugefügt worden ist, es zu erreichen, daß es [das Gebäude] richtig gestaltet zu sein scheint und bei seinem Anblick nichts vermißt wird."[298]

Für Alberti ist diese Passage fast 1500 Jahre später die entscheidende Grundlage seiner Theorie der Schönheit. Diese wird in seinen Augen dann erreicht, wenn „man weder etwas hinzufügen noch hinwegnehmen oder verändern könnte, ohne sie weniger gefällig zu machen"[299].

Innerhalb dieses aus heutiger Sicht äußerst schmalen Korridors bewegt sich also bei Vitruv die Gestaltungsarbeit des Architekten: in der Anwendung und Umsetzung eines *vorhandenen* ästhetischen Konzepts, nicht in der Entwicklung eines *neuen* ästhetischen Konzepts.

3. Genau dies ist nun aber der Unterschied zwischen Gestaltung und Kunst. Das *Entstehen* einer Idee, eines neuen ästhetischen Konzepts kann man weder planen noch programmieren, es geschieht – oder geschieht nicht – im Rahmen jahre- oder jahrzehntelanger Bemühungen einzelner Personen oder kleiner Gruppen. Ist es aber einmal da, ‚in der Welt' sozusagen, sind seine formalen Merkmale und Prinzipien für jedermann meist nicht nur unmittelbar einleuchtend, sondern auch sofort nachvollziehbar und anwendbar. Den Typus der venezianischen Villa durch Übernahme der antiken Tempelfront in den Profanbau zu erschaffen, wie es Palladio vorgemacht hat, ist eine Sache. Solche Villenarchitektur mit vielen sehr schönen Beispielen dann über die Jahrhunderte hinweg fortzusetzen und zu perfektionieren, eine andere. Den Kubismus ‚erfinden', wie Braque und Picasso, oder aber ein kubistisches Bild malen, wie es dann zeitweilig ‚Stil' wurde, ebenfalls. Der Prozeß des Hervorbringens eines ästhetischen Konzepts ist – wie eine Erfindung – irreversibel: vor dem ‚Eintritt' in die Welt ist es – oder sie – nicht einmal denkbar, danach ganz einfach und selbstverständlich.

Vor allem aber ist die zweite Phase, die *Anwendung* eines bereits formulierten ästhetischen Konzepts, weitgehend *lehrbar und erlernbar*. Die dafür erforderlichen gestalterischen Qualifikationen umfassen zum einen das Verstehen und das richtige Anwenden architektonischer Typologien und Stile – ein Vorgang analog zum Erlernen einer Sprache –, zum anderen die Beherrschung der allgemeinen Grundlagen der Gestaltung und ein grundlegendes Verständnis für Komposition, Proportion, Spannung, Gleichgewicht und Harmonie. Ist beides gegeben, kann in der Regel – eine ausreichende Begabung (ingenium) vorausgesetzt – schon ein Architekturstudent am Ende seines Grundstudiums zum Beispiel das Ebenbild einer Zwanziger-Jahre-Villa nicht nur nachahmen, sondern eine Villa in diesem Stil sogar eigenständig entwerfen, weil er inzwischen *erstens* das Vokabular des internationalen Stils beherrscht und *zweitens* das allgemeine gestalterische Handwerkszeug erlernt hat (so wie etwa ein Graphikdesigner alles über Schriften lernt).

Die Lehrbarkeit wiederum – als Spiegelbild der Erlernbarkeit – schafft überhaupt erst die Voraussetzung für die Existenz der zahlreichen Architekturfakultäten, in denen die Kenntnis, Anwendung und Umsetzung unterschiedlicher ästhetischer Konzepte als Teil der Architekturausbildung vermittelt wird.

Lehrbarkeit und Erlernbarkeit dieser gestalterischen Qualifikationen sind darüber hinaus auch Grundlage des Berufsstandes, der sich nicht ausschließlich aus genialen Künstlern rekrutieren kann, sondern in weiten Teilen auf routinierte „ästhetische Arbeiter"[300] – ein Begriff von Gernot Böhme aus seinem Buch *Atmosphäre* – zurückgreifen muß.

Letztlich aber sind Lehrbarkeit und Erlernbarkeit die Grundlage aller Stilarchitektur und haben im Lauf der Baugeschichte eine unüberschaubare Anzahl gut oder auch sehr gut geplanter Gebäude mit Charakter und Identität ermöglicht, die sich trotzdem im Rahmen der jeweils herrschenden Konvention bewegten, indem sie auf ein bereits bewährtes ästhetisches Konzept zurückgriffen. Gleiches gilt aber auch für die meisten *aktuellen* Entwürfe, bei denen die Architekten in der Regel ebenfalls auf ein gerade gängiges, nicht von ihnen selbst entwickeltes ästhetisches Konzept Bezug nehmen. Das ist keineswegs etwas Ehrenrühriges, sondern eher eine Notwendigkeit, zum einen, weil man nicht, wie Mies van der Rohe gesagt haben soll, ‚jeden Montag' eine neue Architektur entwickeln kann, zum anderen, weil nur die wenigsten Architekten überhaupt in der Lage sind, ein solches *neues* ästhetisches Konzept zu formulieren. Denn das setzt, über die gestalterischen Fähigkeiten hinaus, zwei weitere und sehr seltene Begabungen voraus: *Originalität* und *Ausdrucksvermögen*. Originalität, um überhaupt aus den gängigen ästhetischen Bahnen und Sehgewohnheiten ausbrechen und neue Wege beschreiten zu können; Ausdrucksvermögen, um es nicht nur irgendwie ‚anders‘ zu machen, sondern dem „Zeitwillen"[301], wie es Mies van der Rohe ausdrückt und wie es ihm so perfekt gelungen ist, zu einem neuen Gesicht zu verhelfen, ihn überhaupt erst sichtbar werden zu lassen. Der Barcelona-Pavillon ist deshalb ein Kunstwerk, die teilweise noch heute im Stil der zwanziger Jahre entworfenen Villen sind es nicht – aber sie können durchaus sehr gute Architektur sein: fehlerfrei gebaut und technisch auf dem letzten Stand, alle Nutzungsbedürfnisse perfekt erfüllend und von oft bewundernswerter Eleganz – *firmitas, utilitas, venustas*.

Auch Vitruv kennt und macht solche Unterschiede. Er erwähnt mehrfach den von ihm sehr bewunderten griechischen Architekten Hermogenes, der nicht nur die *symmetriae* des Eustylos formuliert, sondern auch einen neuen Tempeltyp, den Pseudodipteros, erfunden haben soll. Dann Pytheos, den er schon im ersten Kapitel lobend hervorhebt, auch wenn er anschließend seine Auffassung kritisiert. Oder Kallimachos, der nach dem Vorbild einer durch einen Korb gewachsenen Bärenklauwurzel das korinthische Kapitell geschaffen haben soll. Aber Vitruvs Vorstellung von der gestalterischen Qualifikation des Architekten und den gestalterischen Erfordernissen des Architektenberufes setzt das Vorhandensein solcher Originalität und Ausdruckskraft keineswegs zwingend voraus. Es ist im Gegenteil gerade Bedingung für das Funktionieren der Architektur als Gestaltungs*fach*, als „disciplina", daß die Art und Weise der Gestalterzeugung *nicht* auf unvorhersehbaren und unkontrollierbaren kreativen Zufällen basiert, sondern auf lehrbaren und erlernbaren gestalterischen Grundlagen, die der Architekt sozusagen auf Abruf, allerdings für jedes Bauwerk individuell und neu, anwenden können muß.

Zusammenfassung

Läßt man die Betrachtungen der vorangegangenen Abschnitte noch einmal Revue passieren, so bietet die Architekturtheorie Vitruvs in ihrer Gesamtheit eine erstaunlich vollständige, fundierte und tragfähige Diskussionsgrundlage, eine Plattform sozusagen, auf der sich auch heute noch alle relevanten Themen der Architektur erörtern lassen. Es finden sich in den einzelnen Kapiteln sogar viele Ansatzpunkte, die über den heutigen Diskussionsstand hinaus wegweisend sind.

1. Für das erste Kapitel betrifft das beispielsweise die Besonderheit der theoretischen Qualifikation des Architekten. Während es bei seinen Fach-

kollegen immer um die möglichst vollständige Beherrschung einer *Einzeldisziplin* geht, muß sich das Wissen des Architekten vor allem auf die Schnittstellen *zwischen* den Fächern konzentrieren, auf die jeweiligen, aus den Einzeldisziplinen resultierenden Zwänge und Abhängigkeiten. Seine besondere Qualifikation besteht gerade nicht in der Akkumulation von Spezialwissen, sondern in der Fähigkeit, die relevanten Aspekte möglichst aller Disziplinen in einer Art Querschnittswissen zu vereinen. Alle anderen am Planungsprozeß beteiligten Disziplinen insistieren ja zunächst auf der optimalen Erfüllung ihrer Einzelaspekte, ohne sich um die Tatsache zu kümmern, daß sich diese Forderungen vielfach gegenseitig ausschließen oder aber die Optimierung aller Anforderungen mit Sicherheit eine ästhetisch befriedigende Lösung ausschließen würde. Um diesen oft noch zusätzlich mit gesetzlichen Vorschriften und Normen bewehrten Forderungen im Interesse einer ganzheitlichen Gestaltqualität entgegentreten zu können, muß der Architekt in jeder Spezialdisziplin zumindest so weitgehende Kenntnisse besitzen, daß er die trotzdem noch vorhandenen Spielräume ausloten und für seinen Gesamt-Optimierungsprozeß nutzbar machen kann. Diese Art von Querschnittswissen, die Vitruv in seinem 1. Kapitel beschreibt, ist tatsächlich mit dem Fachwissen eines Einzelplaners nicht vergleichbar und wird in Zeiten ausufernder Spezialisierung zu einem immer schwieriger zu lösenden Problem. Hinzu kommt, daß diese ganz spezielle Fachkompetenz des Architekten auch noch mit einem Höchstmaß an gestalterischer Kompetenz verbunden sein muß – eine Kombination, deren Seltenheit mit der geringen Zahl jeweils wirklich gelungener Gebäude korreliert. Die Diskussion über Rolle, Kenntnisse und Fähigkeiten des Architekten, die von Vitruv schon vor 2000 Jahren angestoßen wurde, hat also nichts von ihrer Aktualität verloren. Die Reduktion des komplexen Planungsprozesses auf Gestaltungsfragen, wie sie der Kunstgeschichte inhärent ist und wie sie auch heute in der Architekturkritik vielfach wieder üblich geworden ist, geht in weiten Teilen an Inhalt und Wesen dieser Tätigkeit vorbei.

2. Auch Vitruvs gedankliche Durchdringung des Planungsprozesses und seine Aufteilung dieses Prozesses in unterschiedliche Teilbereiche im 2. Kapitel ist weiterhin höchst aktuell. Vitruv unterscheidet ja – im Gegensatz zur zeitlichen Abfolge der Leistungsphasen der HOAI – vor allem *inhaltliche* Aspekte oder Facetten des Planungsprozesses:
– den Konzeptentwicklungsprozeß (*dispositio*)
– den Gestaltungsprozeß (*eurythmia*)

- den Prozeß der maßlichen Durcharbeitung und Koordination (*symmetria*)
- den Verknüpfungsprozeß (*decor*)
- den Optimierungsprozeß (*distributio*)

Jede dieser Facetten erfordert eigenständige mentale Strategien und setzt jeweils spezielle Begabungen voraus. Vitruv macht deutlich, daß schon die Planung selbst oder das, was man heute meist pauschal als „Entwerfen" bezeichnet, ein äußerst komplexer Vorgang auf vielen Ebenen ist. Insbesondere füllt seine Kategorie des *decor*, übersetzt vielleicht mit „richtige Verknüpfung", „Stimmigkeit", „Angemessenheit", eine wesentliche begriffliche Lücke, indem sie die Inhalte benennt, um die auch heute noch die meisten *fachlichen* Diskussionen unter Architekten kreisen. Sie steht für das Herstellen richtiger Verknüpfungen oder passender Beziehungen zwischen vorher unverbundenen Einzelteilen, für den gelungenen Ausgleich zwischen den äußeren Einflußfaktoren und Rahmenbedingungen einerseits und dem, was die Logik des Gebäudes selbst erfordert, andererseits, kurz: für die Schaffung eines stimmigen Ganzen, einer einheitlichen Gestaltqualität.

Im Rahmen des *decor*-Begriffs (*decor proportionis*, Optische Täuschungen) thematisiert Vitruv darüber hinaus noch einen sechsten, ganz speziell architektonischen Planungsaspekt: den *Transformationsprozess*. Weil der Architekt seine Entwürfe nicht selbst ausführen kann (wie der Maler oder Bildhauer), muß er für den Handwerker seine visuellen Vorstellungen in ‚harte Zahlen' übersetzen, muß ihm maßliche Entsprechungen seiner ästhetischen Vision liefern, muß ‚Schönheit vermaßen'. Anders gesagt: Der Architekt muß nicht nur in der Lage sein, die tatsächliche Wirkung seines geplanten Gebäudes über den Maßstabssprung zwischen Zeichnung und Realität hinweg zu antizipieren, sondern er muß, wenn er nicht böse Überraschungen erleben will, die *doppelte Umwandlung* von der ästhetischen Vision in einen technischen Plan und wieder zurück in die tatsächliche ästhetische Wirkung des realisierten Gebäudes beherrschen. Er muß dem Handwerker ‚krumme' oder ungleiche Maße vorschreiben, damit der spätere Betrachter genau jene geraden oder gleich großen Bauteile wahrnimmt, die Bestandteil seiner Ursprungsvision waren – und er muß das notwendige Maß der Abweichung oder Krümmung genau einschätzen können. Solche Erwägungen durchziehen die gesamte Entwurfs- und Gebäudelehre Vitruvs und ihre Beherrschung gehört in seinen Augen zu den entscheidenen Qualifikationen eines Architekten.

3. Bei den Themen des 3. Kapitels schließlich ist die erhebliche Diskrepanz zwischen den zentralen Vitruvschen Kategorien *firmitas, utilitas* und *venustas* und den heute weitgehend an ihre Stelle getretenen Begriffen *Konstruktion, Funktion* und *Form* aufzuarbeiten. Besonders zu prüfen ist, ob nicht die Einführung des Funktionsbegriffs in die Architekturtheorie der Moderne insgesamt ein Fehler war, weil seine Übertragung von der Welt der Produktion und der Maschine auf die wesentlich komplexeren architektonischen Inhalte die Entwicklung in eine völlig falsche Richtung gelenkt hat. Ob also nicht der Begriff der „Funktion" wieder durch Kriterien wie „Nutzung, Nützlichkeit, Zweckmäßigkeit" im Sinne der Vitruvschen *utilitas* ersetzt werden sollte.

Des weiteren wäre dringend die Differenz zwischen „Form" und „Schönheit" zu thematisieren und auch hier die Frage zu stellen, inwieweit das Ersetzen der eindeutig ästhetischen Kategorie „Schönheit" durch den neutraleren Begriff „Form", der ja auch eine rein technische oder mathematisch-geometrische Form bezeichnen kann, der Verdrängung der zentralen Rolle der Gestaltung in der Architektur über lange Zeit Vorschub geleistet hat.

Schließlich wäre noch eine letzte Differenz genauer zu untersuchen, die Differenz zwischen der Vitruvschen *venustas* als Ergebnis harmonischen Gestaltens oder ‚ästhetischer Arbeit' – als gekonnte, aber auch routinierte Anwendung ästhetischer Konzepte, wie sie zwingend zur Qualifikation des Architekten gehört – und den besonderen Bedingungen, die zur *venustas* hinzutreten müssen, um das Entstehen von Baukunst zu ermöglichen.

Insofern hat die erneute Beschäftigung mit der Architekturtheorie Vitruvs nicht nur architekturgeschichtliche oder philologische Bedeutung. Die Diskussion über die Inhalte der Planung und die Qualifikation des Architekten, die Klärung der Begriffe und die notwendige Korrektur der kunstgeschichtlich bedingten Fehleinschätzungen eröffnet die Möglichkeit, zu wirklich tragfähigen theoretischen Grundlagen der Architektur zu gelangen.

Schluß: Was ist Architektur?

1. Jede Theorie der Architektur muß letztlich immer nur eine einzige Frage schlüssig beantworten: Was ist Architektur? Und Vitruvs Antwort auf diese Frage ist ebenso schlüssig wie eindeutig: „architectura" ist das Fach, die Disziplin, das Berufsgebiet des Architekten.

So einfach ist die Frage heute allerdings nicht mehr zu beantworten. Wir haben uns längst daran gewöhnt, unter Architektur beides zu verstehen: den Vorgang der *Erzeugung* (jemand betreibt Architektur) und das fertige *Ergebnis* (ein Gebäude ist Architektur). Im normalen Sprachgebrauch („Morgen öffnet die große Architekturausstellung in Berlin") und in den theoretischen Diskussionen und Beiträgen („Die Architektur der zwanziger Jahre wird geprägt von") wird das Wort fast nur noch in seiner zweiten Bedeutung verwendet.

Aber mit dieser Schwerpunktverlagerung auf das fertige Ergebnis ist die Frage „Was ist Architektur?" unversehens zu einem *Bewertungsproblem* geworden: Wenn nicht *alles* Bauen oder Gebaute als „Architektur" bezeichnet werden soll, wo verläuft dann die Grenze zur erforderlichen höheren Qualität? Wie wird diese höhere Qualität definiert, und *wie* und *wodurch* wird sie erreicht? Sind damit immer nur neue, spektakuläre Formen, interessante Materialien, aufregende Raumkonzepte gemeint, oder gehören auch die klassischen Elemente Harmonie, Ordnung und Proportion dazu? Reicht schon eine Art Styling der äußeren Hülle, oder ist doch eine durchgängige Qualität auf allen Ebenen erforderlich? Und ist es dann nicht eigentlich schon *Baukunst*? So wie auch heute noch der *Brockhaus* unter dem Stichwort „Architektur" formuliert: „Baukunst, die älteste und am meisten zweckgebundene der bildenden Künste"?[302] Aber stimmt diese Definition? Ist tatsächlich *alle* Architektur Baukunst? Ist also jeder Architekt ein Künstler? Und falls nicht: Ist Architektur vielleicht doch etwas eigenständiges Drittes, klar abgegrenzt gegen das bloße Bauen und die hehre Baukunst? Wo verlaufen dann aber die Grenzen zwischen den nunmehr *zwei* Seiten, nach rechts *und* nach links, nach oben *und* unten? Und gibt es *innerhalb* dieser Grenzen dann auch noch *gute* und *schlechte* Architektur, aber immer noch Architektur? Oder ist schlechte Architektur ‚nur' Bauen und gute Architektur ‚automatisch' Baukunst?

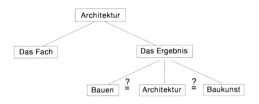

Bauen, Baukunst, Architektur 1

2. Alle diese Fragen haben den schon erwähnten gemeinsamen Nenner: Es sind Fragen der *Abgrenzung* und der *Bewertung.* Unversehens findet man sich auf dem schwankenden Boden der Urteilsästhetik, der subjektiven Werturteile, des Zeitgeistes wieder, der jeweils darüber befindet, welches Gebäude in den erlauchten Kreis der ‚Architektur‘ oder gar der ‚Baukunst‘ aufgenommen wird und welches sang- und klanglos in der Masse des Gebauten verschwindet – wobei meist gänzlich im Dunklen bleibt, nach welchen Kriterien diese Entscheidung überhaupt gefällt wird.
Man kann es auch anders formulieren: Die reale Bautätigkeit in entwickelten Gesellschaften bringt innerhalb eines bestimmten Zeitabschnitts – wenn auch in sehr unterschiedlicher Menge und Zusammensetzung – immer das gesamte qualitative Spektrum an Gebäuden hervor: banale und ansprechende Zweckbauten, mißlungene und gelungene Gebäude mit Gestaltungsanspruch, klassische und revolutionäre Meisterwerke der Baukunst. Welcher Ausschnitt dieser Bauproduktion jedoch jeweils als „Architektur" bezeichnet wird, ist letztlich eine Frage der Sprachregelung, der herrschenden Konventionen. Und weil diese Konventionen durch den Aufbruch der Moderne und die damit verbundenen Umbrüche in der Bautätigkeit des zwanzigsten Jahrhunderts besonders viele und radikale Wandlungen durchlaufen haben, hat der Begriff „Architektur" als normative Kategorie inzwischen jegliche Schärfe, Verbindlichkeit und Aussagekraft eingebüßt.

3. Hier, in der Frage der *Bewertung der Ergebnisse,* kann auch Vitruv nicht helfen, denn er bleibt ja auf der Seite der Produzenten. Seine „architectura" ist das *Fach* Architektur, die Disziplin des Architekten. Man könnte sich aber in seinem Sinne auf die Formel verständigen: Architektur ist das, was ein *Architekt* macht. Denn nur derjenige ist ja Architekt (oder darf sich als solcher bezeichnen), der das Entwerfen von Gebäu-

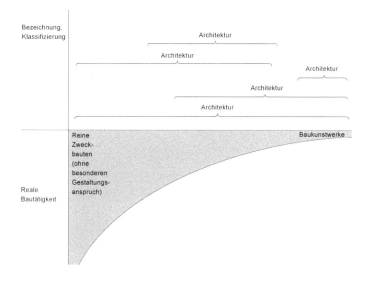

Relativität des Architekturbegriffs

den in der von Vitruv geforderten Qualität betrieb – und damit automatisch *Architektur* erzeugt, Gebäude also, die die qualitativen Kriterien dieser Disziplin erfüllen. Man kann davon ausgehen, daß Vitruv zum Beispiel seine Basilika in Fano als „Architektur" bezeichnet hätte – wenn das Wort damals schon so in Gebrauch gewesen wäre –, denn in seinem Bewußtsein hat er dort sicherlich „omnes disciplinae rationes"[303] (alle Lehren des Faches) berücksichtigt, und er selbst nennt das Ergebnis stolz ein Gebäude, das höchste Würde und Schönheit besitze („summam dignitatem et venustatem")[304].

Man müßte die Formel allerdings noch etwas modifizieren: Architektur ist das, was ein Architekt machen *sollte.* Denn was er tatsächlich macht, kann gut oder schlecht sein, hervorragend oder mißlungen, Kunstwerk oder Platitüde – das sollte im Sinne einer klaren Aufgabenteilung weiterhin dem Betrachter, der Architekturkritik, der Kunstgeschichte und schließlich der Zeit überlassen bleiben. Aber was seine Planung leisten, was ein Architekt können, welche qualitativen Anforderungen der Entwurf erfüllen *sollte* – aus der Betrachtung der *Planungsseite* also ließe sich durchaus eine belastbare fachliche Definition von Architektur ableiten.

175

Es sind dies die Fragen, zu denen sich auch Vitruv äußert. Ein Architekt muß zunächst einmal in der Lage sein, überhaupt einen – manchmal sehr komplexen – *Plan* zu entwickeln, er muß sagen können, wie es am Ende gemacht werden soll und alles bis ins Detail festlegen (*ratiocinatio*). Dazu benötigt er Wissen (*scientia*) und schöpferische Begabung (*ingenium*), Überlegung (*cogitatio*) und Erfindergeist (*inventio*). Er muß, wie Vitruv sehr schön den Unterschied zwischen einem Laien und einem Architekten beschreibt, ein Gebäude *antizipieren* und *imaginieren* können: „Denn alle Menschen, nicht nur die Architekten, können beurteilen, was gut ist, aber der Unterschied zwischen dem Laien und dem Architekten ist der, daß der Laie erst wissen kann, wie ein Gebäude aussehen wird, wenn er es fertig gesehen hat, während der Architekt, sobald er es im Geist entwickelt hat, schon vor Beginn der Ausführung eine genaue Vorstellung davon hat, wie es im Hinblick auf Anmut, Nutzung und Angemessenheit sein wird."[305]

Des weiteren braucht der Architekt (im Rahmen der *eurythmia*) ein hohes Maß an *Gestaltungskompetenz*. Er muß nicht nur die allgemeinen Grundlagen der Gestaltung beherrschen, sondern auch bestehende oder neue ästhetische Konzepte verstehen und umsetzen können. Vor allem aber braucht er die Fähigkeit, aus „multiis et variis" ein „unum et totum" zu schaffen, also aus einer Vielzahl von teilweise sehr widersprüchlichen Anforderungen ein einheitliches und stimmiges Ganzes (*decor*) zu erzeugen, eine *Integration* – das ist seine ganz spezielle Kunst, in dem Moment, wo ihm das gelingt, entsteht Architektur, ist das Ergebnis Architektur.

4. Man muß das – an dieser Stelle über Vitruv hinausgehend – noch etwas präzisieren. Das Ergebnis ist dann Architektur, wenn es *Gestaltqualität* besitzt, also Charakter und Identität. Diese kommt nur dann zustande, wenn die besonderen Bedingungen der Bauaufgabe – ein spezieller Bauplatz, ein individuelles Raumprogramm, eine Vielzahl konstruktiver, technischer und rechtlicher Rahmenbedingungen sowie ein ganz bestimmtes Budget – ähnlich prägend in die Gesamtgestalt des Gebäudes eingehen wie Herkommen und Biographie in die Persönlichkeit eines Menschen; wenn aber gleichzeitig aus der Zusammenfügung dieser einzelnen Komponenten *mehr* als eine Addition entsteht, nämlich etwas Eigenständiges, Einheitliches, Charakter eben: wenn zum Schluß die vielen Einzelaspekte möglichst rückstands- und widerspruchsfrei in einer neuen Gesamtgestalt aufgehen.

Das ist leichter gesagt als getan. Jeder Architekt kennt die mühselige Arbeit im Bergwerk der Varianten, Alternativen, Abzweigungen, das Herumirren in einem Labyrinth aus Möglichkeiten, Ideen, Lösungsansätzen, die sich in den meisten Fällen als Sackgassen erweisen; kennt die unzähligen weichen Wenn-Dann-Entscheidungen, deren Konsequenzen nur zu einem Bruchteil abschätzbar sind, also das Ziehen an einzelnen Knotenpunkten, die aber alle wie in einem vieldimensionalen neuronalen Netz miteinander verbunden sind.

Jeder Architekt kennt aber auch das Glücksgefühl, wenn sich plötzlich doch ein Weg aus diesem Labyrinth findet und auf dem Papier auf einmal eine neue Gestalt aufscheint, die so selbstverständlich und mühelos und aus einem Guß daherkommt, als hätte es das Gestrüpp aus Fehlansätzen und Verirrungen nie gegeben.

Das also ist seine ganz spezielle Kunst, und das ist es, was ein Architekt leisten können muß, um Architektur zu erzeugen. „Ars" verstanden als *Kunst des Bauens*, nicht als *Baukunst*; als perfekte Beherrschung des Faches, nicht als qualitative Kennzeichnung der Ergebnisse; als Disziplin des Architekten, nicht als Domäne des Betrachters oder der Kritiker.

5. Allerdings ließe sich mit Vitruvs im 3. Kapitel formulierten Zielen – *firmitas*, *utilitas*, *venustas* – auch für die *Betrachterseite* der Kernbereich der Architektur nach oben und nach unten hin klar abgrenzen: Alle Gebäude, die auch nur *eines* seiner als gleichrangig formulierten und nach wie vor gültigen Ziele – gute Gestaltung, hohe Nutzbarkeit und perfekte Ausführung – verfehlten, blieben aus dem Kreis der Architektur ausgeschlossen, alle Gebäude, die sie erreichten, aber zusätzlich durch *Originalität* und *Ausdrucksqualität* über die rein ästhetische Ebene der guten Gestaltung hinausragten, wären Anwärter auf das Prädikat ‚Baukunst' und könnten unter Umständen – nach einer gewissen Inkubationszeit und nachdem sich die epigonale Spreu vom Weizen getrennt hat – in den Kanon der Baugeschichte eingehen.

Eine solche Hinwendung der Architekturtheorie zu den unvermindert aktuellen Grundlagen der Architektentätigkeit und den Zielen der Architektur im Sinne Vitruvs wäre zugleich in der Lage, den Begriff der Baukunst selbst wieder freizustellen, ihn aus der konturlosen Vermengung mit der Architektur herauszulösen, ihm – in deutlichem Kontrast zu seinem durch das neunzehnte Jahrhundert geprägten Bild – neue Legitimität, Eigenständigkeit und Modernität zu geben. Denn dieser Begriff wird

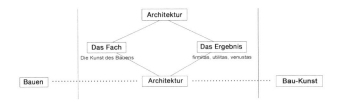

Bauen, Baukunst, Architektur 2

dringend *neu* benötigt, um die faktische Differenz zwischen Architektur und Kunst auch begrifflich wieder fassen zu können.

Ein solcher Schritt böte darüber hinaus die Möglichkeit, die Architekturtheorie aus der jahrhundertelangen Okkupation durch die Kunsttheorie zu befreien und ihr zu jener Eigenständigkeit zu verhelfen, die aufgrund der unüberbrückbaren Unterschiede zwischen dem Bauen und den anderen Künsten zwingend erforderlich ist.

„Kunst ist Kunst – und alles andere ist alles andere"[306], sagt Ad Reinhardt. Das könnte auch die Devise für den notwendigen Befreiungsschlag sein, um einerseits weiterhin lustvoll über Baukunst – und Kunst insgesamt – zu streiten, andererseits aber endlich die durch die Vermischung beider Sphären festgefahrene Diskussion über *Qualität in der Architektur* neu zu beleben. Schließlich brauchen wir im Sinne der Baukultur nicht mehr Baukunst – diese wird immer ein Sonder- oder Glücksfall bleiben –, sondern wir brauchen mehr Qualität und Gestaltung im Bauen, also mehr Architektur.

Anhang 1

Zweites Buch, 1. Kapitel
Vom Ursprung der Gebäude

Neue Übersetzung

(1) Die Urahnen der Menschen wurden wie die wilden Tiere in Wäldern, Höhlen und Hainen geboren und fristeten ihr Leben durch die Ernährung mit wild wachsenden Feldfrüchten. In jener Zeit entfachten einmal Bäume – durch Unwetter und heftige Stürme mit Häufigkeit hin und her gepeitscht und sich mit den Ästen aneinander reibend – an einer Stelle ein Feuer, und diejenigen, die sich an dieser Stelle befanden, flohen, durch die lodernden Flammen auf das heftigste erschreckt. Als sich später das Feuer beruhigt hatte und die näher Herantretenden bemerkten, daß die Wärme des Feuers für ihre Körper sehr angenehm war, führten sie – Holzscheite hinzufügend und das Feuer dadurch in Gang haltend – andere dorthin und zeigten durch demonstrative Gebärden, welchen Nutzen sie davon hatten. In dieser Menschenansammlung legten sie, indem sie mit dem Atem diese oder jene Laute erzeugten, durch tägliche Gewohnheit Benennungen [der Dinge] fest, wie sie sich gerade ergaben; schließlich begannen sie – die Dinge im Gebrauch immer öfter bezeichnend – als unbeabsichtigte Folge zu sprechen und brachten es so zu Gesprächen untereinander.

(2) Als also durch die Entdeckung des Feuers zwischen den Menschen [eine Art] Zusammenschluß, Vereinigung und geselliges Zusammenleben zu entstehen begann und an einem Ort immer mehr [Menschen] zusammenkamen, die von Natur aus gegenüber den übrigen Lebewesen den Vorzug hatten, nicht gebückt, sondern aufrecht zu gehen und die Großartigkeit des Weltalls und der Sterne zu erkennen, ebenso alles, was sie wollten, mit Händen und Fingern geschickt zu bearbeiten, da begannen in dieser Gemeinschaft die einen, Dächer aus Laub zu bauen, andere, am Fuß der Berge Höhlen zu graben; einige stellten – die Nester der Schwalben und ihre Kon-

*struktionen imitierend – Örtlichkeiten aus Lehm und Reisig her, in denen
sie Unterschlupf fanden. Dann brachten sie – fremde Unterkünfte begut-
achtend und durch eigene Überlegungen neue Elemente hinzufügend – Tag
für Tag bessere Spielarten [Gattungen] von Hütten hervor.*

*(3) Da aber die Menschen von Natur aus nachahmend und gelehrig waren,
zeigten sie sich – stolz auf ihre Erfindungen – jeden Tag gegenseitig die
Herstellungsart ihrer Bauten, und so wurden diese – durch Wettstreit den
Einfallsreichtum vorantreibend – von Tag zu Tag mit besserem Urteilsvermögen ausgeführt. Und als erstes fügten sie aus aufgerichteten, gabelförmigen Stützen und dazwischengeschobenen Zweigen mit Lehm Wände
zusammen. Andere schichteten getrocknete Lehmklumpen zu Wänden
aufeinander, überbrückten sie mit Holzstämmen und bedeckten diese, um
Regen und Sonnenglut abzuhalten, mit Schilfrohr und Laubwerk. Als später während der Winterstürme die Dächer dem Regen nicht standhalten
konnten, führten sie – Giebel errichtend – an den mit Lehm überzogenen
geneigten Dächern [unten] Dachrinnen entlang.*

*(4) Daß dies [alles] aber aus den oben beschriebenen Ursprüngen entstan-
den ist, können wir daran erkennen, daß bis zum heutigen Tage bei aus-
wärtigen Völkern auf diese Art und Weise Gebäude errichtet werden, beispielsweise in Gallien, Spanien, Lusitanien oder Aquitanien [Gebäude] mit
eichenen Schindeln oder Strohdächern. Bei dem Volk der Kolcher in Pon-
tus wird wegen der reichen Waldvorkommen zwischen Baumstämmen von
ganzer Länge, die rechts und links flach auf den Boden gelegt werden, ein
Zwischenraum von der Länge dieser Stämme gelassen. An den Enden werden andere Stämme quer darüber gelegt, die in der Mitte den Wohnbereich
umschließen. Anschließend führen sie – die Ecken an den vier Seiten durch
abwechselnd übereinander gelegte Balken miteinander verbindend und
so Wände aus Baumstämmen errichtend – Türme senkrecht vom Boden
in die Höhe und verschließen die Zwischenräume, die wegen der Dicke
der Stämme übrig bleiben, mit Holzspänen und Lehm. Ebenso spannen
sie Dächer darüber, indem sie die Balken an den Enden abschneiden und
stufenweise verkürzen und so von den vier Seiten her in der Mitte Pyra-
miden in die Höhe führen, die sie mit Stroh und Lehm bedecken und so in
primitiver Form hölzerne Schutzdächer für die Türme herstellen.*

*(5) Die Phryger aber, die in der offenen Ebene wohnen und mangels Wäl-
dern arm an Baumaterialien sind, suchen sich natürliche Hügel und deh-*

nen, indem sie deren Inneres durch einen Graben teilen [erschließen] und mit Gängen durchziehen, die Räumlichkeiten so weit aus, wie es die Natur des Ortes gestattet. Darüber aber errichten sie – Stangen miteinander verbindend – Kegel, bedecken diese mit Schilfrohr und Reisig und häufen über den Wohnanlagen sehr große Hügel aus Erde auf. So bewirkt diese Methode der Überdachung größte Wärme im Winter und größte Kühle im Sommer. Einige [Völker] setzen Hüttendächer aus Sumpfschilf zusammen. Und auch bei den übrigen Völkern werden die Anordnungen der Hütten nach gleicher oder ähnlicher Methode aus kurzem Schilfgras ausgeführt. Ebenso können wir auch in Massilia [Marseille] Dächer ohne Ziegel aus mit Spreu vermengter Erde sehen. Auf dem Areopag in Athen [gibt es] bis heute als Beispiel altertümlicher Bauweise ein Dach [eine Hütte] aus Lehm. Ebenso können das Haus des Romulus auf dem Kapitol und die mit Stroh gedeckten Dächer der Heiligtümer auf der Burg an die Sitten der alten Zeit erinnern und auf diese hinweisen.

(6) So können wir an Hand dieser Zeugnisse der ursprünglichen Erfindungen im Hausbau beurteilen, daß dies [tatsächlich] die Überlegungen gewesen sind.
Als sie [unsere Vorfahren] aber durch tägliche Praxis ihre Hände für das Bauen [immer] routinierter ausgebildet hatten und – ihre Geschicklichkeit und ihre Begabung einsetzend – durch Erfahrung zur Kunstfertigkeit vorangeschritten waren, da führte der ihrem Verstand auch [noch] hinzugefügte Fleiß dazu, daß sich diejenigen, die in diesen Dingen besser ausgebildet waren, [offiziell] als Handwerker bezeichneten.
Und da dies also am Anfang so eingerichtet war und die Natur die Menschen nicht nur mit Sinnesorganen ausgestattet hat wie die übrigen Lebewesen, sondern ihren Geist auch [mit der Fähigkeit] zum Planen und Beratschlagen ausgerüstet und [dadurch] die übrigen Lebewesen ihrer Herrschaft unterstellt hat, da wahrlich führten sie die menschliche Natur – von der Herstellung der Gebäude Schritt für Schritt zu den übrigen Handwerkskünsten und Fachgebieten voranschreitend – von einem wilden und bäuerlichen zu einem friedlichen und gesittetem Leben.

(7) Dann aber begannen sie, durch Geisteskraft sich schulend und durch verstärkte, aus der Vielfalt der Handwerkskünste geborene Überlegungen ihren Horizont erweiternd, statt Hütten fest gegründete Häuser mit Wänden aus Ziegeln oder aus Steinen und Holzbalken zusammengesetzt und mit Dachziegeln gedeckt, zu errichten. So schritten sie durch [stän-

dige] Beobachtung ihrer Lernprozesse von schwankenden und unsicheren Urteilen zu sicheren Regeln des modularen Aufbaus voran.

Nachdem sie aber bemerkt hatten, daß von der Natur in verschwenderischer Fülle Materie hervorgebracht worden ist und von ihr ein unerschöpflicher Vorrat an Materialien zum Hausbau bereitgestellt wird, nährten sie durch dessen Bearbeitung die feine Lebensart und statteten sie – durch die Handwerkskünste bereichert – mit Wohlbefinden aus.

Daher werde ich, so gut ich kann, über die Stoffe sprechen, die zur Verwendung in Gebäuden geeignet sind, und darüber, welches ihre Eigenschaften sind und welche Vorzüge sie haben.

(8) Damit aber jemand, der über die Position dieses Buches diskutieren möchte, weil er glaubt, es hätte an erster Stelle stehen sollen, nicht glaubt, ich hätte mich geirrt, will ich [dafür] folgende Begründung geben. Da ich über das Gesamtgebiet der Architektur schrieb, glaubte ich, im ersten Buch [darüber sprechen zu müssen], welche Kenntnisse und Fachgebiete sie umfaßt, ihre Erscheinungsformen durch [begriffliche] Bestimmungen darzulegen und zu definieren und zu sagen, aus welchen Dingen sie erwächst [fabrica und ratiocinatio]. Daher habe ich das, was für den [Beruf des] Architekten notwendig ist, dort vorgetragen. Also im ersten Buch über die Aufgaben des Faches.

In dem vorliegenden Buch [hingegen] werde ich über die natürlichen Gegebenheiten der Baustoffe und darüber, welchen Nutzen sie haben, sprechen. Denn dieses Buch handelt nicht davon, woraus Architektur erwächst, sondern davon, woraus die Ursprünge der Gebäude ihren Anfang genommen haben und durch welche Überlegungen sie genährt und Stufe um Stufe bis zu den heutigen Gesetzmäßigkeiten weiterentwickelt worden sind.

(9) Also wird die Anordnung des Buches in bezug auf seine Reihenfolge und Lage so [richtig] sein.

Nun will ich zu meinem Vorhaben zurückkehren und über die Vorräte [an Materialien], die zur Herstellung von Gebäuden geeignet sind, über die Art, wie sie anscheinend von der Schöpfung hervorgebracht worden sind und durch welche Mischungsverhältnisse der Elemente ihre Verbindungen richtig zusammengesetzt werden, Überlegungen anstellen, die den Lesern nicht unklar, sondern verständlich sein sollen. Denn keine Art von Materie, weder [belebte] Körper noch [unbelebte] Sachen, kann ohne Vereinigung der Elemente geboren oder [auch nur] gedacht werden, und ebensowenig kann die Natur der Dinge durch die Lehren der Physiker wahrheitsgemäß erklärt werden, wenn nicht die in diesen Dingen enthaltenen Ursachen dafür, daß sie so sind und warum sie so sind, durch scharfsinnige Überlegungen erläutert werden.

Kommentar

Architektur oder Gebäude

Wenn in den einschlägigen Veröffentlichungen der Architekturtheorie die Rede auf das 1. Kapitel des Zweiten Buches und die so genannte „Ursprungslegende" Vitruvs kommt, wird der dortige Inhalt stets und wie selbstverständlich unter den Stichwörtern „Entstehung der Architektur" oder „Anfänge der Baukunst" abgehandelt.[307]
Das ist um so erstaunlicher, als die von Fensterbusch hinzugefügte Kapitelüberschrift „Vom Ursprung der Gebäude" den Sachverhalt diesmal völlig korrekt wiedergibt. Auch der Text selbst läßt zunächst einmal an Deutlichkeit nichts zu wünschen übrig, wenn Vitruv in Fensterbuschs Übersetzung am Ende des Kapitels noch einmal ausdrücklich feststellt: „Denn das vorliegende Buch handelt nicht davon, woraus die Baukunst hervorgeht, sondern davon, wie es ursprünglich zur Herstellung von Behausungen gekommen ist, auf welche Weise sie weitergebildet und allmählich bis zur jetzigen Vollendung fortgeschritten ist."[308]
Am Ende des Satzes kommt es allerdings bei Fensterbusch zu einer aufschlußreichen Abweichung. Seine Übersetzung „bis zur jetzigen Vollendung", die er fast wörtlich von Rode übernimmt[309], bezieht sich auf das lateinische Wort „finis", also „Grenze, Ende", aber auch „das Höchste, der Gipfel". Vitruv hingegen benutzt eindeutig das Wort „finitio", was so viel wie „Regel, Definition, Gesetz" heißt. Die von Fensterbusch fälschlicherweise gewählte Übersetzung mit „Vollendung" stellt also im zweiten Teil doch wieder einen Zusammenhang zur Baukunst im ersten Teil des Satzes her: Diese sei demzufolge der Endpunkt einer langen Entwicklung, die zwar mit der „Herstellung von Behausungen" ihren Anfang nähme, aber zum Ende hin schließlich doch in der Vollendung, also der Baukunst, münde. Dies wird zusätzlich durch die Verwendung des Singulars „ist" suggeriert, der beim Lesen eher an die Baukunst als an die Behausungen (oder deren Herstellung) denken läßt.
Daß sich der Sachverhalt für Fensterbusch so darstellt, läßt sich bereits aus einer ähnlichen Stelle in der Vorrede zum Zweiten Buch entnehmen. Dort

heißt es in seiner Übersetzung: „Bevor ich aber beginne, die von der Natur geschaffenen Dinge zu behandeln, will ich vorausschicken, wie man überhaupt ursprünglich zum Bau von Gebäuden gekommen ist und wie man sie, nachdem man sie erfunden hatte, vervollkommnet hat."[310] Auch hier überzieht Fensterbusch den Inhalt des von Vitruv benutzten Wortes „crescere", also „wachsen, sich entwickeln", und übersetzt mit „vervollkommnen".

Von all dem ist bei Vitruv nicht die Rede. Dort heißt es ganz neutral: „Bevor ich aber beginne, die natürlichen Dinge [Baustoffe] zu behandeln, will ich in Bezug auf die den Gebäuden zugrunde liegenden Überlegungen vorausschicken, aus welchen Anfängen sie gewonnen wurden und wie sich ihre Erfindungen, nachdem sie [einmal] gemacht worden waren, weiterentwickelt haben."[311] Und auch im 1. Kapitel lautet die neutrale Übersetzung der oben in der Version Fensterbuschs zitierten Zusammenfassung: „Denn dieses Buch handelt nicht davon, woraus die Architektur erwächst, sondern davon, woraus die Ursprünge der Gebäude ihren Anfang genommen haben und durch welche Überlegungen sie genährt und Stufe um Stufe bis zu den heutigen Gesetzmäßigkeiten weiterentwickelt worden sind."[312]

Es geht hier also tatsächlich ausschließlich um den Ursprung und die weitere Entwicklung der Gebäude, nicht um Architektur. Über Architektur spricht Vitruv einen Absatz zuvor: „Da ich über das Gesamtgebiet der Architektur schrieb, glaubte ich, im ersten Buch [darüber sprechen zu müssen], durch welche Kenntnisse und Fachgebiete sie geschmückt ist, ihre Erscheinungsformen durch [begriffliche] Bestimmungen darzulegen und zu definieren und zu sagen, aus welchen Dingen sie entstanden ist [fabrica und ratiocinatio]. Daher habe ich das, was für den [Beruf des] Architekten notwendig ist, dort vorgetragen."[313]

Erst recht nicht geht es hier um „Baukunst", wie Fensterbusch auch diesmal „architectura" übersetzt. Vielmehr formuliert Vitruv an dieser Stelle eine andere, aber ebenso bemerkenswerte Differenz: nicht zwischen Behausung und Baukunst – mit all den Problemen der qualitativen Abgrenzung: wo hört die Behausung auf, wo fängt die Baukunst an – sondern zwischen dem Fachgebiet (architectura) und den Anfängen der Baupraxis (origines aedificiorum) mit all ihren möglichen Stadien der Ausführung.

Vitruv und die Urhütte

So wenig wie es Vitruv in diesem Kapitel also um die Entstehung der Architektur geht, so wenig ist er daran interessiert, alles Bauen aus einem einzelnen Prototyp oder gar aus einer einzigen Keimzelle abzuleiten. Die Aufdeckung oder das Postulieren einer speziellen ‚Urhütte' ist definitiv nicht sein Thema.

Trotzdem kann man mit Fug und Recht behaupten, daß die meisten in der Folgezeit entstandenen Modelle oder Schilderungen solcher ‚Urhütten' in engerem oder weiterem Bezug zu der Ursprungslegende Vitruvs stehen. Zum einen sind es natürlich direkte Interpretationsversuche und Auslegungen, wie sie in den Jahrhunderten nach seiner Wiederentdeckung in der Frührenaissance so zahlreich entstanden sind. Hier herrscht eher das archäologisches Interesse vor: „Wissen wollen, wie es war".

Ursprungslegenden haben aber – und das macht ihre eigentliche Faszination aus – ebenso oft eine ideologische Funktion: Sie sollen eine bestimmte These des Autors beweisen, vorzugsweise am Ausgangspunkt revolutionärer Umwälzungen, wenn angesichts längst überholter Verhältnisse erneut der Ruf nach Klarheit, Einfachheit, Natürlichkeit laut wird. So etwa am Beginn des Klassizismus in der Mitte des 18. Jahrhunderts, als der ‚Rousseau der Architektur', der Jesuitenpater Marc-Antoine Laugier seinen *Essai sur l'architecture* (1753) schrieb. Gerade das Bild seiner dort propagierten und auch visualisierten Urhütte ist im Laufe der Zeit so stark mit der vitruvianischen Schilderung von der Entstehung der Gebäude verschmolzen, daß eine genauere Betrachtung dessen, was und worüber Vitruv eigentlich schreibt – und wiederum auch eine kritische Überprüfung der Fensterbuschschen Übersetzung – notwendig erscheint.

Beispielsweise beginnt der Bau der Urhütte bei Laugier – er selbst nennt sie übrigens lediglich „kleine rustikale Hütte" – folgendermaßen: „Er [der Mensch in seinem natürlichen Zustand] wählt die vier stärksten [im Wald abgeschlagenen Äste] aus, die er senkrecht, im Quadrat angeordnet, aufstellt."[314]

Bei Fensterbusch lautet die entsprechende Stelle Vitruvs immerhin noch: „Und zuerst richteten sie Gabelhölzer auf, schoben Zweige dazwischen und bedeckten die Wände mit Lehm."[315] Bei Vitruv selbst heißt es dagegen wörtlich: „Und als erstes flochten sie aus aufgerichteten, gabelförmigen Holzstützen und dazwischen geschobenen Zweigen mit Lehm Wände."[316]

Vitruv benutzt hier, ungewohnt, aber sicherlich mit Bedacht, das Verb „texere", also „weben, flechten" mit direktem Bezug zu „textilis" (gewebt) – was unmittelbar an Semper und seine Theorie vom textilen Ursprung des Bauens erinnert.[317] Zwar führt das Lexikon auch die übertragenen Bedeutungen „zusammenfügen, errichten, bauen" an, aber ganz offensichtlich

Titelbild Essai sur l'Architecture (Marc-Antoine Laugier, 1755)

geht es Vitruv hier tatsächlich um die Bautechnik der aus tragenden und dazwischen geschobenen Hölzern mit Lehm zusammengefügten Wände, wie sie bis weit in die Neuzeit Verwendung fand. Es ging ihm sicherlich nicht um die erste Skelettkonstruktion der Baugeschichte und erst recht nicht um die Urform des antiken Tempels. Beides sind freie Interpretationen Laugiers, mit denen er seine ganz eigenen Intentionen verfolgt.

Bei Vitruv geht es also um Wandkonstruktionen, zum einen um geflochtene, zum anderen – gleich im nächsten Satz – um Wände aus getrockneten, aufeinander geschichteten Lehmklumpen. Ob dies zeltförmige Wände einschließt, wie in der Interpretation von Viollet-le-Duc oder William Chambers oder geneigte Wände, wie in Teilbereichen der Version von Walter

Die erste Hütte nach Viollet-le-Duc

Ryff in *Vitruvius Teutsch,* sei dahingestellt. Viel wichtiger ist die prinzipiell fehlende Festlegung auf einen einzigen Typ. Gleich im Anschluß führt Vitruv ja als Beleg für alte Bauweisen Beispiele auswärtiger Völker an, die relativ stark von seinem eigenen Beispiel abweichen (unter anderem den Blockhausbau der Kolcher oder die Erdhügel der Phryger) und faßt dann den ganzen Abschnitt noch einmal folgendermaßen zusammen: „Anhand dieser Zeugnisse können wir uns daher über die ursprünglichen Erfindungen im Hausbau das Urteil erlauben, daß dieses [tatsächlich] die Überlegungen, beziehungsweise Methoden gewesen sind."[318]
Beide Male benutzt Vitruv hier den Plural – bei den Erfindungen und bei den Methoden –, um die Anfänge des Bauens zu charakterisieren,

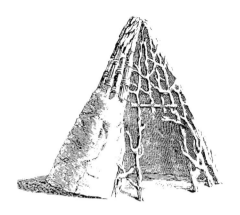

Die erste Hütte nach William Chambers

Die erste Hütte nach Walter Ryff (1548)

die in seinen Augen folgende Varianten umfassen: aus Holzpfosten und Zweigen geflochtene, mit Lehm verschmierte Wände, Lehmziegelwände, Wände aus übereinander gestapelten Holzstämmen, Erd- und Höhlenwände; des weiteren Dächer aus Stroh, aus Schilfrohr, aus mit Lehm überzogem Laubwerk oder mit Spreu vermengter Erde; Holzschindeln, Dachschrägen, Giebel, Pyramidendächer, Kegel aus Schilfrohr und Reisig. Das ist eine – gerade in ihrer Pluralität – auch aus unserem heutigen Wissensstand heraus gut nachvollziehbare, regional differenzierte Aufzählung.

Vitruv gibt hier offensichtlich den Stand des damaligen Wissens und der Vermutungen zu diesem Thema wieder, wie er ja auch in der Vorrede zu diesem Buch schreibt.[319] Die Vitruv-Literatur verweist hier als Quelle unter anderem auf den griechischen Autor Poseidonios.[320]

Die ideologische Funktion

Dennoch hat die Ursprungslegende auch bei Vitruv eine wichtige ideologische Funktion, nur in anderer Hinsicht: Sie soll die Bedeutung seines Faches herausstellen, sie soll das Bauen als den wahren Ausgangspunkt aller kulturellen Entwicklung etablieren. So schreibt er am Ende von Absatz 6: „da wahrlich führten sie die menschliche Natur – von der Herstellung der Gebäude Schritt für Schritt zu den übrigen Handwerkskünsten und Fachgebieten voranschreitend – von einem wilden und bäuerlichen zu einem friedlichen und gesittetem Leben."[321]

Aus dem Bauhandwerk also entstehen erst die anderen Handwerkskünste, und erst auf diesem Wege kommt es dann zu einem gesitteten Leben, zu den Anfängen der Kultur. Und am Ende von Absatz 7 steigert Vitruv diese Aussage noch einmal, indem er schildert, wie aus der Fülle der Baumaterialien eine feinere, genußvolle Lebensführung entsteht – „durch die [übrigen] Handwerkskünste bereichert"[322]. So wie er im ersten Satz des Ersten Buches dem Architekten die Führungsrolle unter den Handwerkern zuweist, so stellt er hier das Bauen an die Spitze der Handwerkskünste und darüber hinaus auch noch an den Anfang der Kultur.

Diese Vorrangstellung läßt sich aus den archäologischen Befunden sicherlich nicht ableiten. Aus heutiger Sicht spricht vieles eher für Parallelentwicklungen bei der Herstellung von Werkzeugen, Bekleidungen, Behausungen und Geschirr. Hier offenbart die Ursprungslegende auch bei Vitruv ihre klare ideologische Funktion.

Bauen als evolutionärer Prozeß

Abgesehen von dieser offenkundigen Parteilichkeit zeichnet sich Vitruvs Ursprungslegende allerdings durch eine erstaunlich vollständige und differenzierte Darstellung des Mensch- und Kulturwerdungsprozesses aus. Wir können seiner Schilderung alle heute als zwingend und unabdingbar betrachteten Voraussetzungen und Stufen des Zivilisationsprozesses entnehmen:

1. Beherrschung des Feuers
2. Entwicklung der Sprache
3. Seßhaftigkeit, Stammesbildung
    a. Aufrechter Gang
    b. Erkenntnisfähigkeit
    c. Werkzeugcharakter der menschlichen Hand
4. Bau von Behausungen
5. Evolutionärer Prozess durch
    a. Nachahmung
    b. Lernen und Erfinden
    c. Versuch und Irrtum
    d. Rückkopplung
    e. Wettbewerb, Konkurrenz
    f. Optimierungsstrategien
6. Spezialisierung (Entstehung des Handwerks)
7. Diversifikation (Differenzierung in verschiedene Handwerkszweige)
8. Synergie (durch das Zusammenspiel der verschiedenen Handwerkszweige)
9. Kanonisierung, Institutionalisierung von Regeln und überlieferbarem Wissen
10. Ausbildung von Traditionen und daraufhin Steigerung, Verfeinerung, kulturelle Blüte

Insbesondere die Betonung des evolutionären Prozesses[323] mit seinen Elementen „Nachahmen, Erfinden, Lernen, Wettbewerb, Optimierung" erinnert stark an eines der Schlüsselwerke der Architekturtheorie des 20. Jahrhunderts, an Le Corbusiers *Vers une Architecture*, in dem solche Stichworte wie Ausleseprozeß[324], Problem und Lösung[325], Erfindung, Standardprodukt[326], Typenbildung[327], Streben nach Perfektion"[328] ebenfalls eine entscheidende Rolle bei der Entwicklung des Bauens spielen.

Le Corbusier kannte übrigens nicht nur Vitruv sehr genau (s. Abschnitt über die *eurythmia*, S. 153), er kannte auch die Schriften Laugiers. So ist es kein Wunder, daß auch er in *Vers une Architecture* eine Ursprungslegende mit Zeichnung präsentiert. Interessanterweise sieht er als erste Bauform eher das Zelt – „er rammte die Pfähle ein, die sein Zelt stützen sollten"[329]

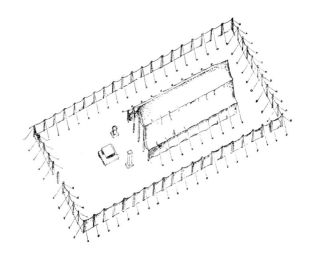

Le Corbusiers „Primitiver Tempel"

–, geht allerdings nicht weiter auf die Art und Weise des Raumabschlusses ein. Viel wichtiger ist auch für ihn das Anliegen, seiner These von der mathematischen Ordnung und der Geometrie, die allem Bauen zugrunde liegen soll, durch den Rekurs auf die Ursprünge zu mehr Beweiskraft zu verhelfen. Speziell geht es ihm dabei um die Bedeutung der Maßregler als „integraler Teil der schöpferischen Gestaltung der Architektur"[330]. Deshalb erscheint seine ‚Urhütte' oder sein ‚Urheiligtum' in so erstaunlich geometrischer Präzision.

Das ist sicherlich in seiner Verallgemeinerung genau so eine Projektion wie Laugiers Säule-Gebälk-Giebel-Modell. Im Vergleich dazu erscheinen die Ausführungen Vitruvs über den Ursprung der Gebäude in geradezu wissenschaftlich-nüchternem, vor allem aber auch heute noch in weiten Teilen plausiblem Licht.

Anhang 2
Materialien zur Übersetzung

Zur Erleichterung der wissenschaftlichen Auseinandersetzung um die richtige Interpretation der ersten drei Kapitel des Ersten Buches, in denen Vitruv seine Architekturtheorie darlegt, wird der lateinische Originaltext (V) und die Übersetzung Curt Fensterbuschs (Fe) noch einmal satz- oder blockweise zitiert und der neuen Übersetzung (Fi) gegenübergestellt. In den Anmerkungen werden darüber hinaus kontroverse Stellen diskutiert. (Alle im Anhang 2 verwendeten Vitruv- und Fensterbusch-Zitate sind der folgenden Ausgabe entnommen: Vitruv. Zehn Bücher über Architektur, Übersetzung Curt Fensterbusch (1964), Wissenschaftliche Buchgesellschaft Darmstadt, 5. Auflage 1991; Primus-Verlag, Lizenzausgabe 1996. Erstes Buch, Kapitel 1–3, S. 22ff)

Erstes Buch, 1. Kapitel

(1) 1. Satz:

V   Architecti est scientia pluribus disciplinis et variis eruditionibus ornata, cuius iudico probantur omnia quae ab ceteris artibus perficiuntur opera.

Fe   Des Architekten Wissen [1] umfaßt [2] mehrfache wissenschaftliche [3] und mannigfaltige elementare Kenntnisse. Seiner Prüfung und Beurteilung unterliegen alle Werke, die von den übrigen Künsten [4] geschaffen werden.

Fi   *Das Wissen des Architekten, dessen Begutachtung alle Arbeiten unterliegen, die von den übrigen [am Bau beteiligten] Handwerkskünsten ausgeführt werden, zeichnet sich durch viele Lehrfächer und vielfältige Kenntnisse aus.*

[1] In manchen Vitruv-Übersetzungen und Kommentaren wird das Wort „scientia" – lexikalisch korrekt – mit „Wissenschaft" übersetzt und als Indiz dafür genommen, daß Vitruv die Architektur nicht als Kunst, sondern als Wissenschaft auffassen möchte. (Rode, Vitruvius, 1995, S. 12; Horn-Onken, Über das Schickliche, 1967, S. 122) Eine bessere Variante ist

„Bildung", wie bei Jolles (Vitruvs Ästhetik, 1906, S. 1) und Stürzenacker (Marcus Vitruvius Pollio, 1938, S. 8). Hier wird jedoch die von Fensterbusch gewählte Übersetzung mit „Wissen" beibehalten, zum einen, weil sich das Wort nicht auf das Fach Architektur, sondern auf die Person des Architekten bezieht, zum anderen, weil es den heutigen Wissenschaftsbegriff zur damaligen Zeit so nicht gab und eine Übertragung zu erheblichen Mißverständnissen führen würde.

[2] Vitruv benutzt das Verb „ornare", das Fensterbusch neutralisierend mit „umfaßt" übersetzt. Man sollte aber den besonderen Bedeutungsgehalt der von Vitruv gewählten Formulierung „wird geschmückt durch" bis hin zu „wird geachtet, geehrt wegen" nicht aus dem Auge verlieren, denn dadurch werden die möglichen Zusammenhänge mit dem zweiten Teil des Satzes deutlicher: a) weil das Wissen des Architekten so besonders umfangreich ist, kann er die Arbeiten aller anderen am Bau Beteiligten prüfen und beurteilen; b) damit der Architekt die Arbeiten aller anderen am Bau Beteiligten beurteilen kann, muß sein Wissen so umfangreich sein. Im übrigen wird der erste Teil des Satzes nach der langen Aufzählung der Wissensfächer des Architekten am Beginn von Absatz 11, 1. Kapitel, noch einmal – teilweise mit denselben Worten und wieder mit einer Vokabel des Schmückens – wiederholt: „disciplina […] condecorata et abundans eruditionibus variis ac pluribus"[331], und auch der zweite Teil taucht fast wörtlich und jetzt mit eindeutiger Aussage noch einmal am Ende von Absatz 16, 1. Kapitel, auf: „si quid de his rebus et artibus iudicare et probare opus fuerit"[332], also: *„wenn er etwas in bezug auf diese Angelegenheiten und Handwerkszweige zu beurteilen oder zu prüfen hat"*.

[3] Auch in der Übersetzung von „disciplina", bei Fensterbusch „wissenschaftliche Kenntnisse", wird das Wort „wissenschaftlich" vermieden und stattdessen das lexikalisch ebenso mögliche Wort „Lehrfach" gewählt, vgl. Anm. [4]

[4] Zur Übersetzung von „ars" und „disciplina" s. ausführlich Teil III, Kommentar, Exkurs: Die Bedeutung des lateinischen Wortes „ars".

(1) 2. Satz:

V   Ea nascitur ex fabrica et ratiocinatione.

Fe   Dieses (Wissen) erwächst aus fabrica (Hand-werk) und ratiocinatio (geistiger Arbeit)

Fi   *Dieses [Wissen] erwächst aus fabrica und ratiocinatio.*

(1) 3. Satz:

V   Fabrica est continuata ac trita usus meditatio ad propositum deformationis, quae manibus perficitur e materia, cuiuscumque generis opus est.

Fe   Fabrica ist die fortgesetzte und immer wieder (berufsmäßig) überlegt geübte Ausübung einer praktischen Tätigkeit, die zum Ziel eine Formgebung hat, die mit den Händen aus Werkstoff, je nach dem aus welchem Stoff das Werk besteht, durchgeführt wird.

Fi   *Fabrica ist die kontinuierliche und routinierte Praxis in der – nach einer Vorlage durchgeführten – handwerklichen Bearbeitung des Baustoffes, je nach dem, aus welchem Material das Gebäude besteht. [Handwerkliche Praxis]*

Fensterbusch weist in seiner Anmerkung 6[333] selbst auf unterschiedliche Interpretationsmöglichkeiten der Wörter „meditatio", „propositum" und „deformatio" hin und formuliert ziemlich umständlich, verschachtelt und fast unverständlich. Wenn „fabrica" aber unbestrittenermaßen etwas mit dem Bereich der handwerklichen Tätigkeit zu tun hat („faber", Handwerker), läßt sich ohne Überdehnung des Textinhaltes auch eine ganz selbstverständliche und lesbare Interpretation ableiten. „Meditatio usus ad propositum deformationis", also „Einübung des Gebrauchs in der plangemäßen Bearbeitung" trifft das, was ein Handwerker auf der Baustelle macht, eigentlich ziemlich genau: Er bearbeitet und verformt Baustoffe nach einem bestimmten Plan und bekommt dadurch, daß er diese praktische Tätigkeit tagtäglich mit den Händen ausführt, Übung und Routine (meditatio usus). Das betrifft den Zimmermann ebenso wie den Maurer oder den Steinmetz, je nach dem aus welchem Material das Gebäude errichtet wird. Die Übersetzung von „meditatio usus" mit „Praxis" nutzt die Doppeldeutigkeit des Wortes erstens als praktische Tätigkeit (usus) und zweitens als Übung im Sinne von „er hat viel Praxis" (meditatio). Fabrica wäre also sinngemäß: handwerkliche Praxis.

(1) 4. Satz:

V   Ratiocinatio autem est, quae res fabricatas sollertiae ac rationis pro portione demonstrare atque explicare potest.

Fe   Ratiocinatio ist, was bei handwerklich hergestellten Dingen aufzeigen und deutlich machen kann, in welchem Verhältnis ihnen handwerkliche Geschicklichkeit und planvolle Berechnung innewohnt.

Fi   *Ratiocinatio hingegen ist das, was den Anteil an Einsicht und planender Berechnung in den hergestellten Dingen auszuarbeiten und darzustellen vermag [theoretische Überlegung, Planung].*

Fensterbusch übersetzt hier „sollertia" mit „handwerkliche Geschicklichkeit" und konstruiert so einen Gegensatz zur „ratio" als „planvoller Berechnung". Beide setzt er dann über „pro portione" zueinander ins Verhältnis. „Sollertia" kann aber auch „Einsicht, Schlauheit, List" sein; Vitruv benutzt das Wort z.B. im 7. Kapitel des Fünften Buches, Absatz 7 gemäß dieser Auslegung als „ingenio mobili sollertia"[334], in der Übersetzung von Fensterbusch als „beweglichen und schöpferischen Geist". Tatsächlich ergibt es wesentlich mehr Sinn, geistige Beweglichkeit und rationales Wissen *gemeinsam* in ein Verhältnis zum handwerklichen Teil

194

der hergestellten Dinge zu setzen, denn „ratiocinatio", „vernünftige Überlegung", bezeichnet ohne Zweifel in klarem Gegensatz zur „fabrica" den theoretischen Teil des Bauens. Anders gesagt: Mittels der *ratiocinatio* lassen sich die Theorie- und Wissensbestandteile des Herstellungsprozesses, alles, was an Planungsvorgaben für den Handwerker vorhanden sein muß, darstellen und erarbeiten.

Im übrigen ist „Plan" auch eine der möglichen, lexikalisch abgesicherten Übersetzungen von „ratio", das ja wiederum in „ratiocinatio " enthalten ist. Auch Fensterbusch übersetzt das Wort zu Beginn des Absatzes 15 des 1. Kapitels mit „Konzeption"[335] und wenig später, am Ende von Absatz 18, mit „theoretische Grundsätze"[336] und weist in seiner Anmerkung 7[337] auf diese Interpretationsmöglichkeiten hin, indem er dort den Gegensatz zwischen der „handwerklichen Behandlung der Werkstoffe" und der „rein geistigen Tätigkeit, die im Entwerfen des Bauwerks liegt", richtig benennt.

„Ratiocinatio" ist also nicht der Entwurf im Gegensatz zum fertigen Objekt, sondern die theoretische Planung im Gegensatz zur handwerklichen Praxis (fabrica). Beide Begriffe bezeichnen *Tätigkeiten* oder Tätigkeitsfelder, nicht Objekte. Die Planung entwickelt Entwürfe (explicare) und stellt sie dar (demonstrare). Für den Entwurf selbst benutzt Vitruv die Bezeichnung „res proposita"[338] im Gegensatz zur „res fabricata"[339].

Unabhängig davon ist „ratiocinatio" auch noch eine Kategorie der Rhetorik, und zwar ein Unterbegriff des „genus legale", des zweiten Hauptkomplexes der Status-Lehre, mit der Bedeutung „Analogieschluß", auch dies aber eine rein geistige Tätigkeit.

Völlig fehl geht Jolles mit seiner Deutung von „ratiocinatio" als „Erklärung" (Vitruvs Ästhetik, 1906, S. 3)

(2) 1. Satz:

V   Itaque architecti, qui sine litteris contenderant, ut manibus essent exercitati, non potuerunt efficere, ut haberent pro laboribus auctoritatem;

Fe   Daher konnten Architekten, die unter Verzicht auf wissenschaftliche Bildung [1] bestrebt waren, nur mit den Händen geübt zu sein, nicht erreichen, daß sie über eine ihren Bemühungen entsprechende [2] Meisterschaft [3] verfügten.

Fi   *Daher konnten Architekten, die ohne Kenntnis theoretischer Schriften [lediglich] nach handwerklichen Fertigkeiten strebten, keine fachliche Autorität in den [Fragen der am Bau zu begutachtenden] Arbeiten erlangen.*

[1] Bei „litteris" wird, ähnlich wie bei „disciplina" oder „doctrina" statt der möglichen Übersetzung „wissenschaftlich" eine weniger abstrakte Bedeutung gewählt.
[2] Mit der Übersetzung von „pro laboribus" als „über eine ihren Bemühungen entsprechende" anstatt des einfachen „ in den Arbeiten" stellt Fensterbusch einen unbegründeten Bezug zum Architekten her.
[3] Die Übersetzung von „auctoritas" mit „Meisterschaft" verläßt ohne Not den semantisch gesicherten Bereich von „auctoritas" als „Ansehen, Einfluß, Gewicht, Gültigkeit", wie dieser sich auch heute noch im normalen Sprachgebrauch spiegelt: Ohne fundiertes Fachwissen hat

die Meinung des Architekten als des Leiters der Baustelle kein Gewicht und er selbst keine Autorität, keinen bestimmenden Einfluß auf die Bauarbeiten.

(2) 1. Satz (Forts.):

V   qui autem ratiocinationibus et litteris solis confisi fuerunt, umbram non rem persecuti videntur.

Fe Die aber, die sich nur auf die Kenntnis der Berechnung symmetrischer Verhältnisse [1] und wissenschaftliche Ausbildung [2] verließen, scheinen lediglich einem Schatten, nicht der Sache nachgejagt zu sein.

Fi *Diejenigen hingegen, die sich nur auf theoretische Überlegungen und Schriften verlassen haben, scheinen einem Schatten und nicht der Sache selbst nachgejagt zu sein.*

[1] Fensterbusch übersetzt hier „ratiocinatio" völlig unnötig und auch unverständlicherweise sehr eng mit „Berechnung symmetrischer Verhältnisse" – ein Vorgriff auf das 2. Kapitel –, obwohl er doch selbst zwei Sätze zuvor eine ganz andere Definition formuliert und die daran anschließenden Erläuterungen sich eindeutig auf diese Ausgangsdefinition beziehen.
[2] Die Übersetzung von „litteris" entsprechend dem vorherigen Satzteil.

(2) 2. Satz:

V   At qui utrumque perdidicerunt, uti omnibus armis ornati citius cum auctoritate, quod fuit propositum, sunt adsecuti.

Fe Die aber, die sich beides gründlich angeeignet haben, haben, da mit dem ganzen Rüstzeug ihres Berufes ausgestattet, schneller mit Erfolg [1] ihr Ziel erreicht.

Fi *Die aber beides gründlich gelernt haben, sind – da durch alles Rüstzeug [ihres Berufes] mit fachlicher Autorität ausgezeichnet – schneller an ihr Ziel gelangt.*

[1] Ein zweites Mal übersetzt Fensterbusch hier „auctoritas" mit einem neben der regulären Bedeutung liegenden Begriff, nämlich mit „Erfolg". Außerdem ordnet er das „cum auctoritate" dem Hauptverb zu, statt dem benachbarten „ornati". Daß man mit Kenntnissen in Theorie und Praxis zugleich schneller Ansehen und Autorität erreicht, klingt jedoch erheblich logischer.

(3) 1. Satz:

V   Cum in omnibus enim rebus, tum maxime etiam in architectura haec duo insunt: quod significatur et quod significat.

Fe   Wie nämlich auf allen Gebieten, so gibt es ganz besonders auch in der Baukunst folgende zwei Dinge: was angedeutet wird und was andeutet.

Fi   *Wie nämlich auf allen Gebieten, so gibt es besonders auch in der Architektur folgende zwei Dinge: das, was bezeichnet wird, und das, was bezeichnet.*

Fensterbusch weist ist seiner Anmerkung 8[340] auf die Vielzahl der Deutungen hin, die diese Stelle bei den Übersetzern gefunden hat, unter anderem auf den – gemäß Watzinger – bei Quintilian gemachten Unterschied zwischen den Dingen und den Worten. Jolles verrennt sich hier und konstruiert einen Gegensatz zwischen „Benennung" und „Erklärung" (Vitruvs Ästhetik, 1906, S. 3). Das führt später dazu, daß er bei der Definition der Grundbegriffe den zweiten Teil des jeweiligen Eingangssatzes immer mit einem „das heißt" verknüpft (ebd., S. 13). In diesem Punkt folgt ihm Fensterbusch nicht, obwohl er ansonsten die Formulierungen teilweise wörtlich übernimmt.

Bezogen auf die Architektur kann hier nur der Entwurf und seine Darstellung gemeint sein. Daher ist auch Fensterbuschs Übersetzung von „significare" mit „andeuten" eher irreführend – angedeutet wird in der Architektur nichts. Sinngemäß wäre „darstellen" richtig, aber diese Übersetzung liegt etwas außerhalb des Wortfelds von „significare". Daher wird hier – in Anlehnung an die Zeichentheorie – die Übersetzung „das, was bezeichnet wird" und „das, was bezeichnet" gewählt.

(3) 2. und 3. Satz:

V   Significatur proposita res, de qua dicitur; hanc autem significat demonstratio rationibus doctrinarum explicata. Quare videtur utraque parte exercitatus esse debere, qui se architectum profiteatur.

Fe   Angedeutet wird der beabsichtigte Gegenstand (das Ziel), von dem man spricht. Diesen aber deutet an die mit wissenschaftlichen Methoden entwickelte Darstellung. Deshalb muß der, der sich als Architekt ausgeben will, in beidem geübt sein.

Fi   *Bezeichnet wird die vorgeschlagene Sache, über die diskutiert wird [der Entwurf]. Diese [den Entwurf] aber bezeichnet die mit Hilfe von theoretischen Grundlagen der Lehrgebiete erarbeitete Darstellung [der Entwurfsplan]. Deshalb muß der, der sich als Architekt bezeichnen will, in beidem [im Entwurf und in der Erarbeitung von Bauplänen] geübt sein.*

Fensterbusch gibt in seiner Anmerkung 8 selbst die entscheidende Interpretationshilfe, indem er auf den Zusatz „proposita" zum Substantiv „res" hinweist. (im Gegensatz zu „res fabricata"). Im Anschluß daran läuft er allerdings in die Irre, indem er „quod significatur" als Ziel und „quod significat" als Entwurf deutet. Dem Architekten hingegen ist die Bedeutung dieses Abschnitts sofort klar: Der erste Teil, die vorgeschlagene Sache, über die geredet wird, ist das Projekt, der Entwurf. Dieser wiederum wird dargestellt durch eine entsprechende Veranschaulichung (demonstratio), also durch Entwurfszeichnungen.

Wenn sich also jemand „Architekt" nennen will – und das Wort „profiteatur" enthält hier mit „anmelden, sich öffentlich ausgeben als" tatsächlich eine berufsständische Komponente –, muß er beides beherrschen: den Entwurf und dessen Darstellung in Bauplänen.

(3) 4. Satz

V   Itaque eum etiam ingeniosum oportet esse et ad disciplinam docilem; neque enim ingenium sine disciplina aut disciplina sine ingenio perfectum artificem potest efficere.

Fe   Daher muß er begabt sein und fähig und bereit zu wissenschaftlich-theoretischer Schulung. Denn weder kann Begabung ohne Schulung noch Schulung ohne Begabung einen vollendeten Meister hervorbringen.

Fi   *Daher muß er sowohl schöpferisch begabt als auch im Unterricht gelehrig sein; denn weder schöpferische Begabung ohne Unterrichtung, noch Unterricht ohne schöpferische Begabung kann den vollkommenen Meister hervorbringen.*

Fensterbusch verschleift an dieser Stelle den inhaltlichen Gegensatz von „begabt" und „gelehrig" und macht daraus eine einfache Aufzählung: „begabt sein und fähig und bereit zu wissenschaftlich-theoretischer Schulung"[341]. In gleichem Maße verliert auch der zweite Teil des Satzes, der die Gegensätze noch einmal klar herausstellt, bei ihm an Schärfe und Kontur: Bei „Begabung ohne Schulung" ist die Schulung kein Gegensatz, sondern eine Ergänzung, denn auch Begabung kann und muß man schulen. Es kann jedoch kein Zweifel darüber bestehen, daß Vitruv hier zwei gegensätzliche Eigenschaften einander gegenüberstellen will: begabt und gelehrig, schöpferisches Talent und Fachwissen, angeborenes Können und erworbenes Wissen (ingenium: „angeborene Fähigkeit, natürlicher Verstand, schöpferischer Geist"). An einer anderen Stelle, im 2. Kapitel des Sechsten Buches, äußert er sich ähnlich: „etiam ingeniorum acuminibus, non solum doctrinis efficiuntur"[342], also: „wird auch durch angeborenen Scharfsinn, nicht nur durch theoretische Lehren erreicht".

(3) 5. Satz:

V   Et ut litteratus sit, peritus graphidos, eruditus geometria, historias complures noverit, philosophos diligenter audierit, musicam scierit, medicinae non

198

sit ignarus, responsa iurisconsultorum noverit, astrologiam caelique rationes cognitas habeat.

Fe   Und er muß im schriftlichen Ausdruck gewandt sein, des Zeichenstiftes kundig, in der Geometrie ausgebildet sein, mancherlei geschichtliche Ereignisse kennen, fleißig Philosophen gehört haben, etwas von Musik verstehen, nicht unbewandert in der Heilkunde sein, juristische Entscheidungen kennen, Kenntnisse in der Sternkunde und vom gesetzmäßigen Ablauf der Himmelserscheinungen besitzen.

Fi   *Und daher [als solcher] sollte er schriftkundig sein, im Umgang mit dem Zeichenstift erfahren und in der Geometrie ausgebildet; er sollte vielerlei historische Ereignisse kennen, fleißig den Philosophen zugehört haben, etwas über Musik wissen, nicht unbewandert in der Medizin sein, juristische Entscheidungen kennen und Kenntnisse in Astronomie und den Gesetzen der Himmelsmechanik haben.*

Bei Fensterbusch erfolgt die Aufzählung der Fähigkeiten und Kenntnisse des Architekten ohne Zusammenhang zum vorangegangenen Satz. Er ignoriert das „ut" und übersetzt den durchgehend verwendeten Konjunktiv mit „muß" – eine nicht begründete Verschärfung von „er sei" oder allenfalls „er sollte". „Ut" mit Konjunktiv kann darüber hinaus eine finale oder konsekutive Bedeutung haben: „damit, daß, so daß, um zu". Um ein vollendeter Meister zu sein, sei der Architekt schriftgewandt etc. Vitruv formuliert also eine inhaltliche Verknüpfung der Sätze, die Fensterbusch ignoriert.

(4) 1. bis 6. Satz:

V   Quae cur ita sint, haec sunt causae. Litteras architectum scire oportet, uti commentariis memoriam firmiorem efficere possit. Deinde graphidis scientiam habere, quo facilius exemplaribus pictis quam velit operis speciem deformare valeat. Geometria autem plura praesidia praestat architecturae; et primum ex euthygrammis circini tradit usum, e quo maxime facilius aedificiorum in areis expediuntur descriptiones normarumque et liberationum et linearum directiones. Item per opticen in aedificiis ab certis regionibus caeli lumina recte ducuntur. Per arithmeticen vero sumptus aedificiorum consummantur, mensurarum rationes explicantur, difficilesque symmetrarium questiones geometricis rationibus et methodis inveniuntur.

Fe   Die Gründe hierfür sind folgende: Schreibgewandt muß der Architekt sein, damit er durch schriftliche Erläuterungen (zu seinem Werk) ein dauerhaftes Andenken begründen kann. Zweitens muß er den Zeichenstift zu führen wissen, damit er umso leichter durch perspektivische [1] Zeichnungen das beabsichtigte Aussehn seines Werkes darstellen kann. Die Geometrie aber bietet der Architektur mehrere Hilfen: und zwar vermittelt sie zuerst nach dem Gebrauch des Lineals [2] den Gebrauch des Zirkels, wodurch sie ganz besonders das Aufzeichnen von Gebäuden auf dem Zeichenbrett und das Ausrichten rechter Winkel, waagerechter Flächen und gerader Linien erleichtert. Ferner wird, wenn man die Optik beherrscht, von bestimmten Stellen des Himmels das Licht richtig in die Gebäude geleitet. Durch die Arithmetik aber werden die Gesamtkosten der Gebäude errechnet, die Maßeinteilungen [3] entwickelt, und die schwierigen Fragen der symmetrischen Verhältnisse werden auf geometrische Weise [4] und mit geometrischen Methoden gelöst.

Fi *Warum es [gerade] diese [Kenntnisse] sind, hat folgende Gründe: Das Schreiben soll der Architekt beherrschen, um sich durch Erläuterungen [seiner Werke] ein länger anhaltendes Andenken zu verschaffen. Weiterhin soll er mit dem Zeichenstift umgehen können, um leichter durch gezeichnete Beispiele darstellen zu können, welches Aussehen er seinem Gebäude geben möchte. Die Geometrie aber stellt der Architektur mehrere Hilfen zur Verfügung: Als erstes lehrt sie unter Zuhilfenahme des Richtscheits den Gebrauch des Zirkels, wodurch die Bauzeichnungen und die Ausrichtungen der rechten Winkel, waagerechten Flächen und geraden Linien der Gebäude auf den Bauplätzen sehr viel leichter ausgeführt werden können. Ebenso wird durch [die Gesetze der] Optik das Licht von bestimmten Stellen des Himmels richtig in die Gebäude geführt. Durch die Arithmetik aber [wird berechnet], was an Kosten für die Gebäude verbraucht wird, werden die Regeln für das Messen ausgearbeitet, und die komplizierten Fragen der symmetriae werden unter Zuhilfenahme geometrische Gesetze und Methoden gelöst.*

[1] Fensterbusch fügt hier ohne Grund das Attribut „perspektivisch" zu „gezeichneten Beispielen" hinzu.
[2] Fensterbusch übersetzt „ex euthygrammis" mit „nach dem Gebrauch des Lineals". Grammatisch und inhaltlich besser paßt aber „mittels" oder „unter Zuhilfenahme". Zirkel und Lineal (oder Richtscheit) sind die beiden zeichnerischen Grundwerkzeuge des Architekten wie auch des Vermessers auf der Baustelle; mit einem Zirkel allein läßt sich keine Bauzeichnung anfertigen. Zusätzlich unterschlägt Fensterbusch hier den Ort der Anwendung: „in areis", „auf den Bauplätzen".
[3] „Rationes mensurarum" sind nicht „Maßeinteilungen", sondern die Regeln des Messens, hier geht es um das antike Meßwesen.
[4] Die schwierigen Fragen der *symmetriae* werden nicht „auf" geometrische Weise, sondern „durch" geometrische Methoden gelöst. Zur problematischen Benutzung des deutschen Wortes „Symmetrie" für das Vitruvsche „symmetria" s. ausführlich die Anmerkungen im 2. Kapitel unter *symmetria*.

(5) 1. und 2. Satz

V   Historias autem plures novisse oportet, quod multa ornamenta saepe in operibus architecti designant, de quibus argumentis rationem, cur fecerint, quaerentibus reddere debent. Quemadmodum si quis statuas marmoreas muliebres
stolatas, quae caryatides dicuntur, pro columnis in opere statuerit et insuper
mutulos et coronas conlocaverit, percontantibus ita reddet rationem.

Fe   Mancherlei geschichtliche Ereignisse aber muß der Architekt kennen, weil
die Architekten oft an ihren Bauten viel Schmuck anbringen, über deren
Bedeutung sie denen, die danach fragen, [1] warum sie ihn angebracht haben,
Rechenschaft ablegen müssen. Z. B. wenn einer mit langen Obergewändern
bekleidete weibliche Marmorstatuen, die Karyatiden heißen, an Stelle von
Säulen an seinem Bau aufgestellt und darüber Kragsteine und Kranzgesimse
gelegt hat, wird er denen, die danach fragen, [1] folgendermaßen dafür
Rechenschaft ablegen.

Fi   *Viele geschichtliche Überlieferungen aber soll er kennen, weil die Architekten
häufig an den Bauten viel Schmuck anbringen, zu dessen Inhalt sie auf Nachfrage, warum sie dies gemacht haben, die Begründung liefern müssen. Wenn
zum Beispiel jemand anstelle von Säulen Frauenstatuen mit Gewändern aus
Marmor, die Karyatiden genannt werden, in seinem Bauwerk aufgestellt und
darüber Mutuli und Kranzgesimse angeordnet hat, wird er dies auf Nachfrage so begründen.*

[1] „Quaerentibus", also „durch die Fragenden" wird hier zu „auf Nachfrage" verkürzt,
ebenso „percontantibus" im nächsten Satz.

(5) 3. bis 6. Satz: Es folgt die Legende von der Entstehung der Karyatiden.

(6) 1. bis 4. Satz: Eine weitere Legende aus den Perserkriegen.

(7) 1. bis 9. Satz:

V   Philosophia vero perficit arcitectum animo magno et uti non sit adrogans, sed
potius facilis, aequus et fidelis, sine avaritia, quod est maximum; nullum enim
opus vere sine fide et castitate fieri potest; ne sit cupidus neque in muneribus
accipiendis habeat animum occupatum, sed cum gravitate suam tueatur dignitatem bonam famam habendo; et haec enim philisophia praescibit. Praeterea de rerum natura, quae graece ,physiologia' dicitur, philosophia explicat.
Quam necesse est studiosius novisse, quod habet multas et varias naturales
quaestiones. Ut etiam in aquarum ductionibus. Incursibus enim et circuitio-

nibus et librata planitie expressionibus spiritus naturales aliter atque aliter fiunt, quorum offensionibus mederi nemo poterit, nisi qui ex philosophia principia rerum naturae noverit. Item qui Ctesibii aut Archimedis et ceterorum, qui eiusdem generis praecepta conscripserunt, leget, sentire non poterit, nisi his rebus a philosophis erit institutus.

Fe   Die Philosophie aber bringt den vollendeten [1] Architekten mit hoher Gesinnung hervor und läßt ihn nicht anmaßend, sondern eher umgänglich, billig denkend und zuverlässig, und, was das Wichtigste ist, ohne Habgier sein. Kein Werk kann nämlich in der Tat ohne Zuverlässigkeit und Lauterkeit der Gesinnung geschaffen werden. Er soll nicht begehrlich und nicht dauernd darauf aus sein, Geschenke zu bekommen, sondern er soll mit charakterlichem Ernst dadurch seine Würde wahren, daß er in gutem Ruf steht [2]. Auch das nämlich schreibt die Philosophie vor. Außerdem gibt die Philosophie Aufklärung über das Wesen der Dinge [3]. Griechisch heißt dieser Zweig der Philosophie Physiologie. Auch diese muß er eifrig [4] studiert haben, weil sie viele verschiedene naturwissenschaftliche Fragen behandelt, z. B. auch bei Wasserleitungen (5). Beim Einlauf ändern sich nämlich sowohl an den Biegungen wie bei sonst ebenem Lauf an den Steigungen die Druckverhältnisse, deren schädliche Wirkungen nur der beseitigen kann, der aus der Philosophie die Grundgesetze der Natur kennt. Ferner wird der, der die Schriften des Ktesibios, des Archimedes und anderer, die Lehrschriften derselben Art [6] verfaßt haben, liest, sie nur verstehen, wenn er in diesen Dingen von Philosophen unterrichtet ist.

Fi   *Die Philosophie aber adelt den Architekten durch hohe Gesinnung und läßt ihn nicht hochmütig, sondern vielmehr freundlich, ausgeglichen, aufrichtig und – was das Wichtigste ist – ohne Habgier sein. Denn wahrlich kann kein Bauwerk ohne Redlichkeit und Lauterkeit geschaffen werden. Er soll [also] nicht habgierig und nicht von Gedanken an den Erhalt von Gefälligkeiten erfüllt sein, sondern – einen guten Ruf besitzend – mit Charakterstärke sein Ansehen bewahren. Denn das schreibt die Philosophie vor.*
Des weiteren erklärt die Philosophie die Naturgesetze, von den Griechen ‚physiologia' genannt. Diese [die Physiologie] muß der Wißbegierigere kennen, weil sie viele und unterschiedliche Fragen zur Natur behandelt, zum Beispiel zur Führung von Wasserleitungen. Denn beim Wasserlauf sind die natürlichen Druckverhältnisse an den Biegungen und den geraden Strecken unterschiedlich, und niemand kann dieses Problem beseitigen, der nicht aus der Philosophie die Prinzipien der Naturgesetze kennt. Auch kann, wer Ktesibios, Archimedes oder andere liest, die über dieses Fachgebiet Lehrschriften verfaßt haben, diese nicht verstehen, wenn er nicht von Philosophen über diese Dinge unterrichtet worden ist.

[1] Fensterbusch schmückt den Architekten zusätzlich zu der hohen Gesinnung mit dem Attribut „vollendet", das bei Vitruv fehlt.

[2] Unklar ist die Zuordnung von „bonam famam habendo". Die konsekutive Verknüpfung bei Fensterbusch überzeugt nicht.

[3] „Res natura" kann durchaus „Wesen der Dinge" bedeuten, wie Fensterbusch übersetzt. Im 1. Kapitel des Sechsten Buches taucht der Begriff sehr häufig auf, dort eher im Sinne von „Schöpfung" oder „die Natur hat es so eingerichtet". Hier wird aufgrund des nachfolgenden Beispiels das ebenso mögliche „Naturgesetz" gewählt.

[4] Der Komparativ „studiosius" wird bei Fensterbusch unterschlagen.

[5] Die „Führung" bei Wasserleitungen wird ebenfalls nicht übersetzt.

[6] Fensterbusch übersetzt „eiusdem generis praecepta" mit „Lehrschriften derselben Art". Gemeint sind aber wahrscheinlich „Lehrschriften über dasselbe Fachgebiet."

(8) 1. bis 3. Satz:

V Musicem autem sciat oportet, uti canonicam rationem et mathematicam notam habeat, praeterea ballistarum, catapultarum, scorpionum temperaturas possit recte facere. In capitulis enim dextra ac sinistra sunt foramina hemitoniorum, per quae tenduntur suculis et vectibus e nervo torti funes, qui non praecluduntur nec praeligantur, nisi sonitus ad artificis aures certos et aequales fecerint. Bracchia enim, quae in eas tentiones includuntur, cum extenduntur, aequaliter et pariter utraque plagam mittere debent; quodsi non homotona fuerit, inpedient directam telorum missionem.

Fe Von der Musik muß er etwas verstehen, damit er über die Theorie des Klanges [1] und die mathematischen Verhältnisse der Töne [1] Bescheid weiß und außerdem die Spannung bei Ballisten, Katapulten und Skorpionen richtig herstellen kann. An den Hauptbalken sind nämlich rechts und links Bohrungen [2] in den Rahmen der Spannsehnenbündel, durch die mit Haspeln und Hebeln aus Därmen geflochtene Seile gespannt werden, die erst verkeilt und angebunden werden, wenn sie bestimmte, gleichmäßige Töne an das Ohr des Erbauers dringen lassen. Denn die beiden Bügelarme, die in diese Spannstränge eingeschlossen werden, müssen, wenn sie losgelassen werden, beide gleichmäßig und gleich stark einen Stoß hervorbringen. Wenn sie nicht den gleichen Ton geben, werden sie keine gerade Flugbahn des Geschosses zulassen.

Fi *Die Musik aber soll er kennen, damit er über die regelmäßigen mathematischen Berechnungen [Intervalle] Bescheid weiß [Harmonielehre], außerdem, um die Spannung bei Ballisten, Katapulten und Skorpionen richtig einstellen zu können. In den Kopfstücken befinden sich nämlich rechts und links Halbton-Bohrungen, durch die mit Haspeln und Hebeln aus Sehnen geflochtene-*

tene Seile gespannt werden, die erst dann verkeilt und festgebunden werden, wenn sie in den Ohren des Erbauers saubere und gleichmäßige Töne erzeugen. Denn beide unter Spannung stehende Bügelarme müssen, wenn sie entspannt werden, einen gleich starken und gleichmäßigen Stoß aussenden; wenn sie [daher] nicht gleich klingen, verhindern sie eine gerade Flugbahn der Geschosse.

[1] Von „Theorie des Klanges" und „Verhältnissen der Töne" steht bei Vitruv nichts. Ihm geht es hier um die Verbindung der Musik mit der Mathematik am Beispiel der Intervalle. (Vgl. auch Knell, Vitruvs Architekturtheorie, 1991, S. 28: „Es geht Vitruv kaum um Kunstgenuss oder den Wohlklang der Töne, sondern um Grundlagen der Musiktheorie und Harmonielehre.")
[2] Fensterbusch unterschlägt bei den Bohrungen den Zusatz „hemitoniorum" von „hemitonium", also „Halbton". Die Bedeutung in diesem Zusammenhang ist ungeklärt, vielleicht handelt es sich um einen Fachausdruck.

(9) 1. und 2. Satz:

V   Item theatris vasa area, quae in cellis sub gradibus mathematica ratione conlocantur sonitum ex discrimine, quae Graeci ‚echeia' appellant, ad symphonias musicas, sive concentus, componuntur divisa in circinatione diatessaron et diapente et <diapason ad> disdiapason, uti vox scaenici sonitus conveniens in dispositionibus tactu cum offenderit, aucta cum incremento clarior et suavior ad spectatorum perveniat aures. Hydraulicas quoque machinas et cetera, quae sunt similia his organis, sine musicis rationibus efficere nemo poterit.

Fe   Ferner werden in den Theatern eherne Gefäße, die in Nischen unter den Sitzreihen nach mathematischer Berechnung entsprechend der Verschiedenheit der Töne aufgestellt werden – die Griechen nennen sie Echeia (Schallgefäße) –, nach den musikalischen Akkorden (lat. concentus = Zusammenklang) angeordnet, verteilt im Theaterrund (nach Quarten, Quinten, Oktaven bis zur Doppeloktave), damit die Stimme des Schauspielers, wenn sie als übereinstimmender Klang in den verteilten Gefäßen durch Berührung anstößt, verstärkt unter Anschwellen klarer und angenehmer zu den Ohren der Zuschauer gelangt. Auch Wasserorgeln und diesen ähnliche Instrumente wird niemand ohne Kenntnis der in der Musik waltenden Gesetze bauen können.

Fi   *Ferner werden in den Theatern nach mathematischen Regeln und entsprechend der Unterschiede im Ton in den Hohlräumen unter den Sitzreihen Bronzegefäße aufgestellt, die die Griechen ‚echeia' [Schallgefäße] nennen, und diese werden, entsprechend der Harmonie oder des Zusammenklangs der Musik im ganzen Theater verteilt, nach Quarten, Quinten, Oktaven und Doppeloktaven angeordnet, damit die Stimme des Schauspielers als harmonischer Klang*

die verteilten Schallgefäße durch Berührung anregt und – durch Resonanz
verstärkt – heller und deutlicher an die Ohren der Zuschauer dringt. Auch
Wasserorgeln und andere Maschinen, die diesen Musikinstrumenten ähneln,
wird niemand ohne Kenntnis der musikalischen Gesetze bauen können.

(10) 1. bis 4. Satz:

V   Disciplinam vero medicinae novisse oportet propter inclinationem caeli, quae
Graeci ‚klimata' dicunt, et aeris et locorum, qui sunt salubres aut pestilen-
tes, aquarumque usus; sine his enim rationibus nulla salubris habitatio fieri
potest. Iura quoque nota habeat oportet, ea quae necessaria sunt aedificiis
communibus parietum, ad ambitum stillicidiorum et cloacarum, luminum.
Item aquarum ductiones et cetera, quae eiusmodi sunt, nota oportet sint
architectis, uti ante caveant quam instituant aedifica, ne controversiae factis
operibus patribus familiarum relinquantur et ut legibus scribendis prudentia
cavere possit et locatori et conductori; namque si lex perite fuerit scripta, erit
ut sine captione uterque ab utroque liberetur. Ex astrologia autem cognosci-
tur oriens, occidens, meridies, septentrio, etiam caeli ratio, aequinoctium, sol-
stitium, astrorum cursus; quorum notitiam si quis non habuerit, horologio-
rum rationem omnino scire non poterit.

Fe   Die Wissenschaft der Medizin aber muß er kennen wegen der (durch die)
Neigung des Himmels [1] (zu den Polen bedingten verschiedenen Witterungsverhältnisse), die die Griechen Klimata nennen, und wegen nützlicher
(und schädlicher) Eigenschaften [2] der Luft und der Gegenden, welche
gesund oder Krankheit erregend sind, und des Wassers. Denn wenn man
das nicht berücksichtigt, können keine gesunden Wohnungen gebaut werden. Auch die Rechtsvorschriften muß er kennen, die bei Häusern, die Wand
an Wand [3] liegen, hinsichtlich der Mauern, am Umgang hinsichtlich der
Dachrinnen, der Kloaken und der Anlage der Fenster [4] zu beachten sind.
Ebenso müssen die Rechtsverhältnisse hinsichtlich der Wasserzuleitung und
der übrigen Dinge derselben Art den Architekten bekannt sein, damit sie
schon vor Baubeginn des Hauses Vorsorge treffen, daß nicht nach Fertigstellung des Baues den Hausbesitzern Streitigkeiten hinterlassen werden.
Auch bei der Abfassung der Bauverträge soll er mit Klugheit dem Bauherrn
und dem Bauunternehmer [5] Sicherheit verschaffen können. Denn wenn
der Vertrag sachkundig abgefaßt ist, werden beide Parteien ohne Nach-
teil von ihren gegenseitigen Verpflichtungen entbunden werden. Aus der
Sternkunde aber erwächst die Kenntnis von Ost und West, von Süd und
Nord, auch von der Gesetzmäßigkeit (der Bewegung) des Himmelsgewöl-
bes, der Tag- und Nachtgleichen, der Sonnenwenden und des Laufs der Ge-
stirne. [6]

Fi   *Das Fach Medizin aber soll er wegen der Änderungen der Witterungsver-*
     hältnisse, von den Griechen ‚klimata‘ genannt, und wegen des [richtigen]
     Gebrauchs der Luft, des Wassers und der Orte, die gesund oder ungesund
     sind, kennen; denn ohne solche Überlegungen kann keine gesunde Wohnung
     gebaut werden. Er soll auch juristische Erfahrungen haben, weil diese bei
     gemeinschaftlichen [Wohn-] Gebäuden notwendig sind, und zwar in bezug
     auf die Brandwände, die Umgänge, die Dachrinnen, die Schmutzwasser-
     entsorgung und die Belichtung. Ebenso sollten die Leitungsführungen des
     Frischwassers und der übrigen Dinge, die von dieser Art sind, den Architek-
     ten bekannt sein, damit diese, schon bevor sie die Gebäude errichten, sicher-
     stellen [können], daß nicht nach Fertigstellung der Arbeiten den Hausherren
     Streitigkeiten hinterlassen werden, und damit sie durch mit Umsicht geschrie-
     bene Verträge sowohl dem Bauherrn als auch dem Bauunternehmer Sicher-
     heit verschaffen können. Denn wenn der Vertrag sachkundig abgefaßt ist,
     werden beide Seiten von gegenseitigen Ansprüchen befreit sein. Die Astrono-
     mie aber vermittelt die Kenntnisse von Osten, Westen, Süden, Norden, von
     den Gesetzen der Himmelsmechanik, von der Tag- und Nachtgleiche, der
     Sonnenwende und dem Lauf der Sterne. Wer von diesen Dingen keine Kennt-
     nis hat, kann nicht das Geringste vom Funktionieren der Uhren verstehen.

[1] Fensterbusch schreibt in seiner Anmerkung 21[343], daß „inclinatio caeli" die „Neigung der Erdachse gegen den Horizont" bezeichnet, muß dann aber einen ziemlich großen Bogen zum Klima schlagen. „Inclinatio" kann aber auch „Wechsel, Veränderung" und „caelum" auch „Klima, Wetter" heißen, so daß man sich vielleicht den Umweg sparen kann.
[2] Die Übersetzung von „usus" mit „nützlicher (und schädlicher) Eigenschaften" ist über-zogen, es geht um „Nutzung" oder „Gebrauch".
[3] Fensterbusch übersetzt „communibus" sehr frei mit „Wand an Wand", trifft aber wahr-scheinlich, bezogen auf enge Wohnquartiere oder Mietshäuser, den Sinn.
[4] Von Fenstern spricht Vitruv nicht, nur vom „Licht".
[5] „Locator" ist eigentlich der „Vermieter", „conductor" der Mieter, aber auch der „Unter-nehmer". Hier wird Fensterbusch gefolgt, der den Vermieter als „Bauherrn" interpretiert, weil dieser Gegensatz in dem hier besprochenen Zusammenhang mehr Sinn macht als der zwischen Mieter und Vermieter.
[6] Hier fehlt in Fensterbuschs Übersetzung der letzte Teilsatz vollständig. Der Sinn ist aber unstrittig.

(11) 1. Satz:

V   Cum ergo tanta haec disciplina sit, condecorata et abundans eruditio-
     nibus variis ac pluribus, non puto posse ‹se› iuste repente profiteri archi-
     tectos, nisi qui ab aetate puerili his gradibus disciplinarum scandendo scien-
     tia plerarumque litterarum et artium nutriti pervenerint ad summum
     templum architecturae.

Fe   Da also diese Wissenschaft so umfassend ist, weil sie mit verschiedenen wissenschaftlichen Kenntnissen in großer Zahl ausgestattet ist und ein Übermaß davon in sich vereinigt, glaube ich, daß niemand sich mit Fug und Recht ohne lange Ausbildung Architekt nennen kann, sondern nur die, die von frühester Jugend an dadurch, daß sie auf dieser Stufenleiter der Wissenschaften emporgestiegen sind, durch die Kenntnisse sehr vieler Wissenschaften und Künste gefördert schließlich zu höchsten Stufe, der Architektur, gelangt sind.

Fi   *Da also dieses Fach so umfassend ist, mit einem Übermaß an vielfältigen und unterschiedlichen Kenntnissen sorgfältig angereichert, glaube ich nicht, daß sich [solche Personen] vorschnell und mit Recht als Architekten bezeichnen können, die nicht von Kindesbeinen an die Stufenleiter der Unterrichtsfächer emporsteigend – und so durch den Wissensbestand der meisten theoretischen Schriften und Berufszweige genährt – zum innersten Bezirk der Architektur vorgedrungen sind.*

Erwähnenswert ist, daß der erste Teil des Satzes mit „eruditionibus variis ac pluribus"[344] in Wortwahl und Bedeutung weitgehend identisch mit dem Eingangssatz des 1. Kapitels ist. Dazu gehört auch erneut die Benutzung einer Vokabel des Schmückens, diesmal „condecorata" anstelle von „ornata". Genauso ist die Übersetzung von „disciplina" mit „Wissenschaft" am Anfang des Satzes wiederum fehl am Platz; gemeint ist ganz offensichtlich das „Fach", die „Disziplin" Architektur.

Das Problem des Kommas hinter „ad summum templum" bei Fensterbusch wurde schon in der Einleitung thematisiert.

In seiner Anmerkung 22[345] bemüht Fensterbusch, da er sich die Übersetzung von „templum" in der allgemeinen Bedeutung „Heiligtum" schwer vorstellen kann, eine Stelle bei Ovid, wo „summum" im Sinne von „Gipfel, höchster Punkt" interpretiert werden kann. Vermutlich orientiert er sich aber auch an früheren Übersetzungen. Schon Philandrier übersetzt in seinen *Les Annotations* (Ausgabe 2000, S. 73) „ad summum templum" mit „au faite", also mit „dem First, dem Gipfel, dem Höhepunkt"; ebenso später Rode mit „zum höchsten Gipfel" (Vitruvius, 1995, S. 20).

Die ursprüngliche Bedeutung von „templum" ist aber gar nicht das Gebäude, sondern der weite Freiraum, in dem die Priester den Vogelflug beobachten konnten; später dann auch jede geweihte Stätte, beispielsweise ein heiliger Bezirk. Eine solche Übersetzung paßt problemlos in den Kontext.

(12) 1. bis 4. Satz:

V   At fortasse mirum videbitur inperitis hominibus posse naturam tantum numerum doctrinarum perdiscere et memoria continere. Cum autem animadverterint omnes disciplinas inter se coniunctionem rerum et communicationem habere, fieri posse faciliter credent; encyclios enim disciplina uti corpus unum ex his membris est composita. Itaque qui a teneris aetatibus eruditionibus variis instruuntur, omnibus litteris agnoscunt easdem notas communicationemque omnium disciplinarum, et ea re facilius omnia cognoscunt. Ideoque de veteribus architectis Pytheos, qui Prieni aedem Minervae nobiliter est architectatus, ait in suis commentariis architectum omnibus artibus et doctrinis plus oportere posse facere, quam qui singulas res suis industriis et excercitationibus ad summam claritatem perduxerunt.

Fe Aber vielleicht wird es Leuten, die nicht wissenschaftlich [1] gebildet sind, wunderbar erscheinen, daß ein Mensch [2] eine so große Zahl wissenschaftlicher [1] Lehren in sich aufnehmen und im Gedächtnis festhalten kann. Wenn sie aber bemerkt haben, daß alle Wissenschaftszweige unter sich sachlich miteinander in Verbindung stehen und etwas Gemeinsames [3] haben, werden sie leicht glauben, daß es doch möglich ist. Enzyklopädische Bildung ist nämlich als ein einheitlicher Körper aus diesen Gliedern zusammengesetzt. [4] Daher stellen die, die vom zarten Jugendalter an in verschiedenen Wissenschaftszweigen [5] unterrichtet werden, fest, daß die Grundzüge in allen Wissenschaften [5] gleich sind und alle Wissenschaftsgebiete miteinander in Verbindung stehen, und sie erfassen daher alles leichter. Deshalb sagt einer von den alten Architekten, Pytheos, der in Priene den Bau des Minervatempels vortrefflich als Architekt geleitet [6] hat, in seinen Schriften, ein Architekt müsse in *allen* Zweigen [7] der Kunst und Wissenschaft mehr leisten können als die, die einzelne Gebiete durch ihren Fleiß und ihre Tätigkeit zu höchstem Glanz geführt haben.

Fi *Andererseits wird es vielleicht von Menschen ohne Ausbildung als unwahrscheinlich angesehen, daß die [menschliche] Natur eine so große Anzahl von Lehrgebieten erlernen und im Gedächtnis behalten kann. Wenn sie aber festgestellt haben, daß alle Fächer sachlich untereinander in Verbindung und im Austausch stehen, werden sie leicht glauben, daß dies möglich ist. Denn umfassende Bildung ist ähnlich zusammengesetzt wie der ganze Körper aus seinen [einzelnen] Gliedern. Wer also von Kindheit an in unterschiedlichsten Kenntnissen unterwiesen wurde, erkennt in allen Theorien deren [gleiche] Merkmale und den Zusammenhang aller Unterrichtsfächer [wieder], und dadurch wird er alles leichter lernen. Deshalb sagt Pytheos, einer der Architekten aus alter Zeit, der den Tempel der Minerva in Priene vorzüglich erbaut hat, in seinen Schriften, der Architekt solle in allen Betätigungsfeldern und Lehrgebieten mehr leisten können als diejenigen, die einzelne Bereiche durch ihren Fleiß und ihre Gewandtheit zu höchstem Ruhm geführt haben.*

[1] Die Häufung des Wortes „wissenschaftlich" in diesem Satz ist fehl am Platz.
[2] Vitruv spricht im zweiten Teil des Satzes von „natura", nicht vom Menschen.
[3] „Communicatio" ist eher „Mitteilung, Austausch" als „etwas Gemeinsames".
[4] Vitruv benutzt hier eigentlich ein Bild, einen Vergleich, was Fensterbusch in seiner Übersetzung ignoriert.

[5] Daß „die Grundzüge aller Wissenschaften gleich sind", ist eine zu weit gehende Interpretation Fensterbuschs. Zudem ist die Übersetzung von „eruditio" mit „Wissenschaftszweige" auf jeden Fall unangemessen.

[6] Eine seltene Stelle, an der Vitruv das Verb „architectari" verwendet, wenn auch als Partizip. Es bedeutet „bauen, anlegen", Fensterbuschs Übersetzung mit „als Architekt geleitet" ist also überflüssig.

[7] Auch von „Zweigen" ist bei Vitruv nicht die Rede.

(13) 1. bis 3. Satz:

V   Id autem re non expeditur. Non enim debet nec potest esse architectus grammaticus, uti fuerit Aristarchus, sed non agrammatus, nec musicus ut Aristoxenus, sed non amusos, nec pictor ut Apelles, sed graphidos non inperitus, nec plastes quemadmodum Myron seu Polyclitus, sed rationis plasticae non ignarus, nec denuo medicus ut Hippocrates, sed non aniatrologetus, nec in ceteris doctrinis singulariter excellens, sed in is non inperitus. Non enim in tantis rerum varietatibus elegantias singulares quisquam consequi potest, quod earum ratiocinationes cognoscere et percipere vix cadit in potestatem.

Fe   Das wird aber durch die Wirklichkeit nicht bestätigt. [1] Ein Architekt muß nicht und kann auch nicht ein Sprachkundiger sein, wie es Aristarchos gewesen ist, aber er darf nicht ohne grammatische Bildung sein, ein Musiker wie Aristoxenos, aber er darf nicht ohne jede musikalischen Kenntnisse sein, ein Maler wie Apelles, aber er darf nicht unerfahren sein im Führen des Zeichenstifts, ein Bildhauer wie Myron oder Polykleitos, aber er darf der Bildhauerkunst nicht unkundig sein, schließlich ein Arzt wie Hippokrates, aber er darf in der Heilkunde nicht unbewandert sein, und er braucht nicht auf den übrigen Gebieten von Kunst und Wissenschaft eine Kapazität zu sein [2], aber darf doch nicht ohne alle Kenntnis in ihnen sein. Niemand kann nämlich auf so verschiedenen Gebieten die besonderen Feinheiten erreichen, weil es ihm kaum möglich ist, ihre theoretischen Grundsätze [3] kennen zu lernen und voll und ganz zu erfassen.

Fi   *Das aber ist in der Realität nicht machbar. Denn weder kann noch muß der Architekt ein [berühmter] Sprachwissenschaftler sein wie Aristarchus, noch darf er völlig sprachunkundig sein; weder soll er ein [berühmter] Musiker wie Aristoxenos noch soll er ganz unmusikalisch sein, weder ein solcher Maler wie Apelles noch mit dem Zeichenstift völlig ungeübt, weder solch ein Bildhauer wie Myron oder Polykleitos noch im plastischen Gestalten gänzlich unbewandert; des weiteren weder ein Arzt wie Hippokrates noch in der Heilkunst gar nicht erfahren, weder in allen übrigen Lehrgebieten einzeln hervorragend noch in ihnen insgesamt völlig ungeübt. Denn niemand kann bei so großer Vielfalt der Gebiete [jeweils] bis zu den besonderen Feinheiten gelangen, weil*

er kaum die Möglichkeit hat, deren [gesamte] theoretische Grundlagen ken-
nenzulernen und zu erfassen.

[1] Die Übersetzung von „expedire" mit „bestätigen" ist unzutreffend. Eine Möglichkeit ist die intransitive Variante, „förderlich, zuträglich sein", diese würde allerdings eher den Dativ als den Ablativ von „res" verlangen: „Das ist der Sache nicht zuträglich". Die hier gewählte Variante bezieht sich auf die transitive Form von expedire als „machen, ausführen, zustande bringen" und übersetzt „res" in diesem Fall mit dem lexikalisch möglichen „Wirklichkeit, tatsächliche Erfahrung". Sinngemäß paßt diese Variante sehr gut.
[2] Hier geht Fensterbuschs Übersetzung mit „auf den übrigen Gebieten von Kunst und Wissenschaft eine Kapazität zu sein" sehr weit über das Original hinaus.
[3] In diesem Fall übersetzt auch Fensterbusch „ratiocinatio" zutreffend mit „theoretische Grundsätze".

(14) 1. und 2. Satz:

V   Nec tamen non tantum architecti non possunt in omnibus rebus habere summum effectum, sed etiam ipsi, qui privatim proprietates tenent artium, non
efficiunt, ut habeant omnes summum laudis principatum. Ergo si in singulis
doctrinis singuli artifices neque omnes sed pauci aevo perpetuo nobilitatem
vix sunt consecuti, quemadmodum potest architectus, qui pluribus artibus
debet esse peritus, non id ipsum mirum et magnum facere, ne quid ex his indi-
geat, sed etiam ut omnes artifices superet, qui singulis doctrinis adsiduitatem
cum industria summa praestiterunt?

Fe   Jedoch können nicht nur die Architekten nicht den höchsten Erfolg auf allen
Gebieten erreichen, sondern sogar die, die für sich die Besonderheiten der
Kunstgattungen [1] beherrschen, bringen es nicht fertig, daß sie alle die höchste Spitze des Ruhms erlangen. Also: wenn auf den einzelnen Gebieten der
Kunst [1] nur vereinzelt Künstler [1] (nicht einmal alle, sondern in der ganzen Länge der Zeit nur wenige) Berühmtheit erlangt haben, wie kann da der
Architekt, der auf mehreren Gebieten der Kunst [1] erfahren sein muß, nicht
nur dies an sich schon Wunderbare und Große zuwege bringen, daß er an
nichts von diesem Mangel hat, sondern daß er sogar *alle* Künstler [1] über-
trifft, die auf ihren Einzelgebieten Beharrlichkeit [2] gepaart mit Fleiß an den
Tag gelegt haben?

Fi   *Aber nicht nur die Architekten können nicht auf allen Gebieten die höchste*
Vollendung erreichen, sondern selbst jene, die für sich persönlich zu den spezi-
fischen Besonderheiten der [einzelnen] Gebiete vordringen, schaffen es nicht,
daß jeder von ihnen bis zum Gipfel des Ruhmes gelangt. Wenn also selbst in
den einzelnen Lehrgebieten nicht jeder einzelne Meister, sondern nur wenige
im Laufe der Geschichte Berühmtheit erlangen, wie kann dann der Architekt,

der in vielen Tätigkeitsfeldern erfahren sein muß, nicht nur die erstaunliche und große [Leistung] zustande bringen, in keinem dieser Gebiete [Wissens-] Mängel zu haben, sondern auch noch alle jene Meister zu übertreffen, die den einzelnen Lehrgebieten mit höchstem Fleiß ihre ständige Beschäftigung widmen?

[1] In diesem Satz wird Fensterbuschs falsche Einengung der Thematik auf das Gebiet der Bildenden Kunst besonders deutlich.

[2] Im letzten Satzteil übersetzt Fensterbusch „adsiduitas" korrekt mit „Beharrrlichkeit", dies ergibt allerdings nicht viel Sinn. Man kann das Wort aber auch mit „beständige Anwesenheit, Fortdauer, ununterbrochene Beschäftigung" übersetzen. Das würde den Gegensatz zwischen dem Architekten, der sich um viele Dinge gleichzeitig kümmern muß, und jemand anderem, der sich ständig nur mit einer Sache beschäftigt, genau treffen.

(15) 1. und 2. Satz

V   Igitur in hac re Pytheos errasse videtur, quod non animadvertit ex duabus rebus singulas artes compositas, ex opere et eius ratiocinatione, ex his autem unum proprium esse eorum, qui singulis rebus sunt exercitati, id est operis effectus, alterum commune cum omnibus doctis, id est rationem, uti medicis et musicis est de venarum rythmo et pedum motus; at si vulnus mederi aut aegrum eripere de periculo oportuerit, non accedet musicus, sed id opus proprium erit medici; item in organo non medicus sed musicus modulabitur, ut aures suavem cantonibus recipiant iucunditatem.

Fe   Also scheint in diesem Punkte Phyteos geirrt zu haben, weil er nicht bemerkt hat, daß die einzelnen Künste sich aus zwei Faktoren zusammensetzen, aus Ausführung und ihrer Konzeption [1], wovon das erstere, nämlich die Ausführung der Arbeit, eine eigene Sache derer ist, die auf speziellen Gebieten ausgebildet sind, das zweite aber Gemeingut aller wissenschaftlich Gebildeten ist, das ist die bewußte vernünftige (theoretische) Überlegung, wie sich z. B. Ärzte und Musiker mit dem Zeitmaß des Pulsschlages und der Bewegung der Füße beschäftigen. Wenn es aber nötig sein sollte, eine Wunde zu heilen oder einen Kranken aus der Gefahr zu befreien, dann wird nicht der Musiker herbeikommen, sondern das wird die besondere Tätigkeit des Arztes sein. Ebenso wird auf einem Musikinstrument nicht der Arzt, sondern der Musiker so spielen, daß die Ohren eine süße Annehmlichkeit durch die gespielten Weisen empfinden.

Fi   *In dieser Angelegenheit scheint sich also Pytheos geirrt zu haben, weil er nicht bemerkt hat, daß die einzelnen Disziplinen aus zwei Faktoren zusammengesetzt sind: aus der Ausführung und aus ihren theoretischen Grundlagen, von denen aber das eine, die Ausführung der Arbeit, die Sache derjenigen ist, die auf [ihren] speziellen Gebieten ausgebildet sind, während das andere die gemeinsame Sache aller Gebildeten ist, wie [zum Beispiel] solche theoretischen Überlegungen, die Mediziner oder Musiker zum Pulsschlag oder zum Taktschlag des Fußes anstellen; wenn es aber nötig sein sollte, eine Wunde zu heilen oder einen Kranken aus der Gefahr zu befreien, dann wird nicht der Musiker kommen, sondern das ist ein Fall für den Arzt; umgekehrt wird nicht der Arzt, sondern der Musiker auf dem Instrument so spielen, daß die Ohren durch die Lieder einen angenehmen Wohlklang empfangen.*

[1] Hier übersetzt Fensterbusch „ratiocinatio" sogar mit „Konzeption" und stellt so einen überzeugenden Gegensatz zur „Ausführung" her. Bei der Ausgangsdefinition im 4. Satz klingt das wesentlich unklarer.

(16) 1. bis 3. Satz:

V   Similiter cum astrologis et musicis est disputatio communis de sympathia stellarum et symphoniarum, in quadratis et trigonis, diatessaron et diapente, a geometris divisus, qui graece logos opticos appellatur; ceterisque omnibus doctrinis multae res vel omnes communes sunt dumtaxat ad disputandum. Operum vero ingressus, qui manu aut tractationibus ad elegantiam perducuntur, ipsorum sunt, qui proprie una arte ad faciendum sunt instituti. Ergo satis abunde videtur fecisse, qui ex singulis doctrinis partes et rationes earum mediocriter habet notas, eas quae necessariae sunt ad architecturam, uti, si quid de his rebus et artibus iudicare et probare opus fuerit, ne deficiatur.

Fe   Analog erörtern mit den Astrologen die Musiker gemeinsam die Wechselbeziehung der Sterne und der musikalischen Konsonanzen, der Quarten und Quinten, in Quadraten und Dreiecken [1] und die Geometer die Natur des Sehens, die von den Griechen Logos opticos genannt wird (?) [2], und den übrigen Wissenschaftsgebieten sind viele oder gar alle Dinge gemeinsam, soweit es um die Erörterung theoretischer Grundsätze geht. Die Ausführung der Werke [3] aber, die mit der Hand oder durch technische Bearbeitung zu vollendeter Feinheit gebracht werden, ist Sache derer, die auf *einem* Gebiete der Kunst zur Ausführung ausgebildet sind. Also scheint mehr als genug erreicht zu haben, wer von den einzelnen Wissenschaftsgebieten Teilgebiete und ihre Methoden nur einigermaßen kennt, und zwar diejenigen, die für die Baukunst nötig sind, damit es ihm, wenn er über diese Dinge und Kunsterzeugnisse ein Urteil abzugeben und sie zu prüfen hat, nicht an Befähigung fehlt.

Fi   *Ebenso finden bei Astrologen und Musikern gemeinsame Erörterungen über die Konstellation der Sterne und die [musikalischen] Harmonien statt, von den Geometern in Quadrate und Dreiecke, beziehungsweise in Quarten und Quinten eingeteilt – dieses [Gebiet] wird von den Griechen „logos opticos" genannt; und auch allen übrigen Lehrgebieten sind, zumindest was die Erörterung [der Grundlagen] angeht, viele oder gar alle Dinge gemeinsam. Die Inangriffnahme der [realen] Arbeiten jedoch, die durch Handarbeit oder [sonstige] Bearbeitungen bis zur Perfektion gebracht werden, ist die Angelegenheit derer, die zur Ausübung in einem einzelnen Fachgebiet ausgebildet worden sind. Also scheint derjenige mehr als genug getan zu haben, der Teile der einzelnen Lehrgebiete und deren Theorien einigermaßen beherrscht, und zwar diejenigen, die für die Architektur notwendig sind, damit es ihm, wenn er etwas in bezug auf diese Angelegenheiten und Handwerkszweige zu beurteilen oder zu prüfen hat, an nichts [an keinem Wissen] mangelt.*

[1] Fensterbusch zitiert in seiner Anmerkung 32[346] ausführlich Rode in dessen Übersetzung des Filander, in der es um Ähnlichkeiten zwischen Figuren der Sterne und den Intervallen der musikalischen Konsonanzen geht.
[2] Das „a geometris divisus" klassifiziert Fensterbusch in Anmerkung 33[347] als „unverständlich" oder als Fremdkörper „in den Text gedrungen". Die Stelle wird wahrscheinlich immer problematisch bleiben.
[3] „Ingressus" bedeutet „Eintritt, Zugang", auch „Anfang", nicht „Ausführung", wie Fensterbusch übersetzt. Vitruv meint hier wahrscheinlich den Punkt, wo die theoretischen Überlegungen abgeschlossen sind und die Ausführung beginnt.

(17) 1. bis 3. Satz:

V   Quibus vero natura tantum tribuit sollertiae, acuminis, memoriae, ut possint geometriam, astrologiam, musicen ceterasque disciplinas penitus habere notas, praetereunt officia architectorum et efficiuntur mathematici. Itaque faciliter contra eas disciplinas disputare possunt, quod pluribus telis disciplinarum sunt armati. Hi autem inveniuntur raro, ut aliquando fuerunt Aristarchus Samius, Philolaus et Archytas Tarentini, Apollonius Pergaeus, Eratosthenes Cyrenaeus, Archimedes et Scopinas ab Syracusis, qui multas res organicas, gnomonicas numero naturalibusque rationibus inventas atque explicatas posteris reliquerunt.

Fe   Die aber, denen die Natur soviel Talent, Scharfsinn und Gedächtnis verliehen hat, daß sie Geometrie, Sternkunde, Musik und die übrigen Wissenschaften voll und ganz beherrschen, wachsen über den Beruf des Architekten hinaus [1] und werden Mathematiker. Daher können sie sich leicht mit Fachleuten in diesen Wissenschaften in Streitgespräche einlassen, weil sie mit mehr Waffen der Wissenschaften ausgerüstet sind. Solche Leute aber findet man selten, wie es z. B. vor Zeiten Aristarchos aus Samos, Philolaos und Archytas aus Tarent, Apollonios aus Pergae, Eratosthenes aus Kyrene, Archimedes und Skopi-

213

nas aus Syrakus gewesen sind, die der Nachwelt viele mechanische Werke und Uhren [2] hinterlassen haben, die durch Berechnung und auf Grund der Naturgesetze erfunden und entwickelt sind.

Fi *Diejenigen aber, denen die Natur ein hohes Maß an Geschicklichkeit, Scharfsinn und Erinnerungsvermögen verliehen hat, so daß sie die Geometrie, die Astrologie, die Musik und die übrigen Fächer ganz und gar beherrschen, lassen die berufliche Betätigung als Architekt bleiben [vorüberziehen] und entwickeln sich zu [reinen] Mathematikern. So können sie sich leicht mit den [oben genannten] Disziplinen auseinandersetzen, weil sie über viele [geistige] Waffen dieser Fächer verfügen. Solche Personen finden sich aber nur selten, wie einstmals etwa Aristarchos aus Samos, Philolaos und Archytas aus Tarent, Appollonios aus Pergae, Eratosthenes aus Kyrene, Archimedes und Skopinas aus Syrakus, die der Nachwelt viele – durch Berechnung und [Anwendung der] Naturgesetze erfundene und weiterentwickelte – [Musik-] Instrumente und [Sonnen-] Uhren hinterlassen haben.*

[1] Diese berühmte Stelle bei Fensterbusch, die den Mathematiker über den Architekten stellt, entspricht vermutlich nicht den Intentionen Vitruvs. „Praeterire" kann zwar sehr wohl „übertreffen, überholen" heißen, aber auch – und ursprünglicher – „vorübergehen, vorbeifahren, verstreichen lassen (zeitlich), übergehen, nicht berücksichtigen" etc. Bei Überlegungen zur Berufswahl kann also jemand die Option, Architekt zu werden, übergehen, verstreichen lassen und sich lieber der Mathematik zuwenden, also der reinen Theorie. Auch steht bei Vitruv nicht „und werden Mathematiker", sondern merkwürdig passivisch: „efficiuntur mathematici", also etwa „sie werden zu Mathematikern gemacht."
[2] Fensterbusch erweitert „organicas, gnomonicas" auf „mechanische Werke und Uhren" – wie es ja bei den aufgezählten Namen gut nachvollziehbar ist –, aber Vitruv will offensichtlich noch einmal einen Bezug zur Astronomie und zur Musik herstellen und benutzt deshalb diese speziellen Vokabeln.

(18) 1. bis 3. Satz:

V Cum ergo talia ingenia ab naturali sollertia non passim cunctis gentibus sed paucis viris habere concedatur, officium vero architecti omnibus eruditionibus debeat esse exercitatum, et ratio propter amplitudinem rei permittat non iuxta necessitatem summas sed etiam mediocres scientias habere disciplinarum, peto, Caesar, et a te et ab is, qui ea volumina sunt lecturi, ut, si quid parum ad regulam artis grammaticae fuerit explicatum, ignoscatur. Namque non uti summus philosophus nec rhetor disertus nec grammaticus summis rationibus artis exercitatus, sed ut architectus his litteris imbutus haec nisus sum scribere. De artis vero potestate quaeque insunt in ea ratiocinationes polliceor, uti spero, his voluminibus non modo aedificantibus sed etiam omnibus sapientibus cum maxima auctoritate me sine dubio praestaturum.

Fe Da es also die Schöpferkraft der Natur [1] nicht Völkern in ihrer Gesamtheit ohne Unterschied, sondern nur wenigen Menschen zugesteht, daß sie derartige Begabung besitzen, der Architekt von Beruf aber in allen Wissenschaftszweigen geschult sein muß, und da die Fassungskraft mit Rücksicht auf [2] den Umfang des Stoffes es nur gestattet, daß er über das notwendige Maß hinaus nicht die höchsten, sondern nur mittelmäßige Kenntnisse in den Wissenschaften besitzt, bitte ich Dich, Caesar, und die Leser dieser Bücher um Nachsicht, wenn etwas zu wenig nach den Regeln der Sprachkunst dargelegt ist. Denn nicht als bedeutender Philosoph, nicht als beredter Redner und nicht als Schriftsteller, der in den besten Methoden seiner Kunst geübt ist, sondern nur [3] als ein Architekt, der mit diesen Wissenschaften (ein bißchen) [3] vertraut ist, habe ich mich daran gemacht, dies zu schreiben. Hinsichtlich aber dessen, was die Baukunst vermag, und hinsichtlich der theoretischen Grundsätze, die in ihr gelten, verspreche ich, daß ich in diesen Büchern, wie ich hoffe, nicht nur allen, die sich mit Bauen beschäftigen, sondern auch allen Gebildeten dies mit größter Sachkunde ohne Zweifel bieten [4] werde.

Fi *Da aber so viel Talent an naturgegebener Einsicht nicht weit und breit allen Völkern gewährt wird, sondern nur wenigen Menschen, andererseits aber der Beruf des Architekten Geschultheit in allen Kenntnissen verlangt und die Vernunft es wegen der Fülle des Stoffes notwendigerweise nicht gestattet, in [allen] diesen Fächern gleichermaßen die höchsten Kenntnisse zu besitzen, sondern nur mittlere, bitte ich Dich, Caesar, und diejenigen, die diese Bücher lesen, um Nachsicht, wenn [einmal] etwas zu wenig nach den Regeln der Sprachkunst dargelegt ist. Denn weder als bedeutender Philosoph noch als gewandter Redner noch als Sprachwissenschaftler, der in allen Regeln seiner Kunst geübt ist, sondern als Architekt, der mit den theoretischen Schriften dieser Fächer [leidlich] vertraut ist, habe ich mich aufgemacht, dieses [Werk] zu schreiben. Was aber die Architektur zu leisten vermag und was die in ihr geltenden theoretischen Überlegungen [Planungsgrundlagen] angeht, so versichere ich, mich durch diese Bücher, wie ich hoffe, nicht nur bei den mit dem Bauen Befaßten, sondern auch bei allen [anderen] Gebildeten zweifelsfrei als jemand mit höchstem Sachverstand zu erweisen.*

[1] Von „Schöpferkraft der Natur" ist bei Vitruv nicht die Rede, sondern von „naturgegebener Einsicht".
[2] Auch ist „ratio" nicht die „Fassungskraft ".
[3] Das etwas unterwürfige „nur" (als Architekt) steht bei Vitruv nicht; auch „ein bißchen" ist eine Interpretation Fensterbuschs. Bei Vitruv klingt die Stelle wesentlich selbstbewußter.
[4] Im letzten Abschnitt des Satzes stellt sich Vitruv stärker in den Mittelpunkt als in der Übersetzung Fensterbuschs: Er will nicht etwas „bieten", sondern er versichert, sich selbst als „jemand mit höchstem Sachverstand" zu erweisen.

Erstes Buch, 2. Kapitel

(1) 1. Satz:

V   Architectura autem constat ex ordinatione, quae graece *taxis* dicitur, et ex dispositione, hanc autem Graeci *diathesis* vocitant, et eurythmia et symmetria et decore et distributione, quae graece *oikonomia* dicitur.

Fe   Die Baukunst besteht aus Ordinatio, die griechisch Taxis genannt wird, Dispositio, die die Griechen Diathesis nennen, Eurythmia, Symmetria, Decor und Distibutio, die griechisch Oikonomia genannt wird.

Fi   *Die Architektur [das Fachgebiet] aber besteht aus ordinatio, die griechisch ‚taxis‘ genannt wird, dispositio, die die Griechen ‚diathesis‘ nennen, eurythmia, symmetria, decor und distributio, die griechisch ‚oikonomia‘ genannt wird.*

(2) 1. Satz: *ordinatio*

V   Ordinatio est modica membrorum operis commoditas separatim universeque proportionis ad symmetriam comparatio.

Fe   Ordinatio ist die nach Maß berechnete angemessene Abmessung (der Größenverhältnisse) [1] der Glieder eines Bauwerks im einzelnen und die Herausarbeitung [2] der proportionalen Verhältnisse im ganzen zur Symmetrie.

Fi   *Ordinatio ist die passende maßliche Einteilung der Glieder eines Bauwerks im einzelnen und die Bereitstellung der Proportionen im Hinblick auf die symmetria im Ganzen.*

[1] Ungeklärt ist hier vor allem die Übersetzung von „commoditas". Fensterbusch verweist in seiner Anmerkung 42[348] auf das griechische „sym-metria" und nennt als eigentliche Übersetzung „die Eigenschaft von Größen, die darin besteht, daß sie durch die gleiche Maßeinheit ohne Rest teilbar oder meßbar sind", also sinngemäß so etwas wie „Teilbarkeit" (vgl. Euklids Definition in Teil IV, Kommentar zur *symmetria, Abs. 2*). Auf die im Lexikon angeführten Übersetzungen wie „Zweckmäßigkeit, Annehmlichkeit, Angemessenheit" geht er gar nicht erst ein. Letztere machen auch wenig Sinn, weil dann mit „modica commoditas" entweder eine Doppelung eintritt („angemessene Angemessenheit"), oder aber mit „maßvoller Zweckmäßigkeit" eine inhaltliche Ausrichtung hergestellt wird, die weder etwas mit dem griechischen Wort „taxis" (Anordnung, Aufstellung) zu tun hat, die Vitruv im Eingangssatz des 2. Kapitels als Ursprung aufführt, noch etwas mit der lexikalischen Bedeutung von „ordinatio", die ebenfalls mit „Ordnung, Anordnung" notiert ist, erst recht aber nichts mit dem

nachfolgenden Begriff „Quantitas". So wird hier mit „maßliche Einteilung" im wesentlichen der Übersetzung Fensterbuschs gefolgt. Übrigens übernimmt Fensterbusch hier fast wörtlich die Übersetzung von Jolles (Vitruvs Ästhetik, S. 11 und 12).

[2] Umstritten ist auch die Bedeutung von „comparatio" im zweiten Teil des Satzes. Lexikalisch sind zwei Bedeutungsfelder benannt. Erstens: „Vergleich, (richtiges) Verhältnis, Konstellation". Grammatisch paßt hier die Konstruktion problemlos: „das richtige Verhältnis der *proportio* zur *symmetria*", problematisch ist aber die inhaltliche Doppelung: Da *proportio* ebenfalls „Verhältnis" bedeutet, hieße es dann „das richtige Verhältnis des Verhältnisses". Bezieht man sich eher auf „Vergleich", wäre „passende Abstimmung der *proportio* im Hinblick auf die *symmetria*" eine mögliche Interpretation. Zweitens: „Vorbereitung, Herstellung, Beschaffung, Vorkehrungen treffen". Setzt man eine dieser Bedeutungen für „comparatio" ein, ergibt sich relativ einfach eine verständliche Lösung: die Herstellung, Beschaffung, Bereitstellung der *proportio* im Hinblick auf die *symmetria* im Ganzen. Fensterbusch formuliert verstärkend: „die Herausarbeitung der proportionalen Verhältnisse zur Symmetrie", schafft aber dadurch keinen schlüssigeren Sinnzusammenhang.

Zu warnen ist in jedem Fall vor der von Fensterbusch vorgenommenen wörtlichen Übersetzung der Begriffe *proportio* und *symmetria*, die bei Vitruv ein ganz anderes Bedeutungsfeld besetzen als die Begriffe „Proportion" und „Symmetrie" heute.

(2) 2. Satz: *ordinatio*

V   Haec componitur ex quantitate, quae graece *posotes* dicitur.

Fe   Diese wird aus der Quantitas, die griechisch Posotes heißt, hergestellt. [1]

Fi   *Sie wird aus der quantitas, die griechisch ‚posotes' heißt, zusammengestellt.*

[1] Vitruv verwendet hier nicht, wie an vielen anderen Stellen, das Verb „efficere", also „herstellen, erzeugen", sondern das Verb „componere", also „zusammenstellen, -setzen, -legen". Wenn *ordinatio* so etwas wie die „Maßordnung" ist, dann wird diese weniger „hergestellt" als vielmehr aus ganz bestimmten Maßen „zusammengestellt".

(2) 3. Satz: *ordinatio*

V   Quantitas autem est modulorum ex ipsius operis sumptio e singulisque membrorum partibus universi operis conveniens effectus.

Fe   Quantitas aber ist die Ableitung [1] einer Maßeinheit [2] aus dem Bauwerk selbst [3] und die harmonische Ausführung [4] des Gesamtbaues aus den einzelnen Teilen der Bauglieder. [5]

Fi   *Quantitas aber [die Mengeneinteilung] ist die [Voraussetzung für die] Gewinnung der Module aus dem Bauwerk selbst und aus den einzelnen Teilen der*

Bauglieder und [bewirkt so] die harmonische Ausarbeitung des gesamten Gebäudes.

[1] Die Übersetzung des Wortes „sumtio" ist kompliziert. Das Lexikon weist es als philosophischen Terminus technicus aus: „Voraussetzung, Vordersatz eines Syllogismus". Fensterbusch orientiert sich mit „Ableitung" eher an der Bedeutung des Verbs „sumere", also „festsetzen, bestimmen, annehmen, auswählen, gewinnen". In den Erläuterungen zum Aufbau des ionischen Tempels im 3. Kapitel des Dritten Buches[349] benutzt Vitruv auch tatsächlich die Verbform „sumatur". Andererseits geht inhaltlich aus diesen Erläuterungen hervor, daß die Mengeneinteilung die Voraussetzung für die Festsetzung eines Moduls ist. Vielleicht hat Vitruv hier beide Bedeutungen in einem Wort kondensiert. Benutzt man jedenfalls – wie in der gewählten Übersetzung – beide Bedeutungen zusammen, wird zusätzlich das leidige Problem gelöst, daß die *quantitas*, also die Mengeneinteilung, natürlich nicht die Gewinnung eines Moduls oder die harmonische Wirkung „ist", sondern diese nur erzeugen kann.

[2] Fraglich ist auch, warum Vitruv das Wort „modulorum" hier im Plural einsetzt, obwohl es in der Regel nur einen Modul in einem Gebäude gibt. Entsprechend benutzt Fensterbusch den Singular.

[3] Hier fehlt grammatikalisch das Bezugswort im Ablativ für das „ex" im ersten Teil des Satzes; Fensterbusch geht auf das Problem nicht ein und übersetzt trotzdem: „aus dem Bauwerk selbst". Es könnte ein Flüchtigkeitsfehler der späteren Kopisten sein, denn bei der Definition der *symmetria* taucht der gleiche Wortlaut auf: „ex ipsius operis", nur hier ergänzt um „membris", das Bezugswort für das „ex": "aus den Gliedern des Bauwerks selbst". Dementsprechend ergänzt etwa Lorentzen „membris" auch bei der *ordinatio* (vgl. Jolles, Vitruvs Ästhetik, 1906, S. 14). Viel Sinn macht eine solche Ergänzung aber auch nicht, da es fast auf eine Doppelung des 2. Satzteils hinausliefe.

[4] Schließlich gibt es auch noch Wahlmöglichkeiten in der Übersetzung von „effectus". Lexikalisch ist „Ausführung" oder „Wirkung" möglich, wobei beide Bedeutungen inhaltlich zusammenhängen. Ausführung kann eine Tätigkeit bezeichnen („die Ausführung ließ auf sich warten") oder aber das Ergebnis einer Tätigkeit („die Ausführung war mangelhaft"). Im letzteren Fall ist dann die „Wirkung" negativ, es entsteht ein negativer „Effekt". Das Lexikon führt zur zweiten Bedeutung noch ein interessantes Beispiel an: „cessante causa, cessat effectus", also: „Entfällt der Grund, entfällt die Folge". Diese Interpretation würde perfekt zu „sumtio" als „Voraussetzung" passen: die Mengeneinteilung ist die Voraussetzung und die harmonische Wirkung die Folge, der Effekt. Fensterbusch hingegen folgt Jolles (Vitruvs Ästhetik, 1906, S. 16) und entscheidet sich für „Ausführung". Die hier gewählte Übersetzung geht einen dritten Weg: Sie orientiert sich an der Bedeutung des zugrunde liegenden Verbs „efficere" im Sinne von „ausführen, durchführen" und wählt mit „Ausarbeitung" eher die planende Tätigkeit als das ausgeführte Ergebnis.

[5] Unklar bleibt ebenfalls, ob „e singulis membrorum partibus" zum zweiten Subjekt „conveniens effectus" gehört – wie bei Fensterbusch – oder eher zum ersten Subjekt „sumptio" und damit in eine Reihe mit „ex ipsius operis", wie hier angenommen.

(2) 4. Satz: *dispositio*

V   Dispositio autem est rerum apta conlocatio elegansque compositionibus effectus operis cum qualitate.

Fe   Dispositio ist die passende Zusammenstellung der Dinge und die durch die Zusammenstellung schöne Ausführung [1] des Baues mit Qualitas. [2]

Fi   *Dispositio aber ist die passende Anordnung der Dinge und die durch die Zusammenstellung gemäß ihrer Eigenschaften geschmackvolle Ausarbeitung des Bauwerks.*

[1] Die richtige Bestimmung des Inhalts der *dispositio* steht und fällt ebenfalls mit der jeweiligen Interpretation des Wortes „effectus". Es kann, wie oben ausgeführt, zum einen „Ausführung, Verwirklichung", zum anderen „Wirkung, Erfolg, Effekt" bedeuten. Fensterbusch entscheidet sich erneut für „Ausführung" und dehnt damit den Bereich der *dispositio* extrem weit aus: sie umfaßt dann nicht nur den Entwurf, sondern auch noch zusätzlich die Ausführung. Da aber die von Vitruv selbst gegebene Erläuterung des Begriffs nicht von der „Ausführung", sondern im ersten Teil von den zeichnerischen Darstellungsformen und im zweiten Teil vom Entstehen dieser Formen durch Nachdenken und Erfindung handelt, wird hier durch die Übersetzung mit „Ausarbeitung" deutlich gemacht, daß es sich um die *Ausführung der Planung* und nicht um die *Ausführung des Gebäudes* handelt.

[2] Das zweite Problem dieses Satzes ist die Zuordnung und Bedeutung des angehängten „cum qualitate". Fensterbusch läßt es als ungeklärten Fachausdruck stehen: „mit Qualitas" und ordnet es dem Subjekt „effectus" zu: „Ausführung mit Qualitas", was etwa „qualitätvolle Ausführung" suggerieren könnte. „Qualitas" bedeutet aber nicht „Qualität", sondern „Eigenschaft, Beschaffenheit" und „effectus" hier eben nicht „Ausführung", sondern „Ausarbeitung". Man müßte also „Ausarbeitung gemäß der Beschaffenheit" übersetzen. Es gibt aber auch noch die ebenso legitime – und hier gewählte – Alternative, „cum qualitate" mit „compositionibus" zu verknüpfen, also „Zusammenstellung gemäß ihrer Eigenschaften", was wesentlich sinnvoller erscheint. Denn jede Komposition muß ja die einzelnen Elemente nach ihren Eigenschaften zusammenstellen, also zum Beispiel den Eßplatz mit der Küche verknüpfen und nicht mit dem Schlafzimmer, also Gleiches oder zueinander Passendes zusammenfassen, gruppieren und anschließend mit dem nächsten Komplex von ähnlichen Dingen verknüpfen – also gerade nicht beliebig, sondern „cum qualitate", gemäß ihrer Eigenschaften.

Schließlich sei noch auf die sicherlich von Vitruv beabsichtigte Gegeneinanderführung der Begriffe *quantitas* und *qualitas* hingewiesen. Während es im vorangegangenen Grundbegriff *ordinatio* um die Ordnung von Größen und Mengen geht, steht bei der *dispositio* die Ordnung gemäß der Eigenschaften der Dinge im Vordergrund.

(2) 5. Satz, *dispositio*:

V   Species dispositionis, quae graece dicuntur *ideai*, sunt hae: ichnographia, orthographia, scaenographia.

Fe   Die Formen der Dispositio, die die Griechen Ideen nennen, sind folgende: Ichnographia, Orthographia, Scaenographia.

Fi *Die Darstellungsformen der dispositio, die von den Griechen ‚ideae' genannt werden, sind folgende: Ichnographia, Orthographia und Scaenographia.*

Fensterbusch übersetzt hier „species" mit „Formen", was lexikalisch möglich ist und auch unserer heutigen Anwendung etwa bei „eine bestimmte Spezies" entspricht. Dadurch wird allerdings sowohl der visuelle Aspekt der Grundbedeutung „Sehen, Aussehen, Erscheinung, Anblick" als auch der direkte Verweis auf die griechische Abstammung als „Idee, Begriff, Vorstellung von" vollständig unterdrückt. Übersetzt man hingegen mit „Darstellungsformen" – und die drei folgenden Fachbegriffe kennzeichnen ganz eindeutig Formen der Darstellung –, so löst man den Begriff von der *dispositio* selbst ab: es gibt die *dispositio* mit ähnlicher Bedeutung wie in der Rhetorik – und es gibt drei *Darstellungs*formen (species) der *dispositio*. Angesichts der Tatsache, daß Vitruv im zweiten Teil auf diejenigen Dinge zurückkommt, aus denen sich diese Darstellungsformen ableiten, ist diese Interpretation plausibler. Außerdem spricht Vitruv erst im Anschluß an die Definition dieser zugrunde liegenden geistigen Prozesse (*cogitatio* und *inventio*) von den „terminationes" der *dispositio*.

(2) 6. Satz, *dispositio*:

V Ichnographia est circini regulaeque modice continens usus, e qua capiuntur formarum in solis arearum descriptiones.

Fe Ichnographia ist der unter Verwendung von Lineal und Zirkel in verkleinertem Maßstab ausgeführte Grundriß [1], aus dem (später) die Umrisse der Gebäudeteile auf dem Baugelände genommen werden.

Fi *Ichnographia ist der kontinuierliche maßstäbliche Gebrauch von Zirkel und Lineal, aus dem die Festsetzungen der Gebäudeformen auf dem Terrain des Bauplatzes gewonnen werden [Lageplan oder Grundrißzeichnung für das Abstecken des Gebäudes auf der Baustelle].*

[1] Fensterbusch fügt hier eigenmächtig das bei Vitruv nicht vorhandene Wort „Grundriß" hinzu und verschiebt so die Bedeutung des Wortes „Ichnographia" erheblich. Ichnographia ist bei Vitruv keinesfalls „der" Grundriss, sondern eine konkrete maßstäbliche Grundrißzeichnung, die mittels Zirkel und Lineal erstellt wird und deren klarer Zweck das Schaffen von Grundlagen ist, nach denen der Vermesser auf der Baustelle die Absteckung des Gebäudes vornehmen kann – ein Vorgang, der in der Antike einen wesentlich höheren Stellenwert besaß und von hoch qualifizierten Fachleuten (teils von Mathematikern) ausgeführt wurde.

(2) 7. Satz, *dispositio*:

V Orthographia autem est erecta frontis imago modiceque picta rationibus operis futuri figura.

Fe Orthographia aber ist das aufrechte Bild der Vorderansicht und eine den Maßstäben des zukünftigen Bauwerks entsprechende gezeichnete Darstellung in verkleinertem Maßstab. [1]

Fi *Orthographia hingegen ist das aufrechte Bild der Vorderfront und die maßstäblich gezeichnete, aus dem Konzept des zukünftigen Gebäudes entwickelte Umrißfigur [Ansichtszeichnung].*

[1] Zweifelhaft ist in diesem Satz die durch Fensterbusch vorgenommene Übersetzung von „rationibus" mit „den Maßstäben", die zu einer unschönen Verdoppelung, „den Maßstäben […] entsprechende […] Darstellung in verkleinertem Maßstab" führt. Wahrscheinlicher ist, daß es hier um die „ratio" des zukünftigen Gebäudes im Sinne von „logischem Aufbau, innerer Struktur, geplanter, überlegter, vernünftiger Organisation" geht, vielleicht auch um die diesem zugrunde liegenden Größenberechnungen, -festlegungen, -einteilungen, aus denen sich die Gebäudegestalt ableitet.

(2) 8. Satz, *dispositio:*

V Item scaenographia est frontis et laterum abscedentium adumbratio ad circinique centrum omnium linearum responsus.

Fe Scaenographia ferner ist die perspektivische (illusionistische) Wiedergabe der Fassade und der zurücktretenden Seiten und die Entsprechung sämtlicher Linien auf einen Kreismittelpunkt.

Fi *Gleichermaßen ist Scaenographia die illusionistische Darstellung der Fassade und der in die Tiefe fluchtenden Seiten und die Ausrichtung aller Linien [dieser Seiten] auf einen Fluchtpunkt [Zentralperspektive].*

Während Fensterbusch im ersten Teil des Satzes das Adjektiv „perspektivisch" frei ergänzt – weswegen es besser gewesen wäre, die Klammer um „illusionistisch" zu entfernen und sie für „perspektivisch" zu verwenden –, begnügt er sich im zweiten Teil mit einer extrem wörtlichen und in dieser Form völlig unverständlichen Übersetzung. Wenn schon, dann wäre hier in der Übersetzung ein Verweis auf die Zentralperspektive sinnvoll, die mit der „Entsprechung sämtlicher Linien auf einen Kreismittelpunkt" zweifellos gemeint ist und die auch zur Zeit Vitruvs allgemein in Gebrauch war.

(2) 9. Satz, *dispositio:*

V Hae nascuntur ex cogitatione et inventione.

Fe Diese Formen entspringen dem Nachdenken und der Erfindung.

Fi   *Diese [Gebäudedarstellungen] sind das Ergebnis von Überlegung und Erfindung.*

Die Verwendung der Vokabel „nascuntur" deutet darauf hin, daß Vitruv hier das „Erzeugen und Erfinden" wirklich als Ursache und Voraussetzung der Planerstellung kennzeichnen will – er benutzt das Wort im gleichen Sinn wie im 1. Satz des 1. Kapitels bei *fabrica* und *ratiocinatio.*

(2) 10. Satz, *dispositio:*

V   Cogitatio est cura studii plena et industriae vigilantiaeque effectus propositi cum voluptate.

Fe   Nachdenken ist die mit viel Eifer, Fleiß und unermüdlicher Tätigkeit verbundene [,] mit einem Glücksgefühl gepaarte Bemühung um die Lösung einer gestellten Aufgabe.

Fi   *Cogitatio [Überlegung] ist die unermüdliche Pflege [der intensive Einsatz] von Interesse, Fleiß und Aufmerksamkeit bei der – mit Leidenschaft betriebenen – Ausarbeitung eines Vorschlags [Plans].*

Fensterbusch übersetzt „effectus propositi" mit „Lösung einer gestellten Aufgabe". Allerdings ist „propositum" keine „gestellte Aufgabe", sondern ein „Vorschlag, Vorhaben, Plan", und „effectus" keine „Lösung", sondern die „Ausarbeitung, Ausführung" oder die „Wirkung". „Ausarbeitung eines Vorschlags" wäre also eine wörtliche – und zugleich vollständig in den Kontext der vorangegangenen Sätze und der *dispositio* passende – Übersetzung. Jeder Architekt kennt, was Vitruv hier beschreibt: das intensive, mit allen Kräften geführte Bemühen um das fertige Entwurfsergebnis. Auch taucht das Wort „propositum" in gleicher Bedeutung schon im ersten Kapitel, Absatz 3, 2. Satz, bei: „significatur proposita res" auf. Für „voluptate" wird hier anstelle von „Vergnügen, Freude, Lust" das Wort „Leidenschaft" gewählt, um die hohe Motivation zum Ausdruck zu bringen, die ganz offensichtlich auch für Vitruv den Entwurfsvorgang begleiten muß.

(2) 11. Satz, *dispositio:*

V   Inventio autem est quaestionum obscurarum explicatio ratioque novae rei vigore mobili reperta.

Fe   Erfindung aber ist die Lösung dunkler Probleme und die mit beweglicher Geisteskraft gefundene Entdeckung von etwas Neuem.

Fi *Inventio [Erfindung] aber ist die Lösung schwieriger Fragen und die Berech-*
    nung [das Durchdenken] einer neuen, mit Hilfe von beweglicher [geistiger]
    Kraft entdeckten Sache.

Auch in diesem Satz geht Fensterbusch mit der Übersetzung von „ratio novae rei" als „Entdeckung von etwas Neuem" über Vitruv hinaus. In dem schon extrem weit gespreizten
Bedeutungsfeld von „ratio" sucht man „Entdeckung" vergeblich. „Erfindung, Entdeckung"
gehört vielmehr zum Bedeutungsfeld von „repertus", „entdeckt, erfunden", hängt also an
„vigore mobili": „durch bewegliche [Geistes-] Kraft gefunden, entdeckt". Das, *was* entdeckt
wird, „ratio novae rei", ist vielmehr die „Berechnung einer neuen Sache". Eine zweite Variante wäre: „die Überlegung einer neuen Sache" oder besser: „das Überlegen, das Erwägen,
das Durchdenken einer neuen Sache".
Faßt man die möglichen Übersetzungen von „vigor", „(Lebens-) Kraft, Frische, Lebhaftig-
keit" und von „mobilis", „beweglich, schnell, flink" zusammen, scheint Vitruv hier mit
„vigore mobili" tatsächlich den kreativen Vorgang, das schnelle Hin- und Herspringen der
Gedanken, zum Ausdruck bringen zu wollen.

(2) 12. Satz, *dispositio:*

V   Hae sunt terminationes dispositionum.

Fe Dies sind die Begriffsbestimmungen der Dispositio.

Fi *Dies sind die Begriffsbestimmungen der dispositio.*

Hier – und ausdrücklich erst hier, am Abschluß der Erläuterungen zur *dispositio* – spricht
Vitruv von „terminationes dispositionum", also „Abgrenzungen, Begriffsbestimmungen",
während er zu Beginn von „species dispositionis" spricht. Das macht noch einmal deutlich,
daß die „Formen der Dispositio", wie es bei Fensterbusch heißt, eben nicht *Ichnographia,
Orthographia* und *Scaenographia* sind, sondern daß sich die *dispositio* einerseits aus den drei
genannten Darstellungsformen, andererseits aus den zwei geistigen Strategien „Überlegung"
und „Erfindung" zusammensetzt. Weitergehend wäre sogar die Interpretation möglich, daß
allein *cogitatio* und *inventio* die Begriffsbestimmungen der *dispositio* sind und *Ichnographia,
Orthographia* und *Scaenographia* „nur" die Darstellungsformen.
Ob die Tatsache, daß Vitruv hier den Genitiv Plural von „dipositio" wählt, in die gleiche
Richtung weisen soll, ist nicht zu klären. Sinn macht die Verwendung des Plurals in keinem
Fall; auch Fensterbusch übersetzt ihn nicht.

(3) 1. Satz, *eurythmia:*

V   Eurythmia est venusta species commodusque in compositionibus mem-
    brorum aspectus.

Fe Eurythmia ist das anmutige Aussehen und der in der Zusammensetzung der Glieder symmetrische Anblick.

Fi *Eurythmia ist das anmutige Aussehen und das maßgerechte Erscheinungsbild in der Zusammenfügung [Komposition] der Bauglieder.*

Vitruv benutzt in diesem Satz mit „species" und „aspectus" zwei Wörter aus dem visuellen Bereich, deren Wortfelder sich in einem gewissen Bereich – und zwar bei „Blick" und „Aussehen" – überschneiden, ansonsten aber unterschiedliche inhaltliche Schwerpunkte besetzen. Bei „species" geht es eher um die äußere Erscheinung – einer Gestalt, einer Person, eines Berges, einer Pflanze etc. Und in Verbindung mit dem Adjektiv „venustus" gibt es bei der Übersetzung kaum Fehlermöglichkeiten: „anmutige Erscheinung, schöne Gestalt, reizender Anblick, anmutiges Aussehen."

Bei „aspectus" hingegen dominiert eher der optische Bereich: das Sichtbar-Werden, In-Erscheinung- Treten, der Gesichtskreis, die weite Aussicht bis hin zur Sehkraft oder zu „aspectum fugere", „sich dem Blick entziehen". Im zweiten Abschnitt geht es also eher um das Deutlich-Erkennbar-Sein, Zutage-Treten. Auch hier fügt Vitruv ein Adjektiv hinzu, in diesem Falle „commodus", das sich jedoch sowohl einzeln als auch in seiner Verbindung zu „aspectus" als wesentlich sperriger erweist.

Fensterbusch bleibt seiner vom Lexikon abweichenden Interpretation treu, die er schon bei der *ordinatio* in Bezug auf „commoditas" eingeschlagen hatte, und setzt in seiner Anmerkung 45[350] „commodus" mit „symmetros" gleich. Das führt zu: „der in der Zusammensetzung der Glieder symmetrische Anblick" und macht wenig Sinn, da es ganz offensichtlich nicht um Symmetrie im heutigen Sinne geht. Die wörtliche Übersetzung lautet: „com modus = mit Maß" und erlaubt Auslegungen in Richtung „angemessen, maßvoll", vielleicht aber auch „maßgerecht", was dann der von Fensterbusch in der *ordinatio* gewählten Übersetzung von „commoditas" als „nach Maß berechnet" schon sehr nahe kommt.

Allerdings ist „commodus" grammatikalisch eindeutig auf „aspectus" bezogen, und ein „maßgerechtes Zutage-Treten" macht ebenfalls wenig Sinn. Das Angemessene, Maßgerechte kann sich daher nur auf den eingeschobenen Zusatz „in compositionibus membrorum" beziehen, also auf die Zusammenfügung, die Komposition der Bauglieder – und dort macht es natürlich sofort Sinn: *eurythmia* entsteht bei einem In-Erscheinung-Treten der richtigen, angemessenen, maßgerechten Zusammenfügung der Bauglieder.

Wenn man also „commodus aspectus" mit „maßgerechtes Erscheinungsbild" übersetzt, bliebe die grammatische Zuordnung erhalten, zugleich aber wäre der Bezug zu dem hergestellt, was maßgerecht sein soll, nämlich die Zusammenfügung der Bauglieder.

Gestärkt wird diese Interpretation dadurch, daß sich der nachfolgende Satz erneut mit den Abmessungen befaßt, also mit Länge, Breite, Höhe der „membra operis", der Teile des Bauwerks.

(3) 2. Satz, *eurythmia:*

V Haec efficitur, cum membra operis convenientia sunt altitudinis ad latitudinem, latitudinis ad longitudinem, et ad summam omnia respondent suae symmetriae.

Fe Sie wird erzielt, wenn die Glieder des Bauwerks in zusammenstimmendem Verhältnis [1] von Höhe zur Breite und von Breite zur Länge stehen, überhaupt alle Teile der ihnen zukommenden Symmetrie [2] entsprechen.

Fi *Sie wird erzeugt, indem die Glieder eines Bauwerks in bezug auf Höhe zu Breite und Breite zu Länge harmonisch [abgestimmt] sind und insgesamt alle [Bauglieder] ihren symmetriae folgen.*

[1] Fensterbusch übersetzt „convenientia", das eigentlich nur „Übereinstimmung, Harmonie" bedeutet, etwas weitgehend mit „zusammenstimmenden Verhältnis" – ohne daß dadurch der Sinn wesentlich verfälscht wird.
[2] Bei der Übersetzung – oder besser: Nichtübersetzung – von „symmetriae" bleibt Fensterbusch konsequent auf der einmal eingeschlagenen Linie und nimmt die damit einhergehenden Verständnisschwierigkeiten in Kauf.

(4) 1. Satz, *symmetria:*

V   Item symmetria est ex ipsius operis membris conveniens consensus ex partibusque separatis ad universae figurae speciem ratae partis responsus.

Fe Symmetria ferner ist der sich aus den Gliedern des Bauwerks selbst ergebende Einklang und die auf einen berechneten Teil (modulus) beruhende Wechselbeziehung der einzelnen Teile für sich gesondert zur Gestalt des Bauwerks als Ganzem.

Fi *Symmetria ist dementsprechend die harmonische Übereinstimmung zwischen den Gliedern des Bauwerks selbst sowie zwischen den Einzelbauteilen und dem Aussehen der Gesamtgestalt bezogen auf einen festgesetzten Teil [Modul].*

Fensterbusch identifiziert zwei Subjekte und damit zwei eigenständige Teile des Satzes: „conveniens consensus", die „harmonische Übereinstimmung" bezieht sich nur auf den ersten Teil, auf „ex ipsius operis membris", „responsus" hingegen auf den ganzen restlichen Teil. Nun verwendet Vitruv allerdings nicht den Nominativ des Substantivs „responsum", sondern das Partizip des Verbs „respondere", also „antworten, erwidern, entsprechen", in der Übersetzung „antwortend, entsprechend". Zudem verbindet er „ex ipsius operis" und „ex partibus separatis" mit einem „que", so daß es wesentlich näherliegt, auch diesen zweiten Teil auf „conveniens consensus" zu beziehen und das Partizip „responsus" lediglich auf die Bezugsgröße „ratae partis". Jedenfalls ergibt sich so problemlos ein stimmiger Sinnzusammenhang, während die gewundene Formulierung von Fensterbusch so gut wie unverständlich ist. Unabhängig davon ist seine Übersetzung von „responsus" mit „Wechselwirkung" fragwürdig. „Ratae partis" übersetzt er mit „berechneter Teil", was möglich ist. Aus der späteren Verwendung ergibt sich aber, daß der Modul „festgesetzt" wird, was ebenfalls dem lexikalischen Eintrag entspricht.

(4) 2. Satz, *symmetria:*

V   Uti in hominis corpore e cubito, pede, palmo, digito ceterisque particulis symmetros est eurythmiae qualitas, sic est in operum perfectionibus.

Fe   Wie beim menschlichen Körper aus Ellenbogen, Fuß, Hand, Finger und den übrigen Körperteilen die Eigenschaft der Eurythmie symmetrisch [1] ist, so ist es auch bei der Ausführung von Bauwerken.

Fi   *So, wie die Eigenschaft der eurythmia beim menschlichen Körper auf dem modularen Aufbau von Elle, Fuß, Hand, Finger und den übrigen Teilen beruht, so ist es auch bei der Herstellung der Bauwerke.*

[1] Problematisch in diesem Satz ist wiederum Fensterbuschs wörtliche Übernahme des Symmetriebegriffs. Zwar gibt es jeweils zwei Ellenbogen, Füße, Hände am menschlichen Körper, die in bezug auf die Mittelachse des stehenden Menschen symmetrisch angeordnet sind, aber bei den Fingern wird es schon unscharf, davon gibt es immerhin zehn, die nur in bezug auf den jeweils an der gegenüberliegenden Hand befindlichen Finger, nicht aber untereinander symmetrisch sind. Außerdem spricht der vorangegangene Satz ausdrücklich vom Bezug auf einen Grundmodul, und tatsächlich zählt Vitruv im 1. Kapitel des Dritten Buches die modularen Beziehungen genau dieser Körperteile auch exakt auf: eine Hand (als Maßeinheit) sind vier Finger, ein Fuß vier Hände oder 16 Finger, eine Elle sechs Hände oder 24 Finger. Die Eigenschaft der *eurythmie* ist also nicht – wie Fensterbusch ziemlich unverständlich übersetzt – symmetrisch, sondern das anmutige und harmonische Aussehen kommt dadurch zustande, daß den menschlichen Körperteilen ein gemeinsames Modulmaß zugrunde liegt. Wenn man daher ein Gebäude in ähnlicher Weise modular aufbaut, wird es ebenfalls ein solches harmonisches Aussehen zeigen.

(4) 3. Satz, *symmetria:*

V   Et primum in aedibus sacris aut e columnarum crassitudinibus aut triglypho aut etiam embatere, ballista e foramine, quod Graeci *peritreton* vocitant, navibus interscalmio, quae *dipechyaia* dicitur, item ceterorum operum e membris invenitur symmetriarum ratiocinatio.

Fe   Und vornehmlich bei heiligen Bauwerken wird entweder aus den Säulendicken oder dem Triglyphon oder auch dem Embater, bei der Balliste aus dem Bohrloch, das die Griechen Peritreton nennen, bei den Schiffen aus dem Zwischenraum zwischen zwei Ruderzapfen, den die Griechen Dipechyaia nennen, und ebenso bei den übrigen Bauwerken aus einzelnen Gliedern die Berechnung [1] der Symmetrien gewonnen.

226

Fi   *Und besonders bei heiligen Bauwerken wird entweder aus der Dicke der Säulen, aus der Triglyphe oder auch aus dem Embater, bei der Balliste aus dem Bohrloch, das die Griechen ‚peritreton' nennen, bei den Schiffen aus dem Zwischenraum zwischen zwei Ruderzapfen, den die Griechen ‚dipechyaia' nennen, und ebenso aus den Gliedern der übrigen Bauwerke die Berechnungsgrundlage der symmetriae [des modularen Aufbaus] gewonnen.*

[1] „Ratiocinatio", so wurde schon in den Anmerkungen zum 1. Kapitel festgestellt, ist weniger die Berechnung als vielmehr die Grundlage der Berechnung, die jeder Planung zugrunde liegende theoretische Überlegung. Das macht auch mehr Sinn als „Berechnung der Symmetrien" bei Fensterbusch, weil sich dann wieder die Frage stellt, wieso und in welcher Form sich Symmetrien berechnen lassen.

(5) 1. Satz, *Decor:*

V   Decor autem est emendatus operis aspectus probatis rebus compositi cum auctoritate.

Fe   Decor ist das fehlerfreie Aussehen eines Bauwerks, das aus anerkannten Teilen mit Geschmack geformt ist.

Fi   *Decor aber ist das fehlerfreie Erscheinungsbild eines Gebäudes, das gemäß den anerkannten Regeln aus erprobten Dingen zusammengefügt ist.*

Strittig ist hier erneut die Übersetzung des Wortes „auctoritas", die über Sinn und Bedeutung nicht nur dieses Satzes, sondern des ganzen *decor*-Begriffs entscheidet. Und wie schon zweimal im 1. Kapitel des Ersten Buches wählt Fensterbusch auch diesmal eine wenig einleuchtende, ja den Sinn verfälschende Übersetzung: nach „Meisterschaft" und „mit Erfolg" jetzt „mit Geschmack". Allein die Vielzahl der gewählten Übersetzungen läßt vermuten, daß Fensterbusch die Bedeutung, die Vitruv mit diesem Wort verbindet, nicht nachvollzieht – was verwunderlich ist, da das Wort „Autorität" auch heute noch in ähnlichen Kontexten wie bei Vitruv verwendet wird,.
Wenn es jedoch unbestritten um das „fehlerfreie, korrekte, richtige" Aussehen eines Gebäudes geht, also um „richtig" oder „falsch", so muß dem ja eine beurteilende Instanz zugrunde liegen, eine Autorität. Oder anders gesagt: die „rebus probatis", die selbst schon „gebilligten" Bestandteile des Gebäudes, müssen darüber hinaus mit „Autorität", mit – und jetzt folgen diverse lexikalische Eintragungen – „Einfluß", „Gewicht", „Autorität", oder mit „Gültigkeit", „Glaubwürdigkeit", „Ermächtigung", oder gemäß einem „Vorbild", „Beispiel", „Muster", „Beschluß" zusammengefügt werden, also nach verbindlichen, gültigen, allgemein anerkannten Regeln oder, wie wir heute unter Architekten sagen: „gemäß den anerkannten Regeln der Baukunst" –„cum auctoritate".
Man könnte aber auch bei der personalisierten Form bleiben, in der diese Formulierung im 1. Kapitel benutzt wird: „mit fachlicher Autorität". Beide Übersetzungsmöglichkeiten hän-

gen insofern miteinander zusammen, als die Kenntnis und Beherrschung der gültigen Vorbilder, Normen und verbindlichen Vorschriften die Grundlage der fachlichen Autorität bildet. Die von Fensterbusch gewählte Übersetzung „Geschmack" verweist im Gegensatz dazu auf das weitläufige Gebiet der Ästhetik und der Geschmacksurteile und lenkt die Interpretation und Rezeption damit in völlig falsche Bahnen.

(5) 2. Satz, *Decor:*

V   Is perficitur statione, quod graece *thematismos* dicitur, seu consuetudine aut natura.

Fe   Decor wird durch Befolgung von Satzung, die die Griechen Thematismos nennen, oder durch Befolgung von Gewohnheit oder durch Anpassung an die Natur erreicht:

Fi   *Dies geschieht im Hinblick auf statio [Stellung], die die Griechen thematismos nenen, im Hinblick auf consuetudo [Brauch, Sitte, Konvention] oder im Hinblick auf natura [die natürlichen Gegebenheiten].*

So kurz und grammatikalisch klar der Satz ist, so umstritten bleibt die Bedeutung der drei aufgeführten Begriffe.

Statio: Fensterbusch übersetzt mit „Satzung" und schließt sich damit der Mehrheit der deutschen Autoren (Lorentzen, 1857, Reber 1865, Jolles 1906, Schlikker 1940) an, nicht jedoch Rode, der „Kostum" (1796) verwendet (vgl. Horn-Onken, Über das Schickliche, 1967, Anm. 42, S.32, dort auch eine Vielzahl weiterer Deutungen). Lexikalisch ist diese Übersetzung nicht abgesichert, da „statio" zunächst einmal „Stehen, Stellung, Stelle, Standort, auch Wachposten etc." bedeutet. Die Wurzel ist „stare", also „aufrecht stehen, stillstehen", bei Gebäuden auch „fertig dastehen, Bestand haben", mit Infinitiv auch „festgesetzt, bestimmt, beschlossen sein". Die letzte Bedeutung verweist auf ein Verb aus dem selben Wortstamm: „statuere", übersetzt mit „aufstellen, errichten, erbauen", aber auch „festsetzen, bestimmen, anordnen", aus dessen Partizip Perfekt sich das deutsche Lehnwort „Statut" herleitet. Hier wäre also eine Verbindung zur „Satzung" von Fensterbusch, allerdings auf Umwegen. Wieder direkt von „stare" leitet sich das zweite Substantiv dieser Wortfamilie ab: „status", zu übersetzen mit „Stehen, Stand, Stellung", aber auch: „bürgerliche Stellung, Stand, Rang" und in dieser Bedeutung auch in der deutschen Sprache etwa als „Status" – oder zusammengesetzt als „Statussymbol" etc. – geläufig. Es ist allerdings kein Grund erkennbar, warum Vitruv, wenn er diesen Inhalt gemeint hätte, diese Vokabel nicht auch hätte verwenden sollen.

So wird hier an der lexikalischen Ausgangsdefinition „Stellung" festgehalten, was den Vorzug besitzt, daß Weiterungen wie „gesellschaftliche Stellung" oder „Feststellung, Festlegung"in ihm durchaus mitschwingen. Hinzu kommt, daß metonymisch auch noch „richtige Stelle", etwa innerhalb des Systems der Gottheiten, möglich ist. Jede weitergehende Interpretation sollte sich aus den von Vitruv selbst zur Erläuterung angeführten Beispielen ergeben.

Consuetudo: Vergleichsweise einfach zu übersetzen ist dagegen der zweite Begriff: „Gewohnheit, Brauch, Sitte". Auch weitere lexikalische Eintragungen weisen in die gleiche Richtung, hinzu kommen noch etwas entferntere Bedeutungen wie „Erfahrung, Übung" und „geselliger oder zärtlicher Umgang". Trotzdem übersetzt Jolles mit „innerer Konsequenz" und Watzinger mit „Stil" (vgl. Horn-Onken, Über das Schickliche, 1967, S. 32). Es gibt jedoch keinen begründeten Hinweis darauf, warum man von der Übersetzung „Brauch, Überlieferung, Konvention" abweichen sollte, zumal auch Fensterbusch in diesem Fall bei der wörtlichen Übersetzung „Gewohnheit" bleibt.

Natura: Fensterbusch übersetzt mit „Natur" und „decor naturalis" mit „Dekor von Natur her" und bleibt damit wiederum ganz eng an der heutigen Ausgangsbedeutung. Das Lexikon erlaubt aber auch die Abstraktion in Richtung „Beschaffenheit, Wesen", also etwa „Natur der Dinge, Charakter, Eigenschaft etc." Darauf zielt Schlikker mit seiner Übersetzung „Natur der Sache" ab (vgl. Horn-Onken, Über das Schickliche, 1967, S. 32). Vitruv wiederum benutzt im ersten Kapitel des Sechsten Buches, wo es um den Einfluß des Klimas auf die Körper- und Charaktereigenschaften der Bewohner der unterschiedlichen Weltregionen geht – mit dem kaum überraschenden Ergebnis, daß das römische Volk in allem am besten dasteht und von daher zum natürlichen Beherrscher aller anderen Völker bestimmt ist – sechsmal den Ausdruck „natura rerum" im Sinne von „Schöpfung". Es spricht also nichts dagegen, sich bei der Übersetzung von „natura" eng an die Bedeutung „Natur, natürliche Gegebenheiten" zu halten.

Unabhängig davon macht das lakonische ,Fallenlassen' der drei Begriffe im Originaltext für die deutsche Übersetzung einmal mehr einen Zusatz, hier „im Hinblick auf", notwendig.

(5) 3. Satz, *decor statione:*

V   Statione cum Jovi Fulguri et Caelo et Soli et Lunae aedificia sub divo hypaethraque constituentur; horum enim deorum et species et effectus in aperto mundo atque lucenti praesentes videmus.

Fe   Durch Beachtung von Satzung, wenn dem Jupiter Fulgor, dem Himmel, der Sonne und dem Monde Gebäude [1] unter freiem Himmel ohne Dach über der Cella errichtet werden. Denn dieser Götter Erscheinen [2] und Wirken sehen wir gegenwärtig in dem offenen und lichtdurchfluteten Weltraum. [3]

Fi   *Im Hinblick auf statio, wenn dem Jupiter Fulgur, dem Himmel, der Sonne und dem Mond Bauten unter freiem Himmel und Tempel ohne Dach über der Cella errichtet werden; denn wir sehen die Zeugnisse und Wirkungen dieser Götter unter freiem Himmel in Erscheinung und zutage treten.*

[1] „Aedificia" wird hier mit „Bauten" übersetzt, da es sich nicht unbedingt – wie bei Fensterbusch – um „Gebäude" handeln muß, sondern vielleicht auch Heiligtümer oder Altäre unter freiem Himmel gemeint sind. Hinzu kommt als zweites Beispiel der Hypaethros, also ein Tempel ohne Dach über der Cella. Fensterbusch ignoriert das angehängte „que" und zieht beide Beispiele zu einem zusammen.

[2] „Species" meint nicht das „Erscheinen" der Götter, sondern, im Zusammenhang mit „effectus", deren Erscheinungsformen oder Manifestationen (beispielsweise Blitz und Donner), hier mit Zeugnisse übersetzt.

[3] Diese sehen wir „im offenen Weltraum", also „unter freiem Himmel", aber „lucenti praesentes", beides Ausdrücke für „sichtbar sein, präsent sein", bezieht sich wahrscheinlich nicht auf „mundo", sondern auf „species et effectus".

(5) 4. Satz, *decor statione:*

V Minervae et Marti et Herculi aedes doricae fient; his enim diis propter virtutem sine deliciis aedificia constitui decet.

Fe Der Minerva, dem Mars und dem Hercules werden dorische Tempel errichtet werden, denn es ist angemessen, daß diesen Göttern wegen ihres mannhaften Wesens [1] Tempel ohne Schmuck [2] gebaut werden.

Fi *Minerva, Mars und Herkules werden dorische Tempel errichtet; denn es ziemt sich, daß diesen Göttern ihrer kriegerischen Heldentaten wegen Häuser ohne schmückendes Beiwerk gebaut werden.*

[1] Fensterbusch übersetzt „virtutem" mit „mannhaften Wesens", was bei der weiblichen Göttin Minerva etwas unpassend wirkt. Gemeinsamer Nenner ist sicherlich das Kämpferische, Kriegerische, so daß hier „kriegerische Heldentaten" gewählt wurde.
[2] Fensterbuschs Übersetzung von „sine deliciis" mit „ohne Schmuck" ist hingegen richtiggehend falsch. „Schmuck" ist bei Vitruv „ornamentum", und auch dorische Tempel haben Schmuck – dazu äußert er sich im 2. Kapitel des Vierten Buches ausführlich. „Deliciae" sind eher „Genuß, Liebhaberei, Luxus", also zusätzliche, überflüssige oder verspielte Verzierungen wie vielleicht beim korinthischen Tempel – „schmückendes Beiwerk" wird hier deshalb übersetzt.

(5) 5. Satz, *decor statione:*

V Veneri, Florae, Proserpinae, fontium nymphis corinthio genere constitutae aptas videbuntur habere proprietates, quod his diis propter teneritatem graciliora et florida folliisque et volutis ornata opera facta augere videbuntur iustum decorem.

Fe Für Venus, Flora, Proserpina und die Quellnymphen werden Tempel, die in korinthischem Stil errichtet sind, die passenden Eigenschaften zu haben scheinen, weil für diese Götter wegen ihres zarten Wesens Tempel [1], die etwas schlank, mit Blumen, Blättern und Schnecken (Voluten) geschmückt sind, die richtige Angemessenheit [2] in erhöhtem Maße zum Ausdruck zu bringen [3] scheinen.

Fi *Für Venus, Flora, Proserpina und die Quellnymphen scheinen die in korinthischem Stil erbauten Tempel den passenden Charakter zu haben, weil für diese Göttinnen aufgrund ihrer Zartheit die schlankeren und blumenreich ausgeführten und durch Blattwerk und Voluten geschmückten Arbeiten das angemessene Aussehen zu fördern scheinen.*

[1] Fensterbusch übersetzt hier „opera facta" sehr frei mit „Tempel", obwohl in diesem Zusammenhang „ausgeführte Arbeiten" sinnvoller erscheint.
[2] Die „richtige Angemessenheit" als Übersetzung von „iustum decorem" ist eine inhaltliche Doppelung und erscheint im Sinne der Ausgangsdefinition „fehlerfreies Aussehen" wenig passend.
[3] Zudem ist „augere" eher „fördern, steigern" als „in erhöhtem Maße zum Ausdruck bringen".

(5) 6. Satz, *decor statione:*

V   Junoni, Dianae, Libero Patri ceterisque diis, qui eadem sunt similitudine, si aedes ionicae construentur, habita erit ratio mediocritatis, quod et ab severo more doricorum et ab teneritate corinthiorum temperabitur earum institutio proprietatis.

Fe   Wenn für Juno, Diana und Bacchus und die übrigen Götter, die ganz ähnlich sind, Tempel in ionischem Stil errichtet werden, wird ihrer Mittelstellung Rechnung getragen werden, weil sich die diesen Tempeln eigentümliche Einrichtung [1] von der Herbheit des dorischen Stils (einerseits) und der Zierlichkeit des korinthischen Stils (andererseits) fernhält.[2]

Fi   *Wenn [hingegen] für Juno, Diana, Bacchus und die übrigen Götter, die jenen ähneln, ionische Tempel errichtet werden, wird ihrer Mittelstellung Rechnung getragen werden, weil der spezifische Aufbau [dieser Tempel] sowohl aus dem ernsten Charakter des Dorischen als auch aus der Zartheit des Korinthischen ausgewogen zusammengesetzt ist.*

[1] Die Übersetzung von „institutio proprietatis" mit „eigentümliche Einrichtung" ist nicht falsch, aber schwer verständlich, „spezifischer Aufbau" trifft den Sinn besser.
[2] Leider verzichtet Fensterbusch auf die Übersetzung von „temperabitur", obwohl das Wort mit „richtig mischen, temperieren, Maß halten" doch genau den hier gemeinten Sachverhalt trifft: wohltemperiert, ausgewogen zusammengesetzt.

(6) 1. bis 3. Satz, *decor consuetudo:*

V   Ad consuetudinem autem decor sic exprimitur, cum aedificiis interioribus magnificis item vestibula convenientia et elegantia erunt facta. Si enim interiora perfectus habuerint elegantes, aditus autem humiles et inhonestos, non erunt cum decore. Item si doricis epistyliis in coronis denticuli sculpentur aut in pulvinatis columnis et ionicis epistyliis (capitulis) exprimentur trigly-phi, translatis ex alia ratione proprietatibus in aliud genus operis offendetur aspectus aliis ante ordinis consuetudinibus institutis.

Fe Nach Gewohnheit aber wird Decor so zum Ausdruck gebracht, daß bei Gebäuden, die innen prächtig ausgeführt sind, ebenso dazu passende und vornehme Vorhallen gebaut werden. Wenn nämlich das Innere geschmack-voll ausgeführt ist, die Zugänge aber niedrig und unansehnlich anzusehen sind, dann wird ihnen die Angemessenheit (decor) fehlen. Ebenso, wenn dorischem Gebälk am Gesims Zähnchen eingemeißelt werden oder an Säulen mit Polsterkapitellen und ionischem Gebälk Triglyphen ausgearbeitet wer-den, dann wird, weil aus einem Stil seine Eigentümlichkeiten in einen anderen übertragen sind, der Anblick gestört werden, da sich vorher andere Gewohn-heiten der Anordnung herausgebildet hatten.

Fi *Im Hinblick auf consuetudo aber zeigt sich decor [beispielsweise] darin, daß bei Gebäuden mit prächtigem Inneren auch die Eingangshallen [dazu] pas-send und geschmackvoll ausgeführt werden. Wenn nämlich die Innenräume von vollendetem Geschmack sind, die Zugänge aber niedrig und unansehn-lich, dann entsprechen sie nicht den Regeln des decor. Ebenso wird, wenn am Gesims des dorischen Gebälks Zähnchen eingemeißelt werden oder wenn bei Säulen mit ionischem Kapitell und mit ionischem Gebälk Triglyphen ange-bracht werden – [wenn also] die Eigenarten aus einem Baustil in einen ande-ren übertragen werden – [ein solcher] Anblick Mißfallen erregen, weil sich vorher andere Gewohnheiten der Anordnung herausgebildet hatten.*

(7) 1. bis 4. Satz, *decor natura:*

V Naturalis autem decor sic erit, si primum omnibus templis saluberrimae regiones aquarumque fontes in iis locis idonei eligentur, in quibus fana consti-tuantur, deinde maxime Aesculapio, Saluti et eorum deorum, quorum plurimi medicinis aegri curari videntur. Cum enim ex pestilenti in salubrem locum corpora aegra translata fuerint et e fontibus salubribus aquarum usus submi-nistrabuntur, celerius convalescent. Ita efficeietur, uti ex natura loci maiores auctasque cum dignitate divinitas excipiat opiniones. Item naturae decor erit, si cubiculis et bybliothecis ab oriente lumina capiuntur, balneis et hibernacu-lis ab occidente hiberno, pinacothecis et quibus certis luminibus opus est par-tibus, a septentrione, quod ea caeli regio neque exclaratur neque obscuratur solis cursu sed est certa immutabilis die perpetuo.

Fe Dekor von Natur her aber wird so sein, wenn erstlich für *alle* Tempel die gesündesten Gegenden und an den Orten, an denen Heiligtümer errichtet werden sollen, gesunde Wasserquellen ausgesucht werden, zweitens insbesondere für Aeskulap, Salus und (Tempel) der Götter, durch deren Heilkünste offenbar sehr viele Kranke geheilt werden. Wenn nämlich Kranke von einem ungesunden an einen gesunden Ort überführt werden und ihnen (außerdem) Anwendung von Wasser aus Heilquellen verschafft wird, werden sie schneller genesen. So wird man erreichen, daß aus der natürlichen Beschaffenheit des Ortes der Glaube an die Gottheit zugleich mit ihrer Würde größer und stärker wird. Ebenso wird Decor von Natur her da sein, wenn für Schlafzimmer und Bücherzimmer vom Osten her Licht gewonnen wird, für Badezimmer und Wintergemächer von der Winterabendseite (SSW), für Bildergalerien und Räume, die gleichmäßiges Licht gebrauchen, vom Norden, weil diese Himmelsgegend durch den Lauf der Sonne weder erhellt noch verdunkelt wird, sondern während des ganzen Tages gleichmäßig und unveränderlich ist.

Fi *Decor naturalis aber wird dann [erfüllt] sein, wenn als erstes für alle Tempel die gesündesten Gegenden ausgewählt und für alle Stellen, an denen Heiligtümer errichtet werden sollen, geeignete Wasserquellen gesucht werden, besonders aber [bei Heiligtümern] für Äskulap, Salutus und diejenigen Götter, durch deren Heilkünste offenbar viele Kranke geheilt werden. Denn wenn die kranken Körper von einem ungesunden an einen gesunden Ort gebracht werden und ihnen der Gebrauch gesunden Quellwassers ermöglicht wird, werden sie schneller genesen. So kommt es, dass die Gottheit aufgrund der Beschaffenheit des Ortes in [ihrem] Ansehen einen höheren und besseren Ruf erwirbt. Weiterhin wird der decor naturalis [erfüllt] sein, wenn für die Schlafzimmer und Bibliotheken Licht von Osten genommen wird, für die Badezimmer und die Winterzimmer Licht von Süd-Süd-West [Winterwestseite], für die Gemäldegalerien und für jene Teile der Wohnung, die gleichmäßiges Licht benötigen, Licht von Norden, weil diese Himmelsregion durch den Lauf der Sonne weder überstrahlt noch verdunkelt wird, sondern den ganzen Tag über gleichmäßig und unverändert [belichtet] ist.*

(8) 1. bis 4. Satz, *distributio, Teil I:*

V Distributio autem est copiarum locique commoda dispensatio parcaque in operibus sumptus ratione temperatio. Haec ita observabitur, si primum architectus ea non quaeret, quae non potuerunt inveniri aut parari nisi magno. Namque non omnibus locis harenae fossiciae nec caementorum nec abietis nec sappinorum nec marmoris copia est, sed aliud alio loco nascitur, quorum comportationes difficiles sunt et sumtuosae. Utendum autem est, ubi non est harena fossicia, fluviatica aut marina lota; inopiae quoque abietis aut sappinorum vitabuntur utendo cupresso, populo, ulmo, pinu; reliquaque his similiter erunt explicanda.

Fe Distributio aber ist die angemessene Verteilung der Materialien und des Baugeländes und eine mit Überlegung auf Einsparungen ausgerichtete, zweckmäßige Einteilung [1] der Baukosten. Sie wird so beobachtet [2], wenn erstens der Architekt keine Baumaterialien anfordert, die nicht (in der Nähe) gefunden werden oder nur teuer beschafft werden können. Nicht überall nämlich gibt es Grubensand, auch nicht Bruchsteine, nicht Tannenholz, Fichtenholz und Marmor, sondern das eine steht hier an, das andere dort, und ihr Transport ist schwierig und kostspielig.
Wo es aber keinen Grubensand gibt, muß man Flußsand oder ausgewaschenen Meersand verwenden. Auch dem Mangel an Tannen- oder Fichtenholz wird man dadurch aus dem Wege gehen, daß man Zypressen-, Pappel-, Ulmen- oder Pinienholz verwendet. Auch die übrigen Schwierigkeiten müssen in ähnlicher Weise (durch Ersatzstoffe) gelöst werden.

Fi *Distributio aber ist die zweckmäßige Einteilung der vorhandenen Baumaterialien [Vorräte] und des Bauplatzes und das sparsame und rechte Maß bei der Berechnung der Gebäudekosten. Sie wird dann beachtet, wenn zum ersten der Architekt keine [Baumaterialien] anfordert, die nicht [in der Nähe] gefunden oder nur mit großem [Aufwand] beschafft werden können. Denn nicht überall sind Grubensand, Bruchsteine, Tannenholz, Fichtenholz oder Marmor vorrätig, deren Transport schwierig und kostspielig ist, sondern das eine kommt hier, das andere dort vor. Wo es aber keinen Grubensand gibt, muß man Flußsand oder ausgewaschenen Meeressand nehmen. Ebenso wird man den Mangel an Tannen- oder Fichtenholz durch die Verwendung von Zypressen-, Pappel-, Ulmen- oder Pinienholz ausgleichen; und auch die übrigen [Baustoffprobleme] müssen in ähnlicher Weise gelöst werden.*

[1] Fensterbusch dehnt „dispensatio", die „sorgfältige Einteilung", auf beide Satzteile aus, obwohl das Subjekt des zweiten Satzteils „temperatio" ist, also „richtige Mischung, rechtes Maß".
[2] Am Beginn des zweiten Satzes übersetzt Fensterbusch „observare" mit „beobachten". An dieser Stelle scheint die zweite Übersetzungsmöglichkeit mit „etwas beachten, befolgen" sinngemäß richtiger.

9) 1. und 2. Satz, *distributio Teil II:*

V Alter gradus erit distributionis, cum ad usum patrum familiarum et ad pecuniae copiam aut ad eloquentiae dignitatem aedificia apte disponentur. Namque aliter urbanas domos oportere constitui videtur, aliter quibus ex possessionibus rusticis influunt fructus; non item feneratoribus, aliter beatis et delicatis; potentibus vero, quorum cogitationibus respublica gubernatur, ad usum conlocabuntur; et omnino faciendae sunt aptae omnibus personis aedificorum distributiones.

Fe Eine zweite Stufe der Distributio wird es sein, wenn Gebäude zum Gebrauch von (einfachen) Familienvätern und im Hinblick auf (geringes) Vermögen oder im Hinblick auf die würdevolle Stellung eines Redners [1] passend gebaut [2] werden. Denn offenbar müssen Gebäude in der Stadt anders eingerichtet werden als die, in die die Erzeugnisse aus ländlichen Besitzungen fließen; nicht ebenso für die Geldverleiher, anders für Reiche und üppige Leute mit feinem Geschmack. Für mächtige Männer aber, durch deren Gedanken der Staat gelenkt wird, werden sie entsprechend dem Bedürfnis gebaut werden. Und im Ganzen müssen die Einrichtungen [3] der Gebäude immer den Bewohnern angemessen ausgeführt werden.

Fi *Eine zweite Stufe der distributio ist es, wenn die Gebäude passend auf die [Wohn-] Nutzung von Familienvätern oder auf die vorhandenen Geldmittel oder auf die würdevolle Stellung eines Redners zugeschnitten werden. Denn offensichtlich müssen die Häuser in der Stadt anders angelegt werden als jene, in die die Erträge aus ländlichen Besitzungen fließen; die [Häuser] für die Geldverleiher anders als diejenigen für die reiche und vornehme Gesellschaft. Erst recht werden die [Häuser] für die Mächtigen, durch deren Überlegungen der Staat gelenkt wird, dem Gebrauch entsprechend zugeschnitten. Und überhaupt müssen die Zuschnitte der Gebäude für alle Personengruppen [Berufe, Stände] jeweils passend hergestellt werden.*

[1] Fensterbusch reduziert die drei bei Vitruv aufgeführten Beispiele inhaltlich auf die Gegenüberstellung von eher armen Familienvätern und würdevollen Rednern. Angesichts der Tatsache, daß Vitruv die Dreiteilung im nächsten Satz wieder aufnimmt – und zwar mit ähnlicher Differenzierung: Nutzung, Geld, gesellschaftliche Stellung –, scheint das nicht gerechtfertigt.
[2] Auch die Übersetzung des Verbs „disponere" mit „bauen" trifft hier den Sachverhalt nicht. Lexikalisch heißt es "verteilen, einteilen, anordnen, disponieren", also eine Sache des Planens, nicht des Bauens.
[3] Bei der Übersetzung von „distributio" mit „Einrichtung" überschreitet Fensterbusch den semantischen Rahmen. Es geht nicht um Inneneinrichtungen, sondern entsprechend der lexikalischen Bedeutung um die Einteilung, Aufteilung, um den Zuschnitt der Gebäude.

Erstes Buch, 3. Kapitel

(1) 1. Satz:

V   Partes ipsius architecturae sunt tres: aedificatio, gnomonice, machinatio.

Fe   Die Baukunst selbst hat drei Teilgebiete: Ausführung von Bauten, Uhrenbau [1], Maschinenbau.

Fi   *Die Architektur selbst [das Fachgebiet] umfaßt drei Bereiche: Das Bauen, den [Sonnen-] Uhrenbau und den Maschinenbau.*

[1] „Gnomonice" bedeutet eigentlich „Herstellung von Sonnenuhren", nicht „Uhrenbau" allgemein (s. dazu den Kommentar im Teil V).

(1) 2. bis 4. Satz:

V   Aedificatio autem divisa est bipertito, e quibus una est moenium et communium operum in publicis locis conlocatio, altera est privatorum aedificiorum explicatio. Publicorum autem distributiones sunt tres, e quibus est una defensionis, altera religionis, tertia opportunitatis. Defensionis est murorum turriumque et portarum ratio ad hostium impetus perpetuo repellendos excogitata, religionis deorum immortalium fanorum aediumque sacrarum conlocatio, opportunitatis communium locorum ad usum publicum dispositio, uti portus, fora, porticus, balinea, theatra, inambulationes ceteraque, quae isdem rationibus in publicis locis designantur.

Fe   Die Ausführung von Bauten [1] hat zwei Unterabteilungen: die eine besteht in dem Bau von [2] Stadtmauern und öffentlichen Gebäuden an öffentlichen Plätzen, die andere in der Ausführung von [3] Privatgebäuden. Die öffentlichen Bauten teilen sich in drei Gruppen, von denen die eine der Verteidigung, die zweite der Gottesverehrung, die dritte dem allgemeinen Nutzen dient. Der Verteidigung dient die richtige Anlage von [4] Stadtmauern, Türmen und Toren, ausgedacht, um dauernd feindliche Angriffe abzuwehren, der Gottesverehrung die Errichtung [5] von Heiligtümern und heiligen Gebäuden der unsterblichen Götter, dem allgemeinen Nutzen die Einrichtung [6] öffentlicher Anlagen zur allgemeinen Benutzung wie Häfen, Marktplätze, Säulenhallen, Badeanlagen, Theater, Wandelgänge und anderes, was zu denselben Zwecken an öffentlichen Plätzen angelegt [7] wird.

Fi *Das Bauen wiederum ist in zwei Bereiche geteilt, von denen der eine die Festlegung [des Verlaufs] der Stadtmauer und [der Lage] der Bauten für die Gemeinschaft an öffentlichen Orten umfaßt, der andere das Entwerfen der privaten Gebäude. Die öffentlichen [Bauten] aber sind in drei Bereiche eingeteilt, von denen einer der Verteidigung, ein anderer der Religion und der dritte dem [allgemeinen] Nutzen dient. Der Verteidigung dient die – im Hinblick auf das dauerhafte Abweisen feindlicher Angriffe ersonnene – Berechnung [Planung] der Mauern, Türme und Stadttore; der Religion dient die Anordnung der Heiligtümer und heiligen Gebäude der unsterblichen Götter; dem [allgemeinen] Nutzen dient die Konzeption [dispositio] der gemeinschaftlichen Anlagen für den öffentlichen Gebrauch, wie Häfen, Plätze, Säulenhallen, Bäder, Theater, Wandelgänge und sonstige [Einrichtungen], die für solche Zwecke an öffentlichen Orten vorgesehen sind.*

Im ganzen ersten Abschnitt des 3. Kapitels nimmt Fensterbusch durchgängig eine lexikalisch nicht legitimierte Inhaltsverschiebung von der planenden Überlegung zur Ausführung vor:

[1] Im ersten Satz wird „aedificatio", „das Bauen", zur „Ausführung von Bauten".

[2] Im zweiten Satz folgt dann „conlocatio", die „Stellung, Anordnung", die er mit „Bau von" übersetzt.

[3] Ebenfalls im zweiten Satz erscheint „Ausführung von" für das Wort „explicatio." Gerade „explicatio" beschreibt aber unzweifelhaft einen geistigen Vorgang, nämlich „das Auseinanderfalten, Entwirren, Entwickeln, Erörtern, Erklären, Deuten etc.", alles Begleiterscheinungen der Planung also, nicht der Ausführung. Vitruv benutzt das Verb „explicare" auch im 1. Kapitel genau in diesem Zusammenhang: bei der Definition von „ratiocinatio" als etwas, das „demonstrare atque explicare potest", also „zeigen und erklären kann" (1. Abs., 4. Satz) und wenig später bei der „demonstratio rationibus doctrinarum explicata", also bei der „durch wissenschaftliche Methoden entwickelten Darstellung" (3. Abs., 2. Satz). Das Wort taucht dann im 2. Kapitel bei der Erläuterung der „distributio" (Abs. 8, letztes Wort) erneut auf, und hier übersetzt es Fensterbusch selbst mit „lösen" (von Schwierigkeiten). „Privatorum aedificiorum explicatio" meint also mit einiger Sicherheit das Entwerfen von Privathäusern, das Lösen der Bauaufgabe „Privater Wohnungsbau", nicht die Ausführung von Privatgebäuden.

[4] „ratio", die „Berechnung, Überlegung, Theorie" wird zur „Anlage von".

[5] „conlocatio", die „Anordnung", wird zur „Errichtung".

[6] „dispositio", die „Gliederung, Einteilung, Disposition" wird zur „Einrichtung".

[7] Das Verb „designare", also „bezeichnen, bestimmen" wird zum „anlegen" (von Gebäuden).

Überall tritt also die Voreinstellung des Übersetzers, daß unter Architektur die fertige Baukunst, allenfalls noch das Errichten und Ausführen baukünstlerischer Objekte zu verstehen sei, deutlich zutage, während Vitruv durchgängig über die Anordnung, Entwicklung, Einteilung, Konzeption und Disposition von unterschiedlichen Räumen und Gebäuden spricht. Er zählt also in diesem Kapitel die Arbeitsfelder des Architekten auf, nicht die „Teilgebiete der Baukunst".

(2) 1. Satz:

V   Haec autem ita fieri debent, ut habeatur ratio firmitatis, utilitatis, venustatis.

Fe Diese Anlagen müssen aber so gebaut [1] werden, daß auf Festigkeit, Zweckmäßigkeit und Anmut Rücksicht genommen [2] wird.

Fi *Diese [Anlagen] müssen aber so gemacht [geplant] werden, daß der Festigkeit, der Nützlichkeit und der Schönheit Rechnung getragen wird.*

[1] Die in den vorangegangenen Sätzen angesprochene Differenz kulminiert im ersten Satz des zweiten Abschnitts, in dem Fensterbusch das „ita fieri debent" (wörtlich übersetzt „müssen so gemacht werden") mit müssen so „*gebaut*" werden übersetzt, obwohl sinngemäß eher „müssen so *geplant* werden" richtig ist. Hierfür sprechen auch die nachfolgenden Erläuterungen: Überlegungen zur Tiefe der Fundamentierung, zur Materialauswahl, zur Grundrißkonzeption und zum Aussehen des Gebäudes sollten besser vor der Bauausführung angestellt werden, und man sollte tunlichst auf Festigkeit, Nützlichkeit und Schönheit nicht erst beim Bauen, sondern möglichst schon bei der Planung achten. Ein Indiz ist auch Vitruvs umständliche Verwendung des Futur II, wörtlich: „der Festigkeit wird Rechnung getragen worden sein, wenn".

[2] Fensterbuschs Übersetzung von „rationem habere" mit „Rücksicht nehmen auf" ist zwar lexikalisch korrekt, aber nicht zwingend. Möglich ist genauso gut „in Erwägung ziehen, Beachtung schenken, Gegenstand der Überlegung und des Nachdenkens sein". Angesichts der zentralen Bedeutung der drei Kategorien erscheint die Übersetzung „Rechnung tragen", was der wörtlichen Übersetzung von „rationem habere" sehr nahe kommt, deutlich angemessener. Auch Schlikker (Hellenistische Vorstellungen, 1940, S. 80) und Stürzenacker (Marcus Vitruvius Pollio, 1938, S. 9) verwenden diesen Wortlaut.

(2) 2. Satz:

V   Firmitatis erit habita ratio, cum fuerit fundamentorum ad solidum depressio, quaque e materia, copiarum sine avaritia diligens electio; utilitas autem, <cum fuerit> emendata et sine impeditione usus locorum dispositio et ad regiones sui cuiusque generis apta et commoda distributio; venustatis vero, cum fuerit operis species grata et elegans membrorumque commensus iustas habeat symmetriarum ratiocinationes.

Fe Auf Festigkeit wird Rücksicht genommen sein [1], wenn die Einsenkung der Fundamente bis zum festen Untergrund reicht und die Baustoffe, welcher Art sie auch sind, sorgfältig ohne Knauserei ausgesucht werden; auf Zweckmäßigkeit [2], wenn die Anordnung der Räume fehlerfrei ist und ohne Behinderung für die Benutzung und die Lage [3] eines jeden Raumes nach seiner Art den Himmelsrichtungen angepaßt und zweckmäßig ist; auf Anmut aber,

238

wenn das Bauwerk ein angenehmes und gefälliges Aussehen hat und die Symmetrie [4] der Glieder die richtigen Berechnungen der Symmetrien hat.

Fi   *Der Festigkeit wird Rechnung getragen sein, wenn die Fundamente bis auf tragfähigen Boden hinuntergeführt sind und die Auswahl der Baustoffe, aus welchem Material auch immer, gewissenhaft und ohne Geiz erfolgt ist; der Nützlichkeit aber, wenn die Konzeption [dispositio] der Räumlichkeiten fehlerfrei ist und den Gebrauch nicht behindert, und wenn deren Verteilung [distributio] nach Himmelsrichtungen und gemäß ihrer Nutzung passend und zweckmäßig ist; der Schönheit schließlich, wenn das Aussehen des Gebäudes anmutig und geschmackvoll ist und der maßlichen Abstimmung der Bauglieder die richtigen theoretischen Überlegungen [Planungen] des modularen Aufbaus zugrunde gelegt sind.*

[1] Vgl. Anm. 2 zum vorangegangenen Satz.

[2] „Utilitas" ist nicht „Zweckmäßigkeit", sondern „Nützlichkeit", was leider oft verwechselt wird.

[3] Auch die Übersetzung von „distributio" mit „Lage" überschreitet deutlich den zulässigen semantischen Rahmen.

[4] Im letzten Teil des Satzes schließlich taucht bei Vitruv das Wort „commensus" auf. Fensterbusch verweist in diesem Zusammenhang erneut auf seine Anmerkung 42[351], bzw. auf seine Vermutung, daß dieses Wort ein von Vitruv geprägter Ausdruck für das griechische „symmetria" sei, ohne dafür allerdings eine Begründung anzuführen. Das Lexikon hingegen verweist auf das Partizip Perfekt von „commetior", das „ausmessen" oder „vergleichen" bedeutet. Da Fensterbuschs Übersetzung „und die Symmetrie der Glieder die richtigen Berechnungen der Symmetrien hat" in seiner Doppelung wenig beziehungsweise gar keinen Sinn ergibt, wird „commensus" hier – dem Lexikon folgend – mit „das Ausgemessene", oder – in übertragenem Sinne – mit „die maßliche Abstimmung" übersetzt.

Das Wort taucht dann noch dreimal im 1. Kap. des Dritten Buches auf[352]. Auch hier trifft „maßlich abgestimmt" an allen drei Stellen den Sinn sehr gut.

Anmerkungen

Einleitung

1 Vitruv, Ausgabe Fensterbusch, 1996, S. 166
2 Ebd., S. 167
3 Ebd., S. 43
4 Ebd., S. 531, letzter Satz
5 Ebd., S. 36
6 Ebd., S. 22, Vorrede, letzter Satz
7 Ebd., S. 23, Vorrede, letzter Satz
8 Kruft, Geschichte, 1991, S. 12 und Germann, Einführung, 1993, S. 3
9 Vgl. Germann, Einführung, S. 10: „Erst für die Architekten der Renaissance wurde das Lehrbuch des Vitruv zum Evangelium."
10 Burckhardt, Geschichte der Renaissance in Italien, 1920, S. 40 oben
11 Germann, Einführung, 1993, S. 10
12 Kruft, Geschichte, 1991, S. 20
13 Ebd., S. 30
14 Ebd., S. 30
15 Germann, Einführung, 1993, S. 10
16 Neumeyer, Quellentexte zur Architekturtheorie, 2002, S. 19
17 Knell, Vitruvs Architekturtheorie, 1991, Vorwort S. VIII, IX
18 Ebd., S. 166
19 Ebd., S. 166
20 Ebd., S. 167
21 Ebd., S. 173
22 Ebd., S. 173
23 Vgl. Horn-Onken, Über das Schickliche, 1967, S. 149
24 Ebd., S. 149
25 Ebd., S. 150
26 Vgl. Kruft, Geschichte, 1991, S. 30: „Für die Charakterisierung von Vitruvs „System" kann man seine Ausführungen über konkrete Bauaufgaben weitgehend außer acht lassen"
27 Vgl. Horn-Onken, Über das Schickliche, 1967, S. 154: „Vitruvs Thema ist Architektur als disciplina."
28 Vitruv, Ausgabe Fensterbusch, 1996, S. 30, Abs. 11
29 Ebd., S. 31, Abs. 11
30 Vgl. die Übersetzung von Rode, Vitruvius, 1995, 1. Kap., S. 20: „ und also zum höchsten Gipfel – *ad summum templum* – der Baukunst gelangt ist."

I   Rahmenbedingungen

31 Vgl. Heuss, Römische Geschichte, 2003, S. 558: „Die Ereignisse zwischen 133 und 30 v. Chr. sind von jeher für den Betrachter der fesselndste Abschnitt der gesamten römischen Geschichte gewesen. Kein anderer kann sich an Dramatik des Geschehens und an Fülle von Persönlichkeiten mit ihm messen."

32 Vgl. Knell, Vitruvs Architekturtheorie, 1991, S. 6: „Vorausgegangen war die schwerste Krisenzeit, die Rom bis dahin je erlebt hatte, der selbstmörderische Bruderkrieg, in dessen Strudel die res publica und mit ihr die alten Ordnungen zu zerbrechen drohten."

33 Zanker, Die römische Kunst, 2007, S. 16 unten

34 Heuss, Römische Geschichte, 2003, S. 124

35 Vergil, Aeneis VI 847–853 (Übersetzung D. Ebener, Vergil, Werke in einem Band, Berlin-Weimar 1983, S. 371), hier zitiert nach: Müller, Architekten, 1989, S. 100

36 Mauch, Disciplina, 1941, S. 39

37 Vgl. Kruft, Geschichte, 1991, S. 42. Herbert Koch (Das Nachleben des Vitruv), auf den sich Kruft in seiner Anmerkung 105 bezieht, nennt allerdings auf S. 17 den Namen Gian Francesco Poggio und die Jahreszahl 1415.

38 Vgl. Alberti, Zehn Bücher über die Baukunst, 1991, Einleitung M. Theuer, S. XL

39 Zanker, Die römische Kunst, 2007, S. 13

40 Sueton, Cäsarenleben, 8., überarbeitete Auflage, S. 92, Kröner, Stuttgart 2001

41 Vitruv, Ausgabe Fensterbusch, 1996, S. 147, Abs. 2

42 Ebd., S. 201, 8. Kap. Abs. 6

43 Ebd., S. 147, Abs. 3

44 Ebd., S. 147, Abs. 3

45 Ebd., S. 147, Abs. 5

46 Plinius der Jüngere, Epistulae X 39, Übersetzung H. Kasten, hier zitiert nach Müller, Architekten, 1989, S. 111

47 Dt. G. F., Vitruv, Ausgabe Fensterbusch, 1996, S. 260: „indoctis et inperitis tantae disciplinae magnitudinem iactari et ab is, qui non modo architecturae sed omnino ne fabricae quidem notitiam habent."

48 Vitruv, Ausgabe Fensterbusch, 1996, S. 135, Abs. 3, unten

49 Vgl. Vitruv, Ausgabe Fensterbusch, 1996, S. 457, Abs. 2ff

50 Vitruv, Ausgabe Fensterbusch, 1996, S. 459, Abs. 3

51 Vgl. Vitruv, Ausgabe Fensterbusch, 1996, S. 135, Abs. 3ff

52 Cicero, Epistulae ad Quintum fratrem III, 1.1–2 und 7.7. in: Müller, Architekten, 1989, S. 115

53 Vgl. Vitruv, Ausgabe Fensterbusch, 1996, S. 259, Abs. 4ff

54 Vgl. Vitruv, Ausgabe Fensterbusch, 1996, Einleitung S. 6 (Die Quellen)

55 Vgl. Heuss, Römische Geschichte, 2003, S. 125f: „Für die obere Schicht der römischen Gesellschaft wurde der Gebrauch der griechischen Sprache eine unentbehrliche Selbstverständlichkeit, und daran hat sich danach bis zu den großen Umwälzungen der Spätantike nichts mehr geändert."

56 Vitruv, Ausgabe Fensterbusch, 1996, S. 259, Abs. 5

57 Vgl. Vitruv, Ausgabe Fensterbusch, 1996, S. 392f, 6. Kap., Abs. 2: „Haec autem quare divisa constituerim", also: „Dies sind die Gründe, weshalb ich diese Einteilung so festgesetzt habe."

58 Vitruv, Ausgabe Fensterbusch, 1996, S. 259, Abs. 5
59 Ebd., S. 135, Abs. 3, letzter Satz
60 Ebd., S. 77, Abs. 4, letzter Satz
61 Dt. G. F., Vitruv, Ausgabe Fensterbusch, 1996, S. 260, Abs. 7: „Quas ob res corpus archi-
    tecturae rationesque eius putavi diligentissime conscribendas, opinans munus omnibus
    gentibus non ingratum futurum."
62 Ebd., S. 311, Abs. 15
63 Ebd., S. 313, Abs. 18
64 Ebd., S. 261, Abs. 6, letzter Satz
65 Ebd., S. 261, Abs. 6, letzter Satz

II Aufbau und Inhalt der *Zehn Bücher über Architektur*

66 Vitruv, Ausgabe Fensterbusch, 1996, S. 22, Vorrede, letzter Satz
67 Ebd., S. 134, S. 202, S. 458
68 Ebd., S. 78, S. 166, S. 202, S. 312
69 Ebd., S. 166
70 Ebd., S. 203, Abs. 1
71 Cicero, De re publica, Vom Gemeinwesen, Reclam, Stuttgart 1997, S. 121
72 Vitruv, Ausgabe Fensterbusch, 1996: 1. Buch, 4. Kap. S. 47 unten; 2. Buch, 2. Kapitel
73 Ebd., Anhang, Abb. 1
74 Ebd., S. 55
75 Dt. G. F., ebd., S. 42, 3. Kapitel: „moenium et communium operum in publicis locis
    conlocatio"
76 Vgl. Vitruv, Ausgabe Fensterbusch, 1996, S. 77, Abs. 5
77 Ebd., S. 85
78 Neumeyer, Quellentexte zur Architekturtheorie, 2002, S. 12
79 Kruft, Geschichte, 1991, S. 21 und 23
80 Vitruv, Ausgabe Fensterbusch, 1996, S. 131, unten
81 Ebd., S. 139, Abs. 4
82 Ebd., S. 151, Abs. 11
83 Ebd., S. 153, Abs. 13
84 Ebd., S. 171, Abs. 7
85 Vgl. Vitruv, Ausgabe Fensterbusch, 1996, S. 173, Abs. 9
86 Vitruv, Ausgabe Fensterbusch, 1996, S. 179, Abs. 5
87 Vgl. Knell, Vitruvs Architekturtheorie, 1991, S. 53
88 Vgl. Vitruv, Ausgabe Fensterbusch, 1996, S. 181, 3. Kap., Abs. 1 und 2
89 Vitruv, Ausgabe Fensterbusch, 1996, S. 181
90 Vgl. Knell, Vitruvs Architekturtheorie, 1991, S. 95
91 Vitruv, Ausgabe Fensterbusch, 1996, S. 199, Abs. 4
92 Ebd., S. 201, Abs. 6
93 Ebd., S. 208, Abs. 6
94 Ebd., S. 209, Abs. 6
95 Ebd., S. 215, Abs. 1
96 Ebd., S. 239, Abs. 3

97   Ebd., S. 249, letzter Satz

98   Ebd., S. 269, Abs. 11, letzter Satz

99   Ebd., S. 270, Abs. 1

100 Ebd., S. 271, Abs. 1

101 Ebd., S. 137, Abs. 1

102 Dt. G. F., Ebd., S. 270, Abs 1: „tum etiam acuminis est proprium providere ad naturam loci aut usum aut speciem [detractionibus aut] adiectionibus temperaturas [et] efficere, cum de symmetria sit detractum aut adiectum, uti id videatur recte esse formatum in aspectuque nihil desideratur."

103 Ebd., S. 270, Abs. 2

104 Ebd., S. 272, Abs. 4

105 Ebd., S. 271, Abs. 3

106 Vgl. Vitruv, Ausgabe Fensterbusch, 1996, S. 279, Abs. 11ff

107 Vitruv, Ausgabe Fensterbusch, 1996, S. 337, Abs. 8

108 Dt. G. F., ebd., S. 352, letzter Satz: „Itaque omnes aedificationum perfectiones […] septem voluminibus sunt finitae."

109 Dt. G. F., ebd., S. 356, letzter Satz: „quoniam in prioribus septem voluminibus rationes aedificiorum sunt expositae."

110 Vgl. Vitruv, Ausgabe Fensterbusch, 1996, S. 567, Anm. 521

111 Ebd., S. 393, Abs. 2, letzter Satz

112 Dt. G. F., ebd., S. 414, Abs. 1: „rationes architectonicas"

113 Ebd., S. 415, Abs. 1

114 Vgl. Vitruv, Ausgabe Fensterbusch, 1996, S. 570, Anm. 561

115 Vitruv, Ausgabe Fensterbusch, 1996, S. 445 oben

116 Ebd., S. 449, Abs. 6

117 Ebd., S. 449, Abs. 8

118 Ebd., S. 461, Abs. 3

119 Vgl. Vitruv, Ausgabe Fensterbusch, 1996, S. 21, Vorrede zum 1. Buch

120 Vitruv, Ausgabe Fensterbusch, 1996, S. 523, Abs. 2

121 Dt. G. F., ebd., S. 530: „Ita eae victoriae civitatum non machinis, sed contra machinarum rationem architectorum sollertia sunt liberatae."

122 Dt. G. F., ebd., S. 530, letzter Satz: „totum corpus omnia architecturae membra in decem voluminibus haberet explicata."

123 Vgl. Knell, Vitruvs Architekturtheorie, 1991, S. 24

124 Dt. G. F., Vitruv, Ausgabe Fensterbusch, 1996, S. 134, Abs. 4: „Itaque, imperator, in primo volumine tibi de arte et quas habeat ea virtutes quibusque disciplinis oportet esse auctum architectum, exposui et subieci causas, quid ita earum oporteat eum esse peritum, rationesque summae architecturae partitione distribui finitionibusque terminavi."

125 Kruft, Geschichte, 1991, S. 20

126 Vgl. Bengtson, Römische Geschichte, 2001, S. 201

127 Das Amphitheater wird nur an einer einzigen Stelle erwähnt, im 1. Buch, Kap. 7, S. 71, bei der Auswahl der Plätze für die verschiedenen Tempel.

128 Vgl. Knell, Vitruvs Architekturtheorie, 1991, S. 117: „In Rom selbst wurde im Jahre 29 v. Chr. das Amphitheater des Statilius Taurus auf dem Marsfeld, außerhalb der eigentlichen Stadt, angelegt."

129 Vgl. Knell, Vitruvs Architekturtheorie, 1991, S. 36

III Kenntnisse und Fähigkeiten des Architekten

130 Aristoteles, Metaphysik I, 1. 981a 24–981b 9. in: Binding, Günther, Meister der Bau-
     kunst, Wissenschaftliche Buchgesellschaft, Primus-Verlag. Darmstadt 2004, S. 13
131 Vitruv, Ausgabe Fensterbusch, 1996, 1. Kap. S. 23. Dazu Originaltext Vitruv: „cuius
     iudico probantur omnia quae ab ceteris artibus perficiuntur opera."
132 Gropius, Walter, Manifest des Bauhauses 1919, in: Droste, Magdalena, Bauhaus
     1919–1933, Köln (Taschen) 2002, S. 18
133 Ebd.
134 Pons, Wörterbuch, 2003, S. 73
135 Ebd.
136 Brockhaus Enzyklopädie, 21. Aufl., Bd. 16, S. 93
137 Ebd.
138 Vgl. Germann, Einführung, 1993, S. 32 oben, aber auch Brockhaus Enzyklopädie, S. 93
139 Vitruv, Ausgabe Fensterbusch, 1996, Vorrede 6. Buch, S. 260, Abs. 7: „Itaque nemo
     artem ullam aliam conatur domi facere, uti sutrinam, fullonicam aut ex ceteris, quae
     sunt faciliores."
140 Cicero, De officiis, Vom pflichtgemäßen Handeln, Reclam, Stuttgart 1984, S. 130/131
141 Ebd.
142 Ebd.
143 Seneca, epistulae 88, in: Mauch, Disciplina, 1941, S. 36, Anm. 1
144 Vgl. Mauch, Disciplina, 1941, S. 26f
145 Brockhaus Enzyklopädie, 21. Aufl., Bd. 16, S. 93 über den Kunstbegriff bei Platon,
     entnommen aus „Der Staat", 10. Buch
146 Horn-Onken, Über das Schickliche, 1967, S. 131
147 Ebd., S. 131f
148 Mauch, Disciplina, 1941, S. 40
149 Ebd., S. 28
150 Vitruv, Ausgabe Fensterbusch, 1996, S. 22
151 Ebd., S. 30
152 Ebd., S. 36
153 Ebd., S. 76
154 Ebd., S. 166
155 Ebd., S. 32 oben
156 Ebd., S. 36
157 Ebd., S. 22, 1. Kap., 1. Satz
158 Vgl. Knell, Vitruvs Architekturtheorie, 1991, S. 21 oben
159 Vitruv, Ausgabe Fensterbusch, 1996, S. 22, letzte Zeile.
160 Ogden, Ch. K. / Richards, I. A., Die Bedeutung der Bedeutung, Suhrkamp Verlag, Frank-
     furt/Main 1974
161 Vitruv, Ausgabe Fensterbusch, 1996, S. 25: „Daher muss er begabt sein und fähig und
     bereit zu wissenschaftlich-theoretischer Schulung. Denn weder kann Begabung ohne
     Schulung noch Schulung ohne Begabung einen vollendeten Meister hervorbringen."
162 Vgl. Cicero, De oratore, in: Cicero, Orator, Einleitung von Harald Merklin, S. 7
163 Vgl. Mauch, Disciplina, 1941, S. 33
164 Ebd., S. 10

165 Ebd., S. 12

166 Vitruv, Ausgabe Fensterbusch, 1996, S. 35, Hervorhebung G. F.

IV Die Grundbegriffe des Faches Architektur

167 Jolles, Vitruvs Ästhetik, 1906, S. 1; vgl. auch S. 11ff

168 Vgl. Nohl, Index Vitruvianus, 1983, S. 89

169 Dt. G. F., Vitruv, Ausgabe Fensterbusch, 1996, S. 146 unten, 148 oben: „Frons loci quae in aede constituta fuerit, si tetrastylos facienda fuerit, dividatur in partes XI s praeter crepidines et proiecturas spirarum; si sex erit columnarum, in partes XVIII; si octastylos constituetur, dividatur in XXIV et semissem. Item ex his partibus sive tetrastyli sive hexastyli sive octastyli una pars sumatur, eaque erit modulus."

170 Vgl. Jolles, Vitruvs Ästhetik, 1906, S. 12 und 14

171 Vitruv, Ausgabe Fensterbusch, 1996, S. 166, Abs. 2

172 Dt. G. F., ebd., S. 138, Abs. 5: „Nec minus mensuarum rationes, quae in omnibus operibus videntur necessariae esse, ex corporis membris collegerunt, uti digitum, palmum, pedem, cubitum et eas distribuerunt in perfectum numerum, quem Graeci *teleon* dicunt."

173 Zöllner, Vitruvs Proportionsfigur, 1987, S. 30

174 Ebd., S. 33

175 Dt. G. F., Vitruv, Ausgabe Fensterbusch, 1996, S. 24, Abs. 4, letzter Satz: „ Per arithmeticen vero […] mensurarum rationes explicantur, difficilesque symmetriarum quaestiones geometricis rationibus et methodis inveniuntur."

176 Ebd., S. 37

177 Ebd., S. 37

178 Ebd., S. 36

179 Ebd., S. 164, letzter Satz

180 Ebd., S. 262, erster Satz

181 Ebd., S. 24

182 Ebd., S. 232, Abs. 7 unten

183 Ebd., S. 232, Abs. 7, letzter Satz

184 Ebd., S. 270, Abs. 2

185 Ebd., S. 272, Abs. 4, letzter Satz

186 Ebd., S. 278, Abs. 11, letzte Zeile

187 Ebd., S. 298, Abs. 9

188 Dt. G. F., ebd., S. 298, Abs. 9: „cum vero venuste proportionibus et symmetriis habuerit auctoritatem, tunc fuerit gloria [aria] architecti."

189 Vgl. Nohl, Index Vitruvianus, 1983, S. 46

190 Germann, Einführung, 1993, S. 21

191 Schlikker, Hellenistische Vorstellungen von der Schönheit des Bauwerks nach Vitruv, 1940, S. 2 unten

192 Vgl. Germann, Einführung, 1993, S. 21

193 Dt. G. F., Vitruv, Ausgabe Fensterbusch, 1996, S. 272, Abs 5: „sequatur eam proportionis ad decorem apparatio, uti non sit considerantibus aspectus eurythmiae dubius."

194 Ebd., S. 146, Abs. 6, letzter Satz

195 Zöllner, Vitruvs Proportionsfigur, 1987, S. 40. Zöllner bezieht sich laut Anm. 50 auf Euklid, Elementa 10.1.

196 Dt. G. F., Vitruv, Ausgabe Fensterbusch, 1996, S. 136: „Aedium compositio constat ex symmetria, cuius rationem diligentissime architecti tenere debent. Ea autem paritur a proportione, quae graece *analogia* dicitur. Proportio est ratae partis membrorum in omni opere totoque commodulatio, ex qua ratio efficitur symmetriarum."

197 Ebd., S. 137, Abs. 2

198 Ebd., S. 233, Abs. 7, lateinische Form und Kursivierung *symmetria* durch Verfasser

199 Ebd., S. 155, Abs. 4

200 Ebd., S. 277, Abs. 5, letzter Satz

201 Ebd., S. 275, Abs. 4

202 Ebd., S. 277, Abs. 5, lateinische Form und Kursivierung *symmetria* durch Verfasser

203 Ebd., S. 153, Abs. 13

204 Ebd., S. 525, Abs. 5

205 Dt. G. F., ebd., S. 270, Abs. 1.: „Cum ergo constituta symmetriarum ratio fuerit et commensus ratiocinationibus explicati, tum etiam acuminis est proprium providere ad naturam loci aut usum aut speciem [detractionibus aut] adiectionibus temperaturas [et] efficere, cum de symmetria sit detractum aut adiectum, uti id videatur recte esse formatum in aspectuque nihil desideratur."

206 Ebd., S. 208, Abs. 6

207 Ebd., S. 299, Abs. 9, lateinische Form und Kursivierung *symmetria* durch Verfasser

208 Ebd., S. 39, Abs. 5

209 Horn-Onken, Über das Schickliche, 1967, S. 88

210 Vitruv, Ausgabe Fensterbusch, 1996, S. 238, Abs. 3

211 Ebd.

212 Ebd., S. 200, 9. Kap.

213 Ebd., S. 70, Abs. 2

214 Vgl. Cicero, Orator, S. 52 oben: „vestibula nimirum honesta aditusque ad causam faciet illustres."

215 Vitruv, Ausgabe Fensterbusch, 1996, S. 294, 7. Kap., letzter Satz

216 Ebd., S. 206, Abs. 1

217 Ebd., S. 263, Abs. 1

218 Ebd., S. 285, Abs. 1

219 Ebd., S. 213, Abs. 1

220 Ebd., S. 45, Abs. 1f

221 Ebd., S. 243, Abs. 1

222 Ebd., S. 191, 5. Kap., Abs. 1, letzter Satz

223 Vgl. Schlikker, Hellenistische Vorstellungen von der Schönheit des Bauwerks nach Vitruv, 1940, S. 3 unten: „zu den außerhalb liegenden Dingen, die durch göttliche, menschliche und natürliche Gesetze bestimmt werden."

224 Vitruv, Ausgabe Fensterbusch, 1996, S. 282, Abs. 2

225 Ebd.

226 Ebd., S. 284 oben

227 Ebd., S. 42, Abs. 9 unten

228 Ebd., S. 273 oben

229 Ebd., S. 272, Abs. 5

230 A.v. Hildebrand, Das Problem der Form in der bildenden Kunst, 1893, in: Sörgel, Theorie der Baukunst, Bd, 1, S. 57

231 Vitruv, Ausgabe Fensterbusch, 1996, S. 151, Abs. 11, letzter Satz

232 Ebd., S. 155, Abs. 5

233 Ebd., S. 161, Abs. 8

234 Ebd., S. 157, Abs. 4

235 Ebd., S. 161, Abs. 9

236 Ebd., S. 165, Abs. 13

237 Ebd., S. 189, Abs. 2 und 3

238 Horn-Onken, Über das Schickliche, 1967, S. 64 oben

239 Vitruv, Ausgabe Fensterbusch, 1996, S. 333, Abs. 1

240 Ebd., S. 332, Abs. 3

241 Ebd., S. 333ff Abs. 4

242 Ebd., S. 335, Abs. 4

243 Ebd., S. 334, Abs. 4

244 Ebd., S. 334, Abs. 6

245 Ebd., S. 179, Abs. 5, letzter Satz

246 Ebd., S. 331, Abs. 4

247 Ebd., S. 294, 7. Kap., letzter Satz

248 Ebd., S. 298, letzter Satz

249 Ebd., S. 44, Kap. 3, letzter Satz; oder S. 206, Abs. 2

250 Ebd., S. 288, Kap. 6, letzter Satz

251 Horn-Onken, Über das Schickliche, 1967, S. 68 oben

252 Vgl. Kruft, Geschichte, 1991, S. 27 unten

V   Aufgaben und Ziele der Architektur

253 Vgl. Knell, Vitruvs Architekturtheorie, 1991, S. 20: Auch Knell spricht in diesem Zusammenhang von einer „Rubrizierung des Aufgabenfeldes von Architektur".

254 Vitruv, Ausgabe Fensterbusch, 1996, S. 446, Abs. 2

255 Ebd., S. 30, Abs. 10, letzter Satz

256 Müller, Architekten, 1989, S. 112

257 Ebd., S. 113

258 Vgl. Schlikker, Hellenistische Vorstellungen, 1940, S. 80 und Stürzenacker, Marcus Vitruvius Pollio, 1938, 3. Kap. „Die Gliederung des Bauwesens"

259 Dt. G. F., Vitruv, Ausgabe Fensterbusch, 1996, S. 136, Abs. 1: „Namque non potest aedis ulla sine symmetria atque proportione rationem habere compositionis, nisi uti [ad] hominis bene figurati membrorum habuerit exactam rationem."

260 Dt. G. F., ebd., S. 138, Abs. 3: „Similiter vero sacrarum aedium membra ad universam totius magnitudinis summam ex partibus singulis convenientissimum debent habere commensus responsum."

261 Ebd., S. 136, Abs 2

262 Dt. G. F., ebd., S. 138: Item corporis centrum medium naturaliter est umbilicus. Namque si homo conlocatus fuerit supinus manibus et pedibus pansis circinique conlocatum centrum in umbilico eius, circumagendo rotundationem utrarumque manuum et pedum digiti linea tangentur. Non minus quemadmodum schema rotundationis in

corpore efficitur, item quadrata designatio in eo invenietur. Nam si a pedibus imis ad summum caput mensum erit eaque mensura relata fuerit ad manus pansas, invenietur eadem latitudo uti altitudo, quemadmodum areae, quae ad normam sunt quadratae."

263 Dt. G. F., ebd., S. 138, Abs. 4: „Ergo si ita natura composuit corpus hominis, uti proportionibus membra ad summam figurationem eius respondeant, cum causa constituisse videntur antiqui, ut etiam in operum perfectionibus singulorum membrorum ad universam figurae speciem habeant commensus exactionem."

264 Dt. G. F., ebd., S. 142, Abs. 9: „Ergo si convenit ex articulis hominis numerum inventum esse et ex membris separatis ad universam corporis speciem ratae partis commensus fieri responsum, relinquitur, ut suspiciamus eos, qui etiam aedes deorum immortalium constituentes ita membra operum ordinaverunt, ut proportionibus et symmetriis separatae atque universae convenientes efficerentur eorum distributiones."

265 Ebd., S. 151 oben

266 Ebd., S. 152 oben

267 Horn-Onken, Über das Schickliche, 1967, S. 151 oben

268 Auch Vitruv spricht auf S. 76, Abs. 5. von „officio architecturae", auf S. 84, Abs. 8. von „de artis officio" und auf S. 166, Abs. 1. von „de officio eius" (disciplinae).

269 Fuhrmann, Die antike Rhetorik, 2007, S. 118, 120

270 Vitruv, Ausgabe Fensterbusch, 1996, S. 298, letzter Satz

271 Ebd., S. 146, Abs. 6

272 Ebd., S. 20, Abs. 1

VI Die Architekturtheorie Vitruvs

273 Gropius, Walter, Manifest des Bauhauses 1919, in: Droste, Magdalena, Bauhaus 1919–1933, Köln (Taschen) 2002, S. 18

274 Vgl. Jaeggi, Adolf Meyer, Der zweite Mann, 1994, S. 61ff

275 Le Corbusier, Ausblick auf eine Architektur, 2001, S. 67

276 Ebd., S. 67

277 Ebd., S. 67

278 Boesiger/Girsberger (Hrsg.): Le Corbusier 1910–1965, 1991, S. 292

279 Ebd., S. 292

280 Taut, Architekturlehre, 1977, S. 37

281 Ebd., S. 31

282 Hitchcock/Johnson, Der Internationale Stil 1932, 1985

283 S. Neue Übersetzung, 3. Kapitel.

284 Behne, Der moderne Zweckbau, 1964, S. 44

285 A. v. Hildebrand, Das Problem der Form in der bildenden Kunst, 1893, S. 135, in: Sörgel, Theorie der Baukunst, Bd. 1, 1921, S. 57

286 Laugier, Das Manifest des Klassizismus, 1989, S. 33

287 Ebd., S. 40

288 Ebd., S. 37

289 Paul, Louis H. Sullivan, 1962, S. 148

290 Ebd., S. 148

291 Le Corbusier, Ausblick auf eine Architektur, 2001, S. 22

292 Cicero, Orator, S. 66

293 Horn-Onken, Über das Schickliche, 1967, S. 97

294 Neumeyer, Quellentexte zur Architekturtheorie, 2002, S. 15

295 Meyer, H., Bauen, 1928, in: Conrads, Programme und Manifeste zur Architektur des 20. Jahrhunderts, S. 110

296 Ebd., S. 111

297 Neumeyer, Quellentexte zur Architekturtheorie, 2002, S. 15

298 Dt. G. F., Vitruv, Ausgabe Fensterbusch, 1996, S. 270, Abs. 1.: „Nulla architecto maior cura esse debet, nisi uti proportionibus ratae partis habeant aedifica rationum exactiones. Cum ergo constituta symmetriarum ratio fuerit et commensus ratiocinationibus explicati, tum etiam acuminis est proprium providere ad naturam loci aut usum aut speciem [detractionibus aut] adiectionibus temperaturas [et] efficere, cum de symmetria sit detractum aut adiectum, uti id videatur recte esse formatum in aspectuque nihil desideratur."

299 Alberti, Zehn Bücher über die Baukunst, 1991, S. 293

300 Böhme, Atmosphäre, 1995,, S. 35

301 Mies van der Rohe, Bürohaus, 1923, in: Neumeyer, Quellentexte zur Architekturtheorie, 2002, S. 407 oder: Baukunst und Zeitwille! 1924, ebenda, S. 409

Schluß: Was ist Architektur?

302 Brockhaus Enzyklopädie, 21. Aufl., Bd. 2, S. 355

303 Vitruv, Ausgabe Fensterbusch, 1996, S. 22, Vorrede, letzter Satz

304 Ebd., S. 208, Abs. 6

305 Dt. G. F., ebd., S. 298, Abs. 10: „Namque omnes homines, non solum architecti, quod est bonum, possunt probare, sed inter idiotas et eos hoc est discrimen, quod idiota, nisi factum viderit, non potest scire, quid sit futurum, architectus autem, simul animo constituerit, antequam inceperit, et venustate et usu et decore quale sit futurum, habet definitum."

306 Rudhof, Design, 2001, S. 6: „Art is art and everything else is everything else." (Ad Reinhardt)

Anhang 1: Vom Ursprung der Gebäude

307 Kruft, Geschichte, 1991, S. 21 und 23: „Entstehung der Architektur", vgl. Anm. 79; Horn-Onken, Über das Schickliche, 1967, S. 143: „Anfänge der Baukunst"; Germann, Einführung, 1993, S. 14: „Vitruv geht es in Buch II, Kapitel 1, darum zu zeigen, daß die Baukunst genau wie die Sprache mit der Entstehung der menschlichen Gesittung verknüpft war." Knell, Vitruvs Architekturtheorie, 1991, S. 44 f: „Entstehung der Architektur"; Neumeyer, Quellentexte zur Architekturtheorie, 2002, S. 82: „Entstehung der Architektur" und S. 12: „Ursprungslegende der Baukunst", vgl. Anm. 78

308 Vitruv, Ausgabe Fensterbusch, 1996, S. 85, Abs. 8, letzter Satz

309 Vgl. Rode, Vitruvius, 1995, S. 67f: „bis zur gegenwärtigen Vollendung."

310 Vitruv, Ausgabe Fensterbusch, 1996, S. 77ff

311 Dt. G. F., ebd., S. 76f: „Sed antequam naturales res incipiam explicare, de aedificiorum rationibus, unde initia ceperint et uti creverint eorum inventiones, ante ponam."

312 Dt.G.F., ebd., S.84: „Namque hic liber non profitetur, unde architectura nascatur, sed unde origines aedificiorum sunt institutae et quibus rationibus enutritae et progressae sint gradatim ad hanc finitionem."

313 Dt.G.F., ebd., S.84: „Cum corpus architecturae scriberem, primo volumine putavi, quibus eruditionibus et disciplinis esset ornata, exponere finireque terminationibus eius species et, e quibus rebus esset nata, dicere. Itaque quid oporteat esse in architecto, ibi pronuntiavi."

314 Laugier, Das Manifest des Klassizismus, 1989, S.34 oben

315 Vitruv, Ausgabe Fensterbusch, 1996, S.81, Abs.3

316 Dt.G.F., ebd., S.80: „Primumque furcis erectis et virgulis interpositis luto parietes texerunt."

317 Semper, Der Stil, 1977, Bd. 1, § 60, S.227: „immer bleibt gewiss, dass die Anfänge des Bauens mit den Anfängen der Textrin zusammenfallen".

318 Dt.G.F., Vitruv, Ausgabe Fensterbusch, 1996, S.82: „Ita his signis de antiquis inventionibus aedificiorum, sic ea fuisse ratiocinantes, possumus iudicare."

319 Vitruv, Ausgabe Fensterbusch, 1996, S.79 oben

320 Horn-Onken, Über das Schickliche, 1967, S.143

321 Dt.G.F., Vitruv, Ausgabe Fensterbusch, 1996, S.82, Abs.6, letzter Satz: „tunc vero ex fabricationibus aedificiorum gradatim progressi ad ceteras artes et disciplinas, e fera agrestique vita ad mansuetam perduxerunt humanitatem."

322 Vitruv, Ausgabe Fensterbusch, 1996, S.84, Abs.7: „auctam per artes"

323 Vgl. Knell, Vitruvs Architekturtheorie, 1991. Auch Knell spricht in diesem Zusammenhang mehrfach von Vitruvs „Evolutionstheorie" (S.45, S.171) und verweist in Anm. 134 auf F. Edelstein, L'idée de l'évolution dans l'œuvre de Vitruve, StClas. 8, 1966, S.143–153.

324 Le Corbusier, Ausblick auf eine Architektur, 2001, S.88: „Das Flugzeug ist ein Ausleseprodukt hoher Qualität."

325 Ebd., S.92: „Das Flugzeug beweist uns, daß ein richtig gestelltes Problem auch seine Lösung findet."

326 Ebd., S.105: „Ist eine Standardlösung einmal gefunden, so setzt das sofortige Spiel heftigsten Wettbewerbs ein."

327 Ebd., S.104: „Baukunst ist Typenbildung."

328 Ebd., S.105: „Um an das Problem der Perfektion heranzugehen, müssen Typen entwickelt werden."

329 Ebd., S.63 oben

330 Ebd., S.62

Anhang 2: Materialien zur Übersetzung

331 Vitruv, Ausgabe Fensterbusch, 1996, S.30, Abs.11

332 Ebd., S.34, Abs.16, letzter Satz

333 Ebd., S.533

334 Ebd., S.232

335 Ebd., S.33 unten

336 Ebd., S.37 letzter Satz

337 Ebd., S.533f

338 Ebd., S. 24 oben
339 Ebd., S. 22, Abs. 1, letzter Satz
340 Ebd., S. 534
341 Ebd., S. 25
342 Ebd., S. 272, oben
343 Ebd., S. 535
344 Ebd., S. 22, 1. Kapitel, 1. Satz „pluribus disciplinis et variis eruditionibus"
345 Ebd., S. 535
346 Ebd., S. 535f
347 Ebd., S. 536
348 Ebd., S. 537
349 Ebd., S. 148, vierte Zeile von oben
350 Ebd., S. 537
351 Ebd., S. 537
352 Ebd., S. 138, 1. und 4. Zeile, S. 142, 3. Zeile

Bibliographie

Lexika, Wörterbücher, Sprachwissenschaft

Brockhaus: Enzylopädie, 21. Auflage, Band 2 und 16, FA Brockhaus, Mannheim 2006.

Gemoll, Wilhelm: Griechisch-deutsches Schul- und Handwörterbuch, 10. Auflage, Oldenbourg 2006

Mauch, Otto: Der lateinische Begriff DISCIPLINA, eine Wortuntersuchung, Diss., Paulusdruckerei, Freiburg 1941

Menge-Güthling: Enzyklopädisches Wörterbuch der lateinischen und deutschen Sprache, Teil I: Lateinisch-deutsch, Langenscheidt, Berlin 1950

Menge, Hermann: Lehrbuch der lateinischen Syntax und Semantik, 2. Auflage, Wissenschaftliche Buchgesellschaft, Darmstadt 2005

Menge, Hermann: Repetitorium der Lateinischen Syntax und Stilistik, 21. Auflage, Wissenschaftliche Buchgesellschaft, Darmstadt 1995

Pons (Wörterbuch, 2003): Wörterbuch für Schule und Studium, Lateinisch – Deutsch, Ernst Klett Sprachen, Stuttgart 2003

Stowasser, Joseph M.: Stowassers Lateinisch-Deutsches Schul- und Handwörterbuch, Bearbeitung M. Petschenig, Freytag, Leipzig 1928

Vitruv-Ausgaben, Übersetzungen

Barbaro, Daniele: I dieci libri dell'Architettura, 1567, edizioni il Pofilio, Milano 1987

Choisy, Auguste: Vitruve, Paris 1909. Nachdruck: Tome I, Texte et Traduction, Livres I–X, Paris, F. de Nobele 1971

Fensterbusch, Curt: (Vitruv, Ausgabe Fensterbusch, 1996) Vitruv. Zehn Bücher über Architektur. Wissenschaftliche Buchgesellschaft, Darmstadt, 5. Auflage 1991; Primus-Verlag, Lizenzausgabe 1996

Krohn, Fritz: Vitruvii de architectura libri decem, Teubner-Verlag, Leipzig 1912

Lorentzen, C.: Marci Vitruvii Pollionis de architectura libri decem, Text und Übersetzung (Buch 1–5), Gotha 1857

Reber, F.: Des Vitruvius zehn Bücher über Architektur, Stuttgart 1865

Rivius, Gualther H.: Vitruvius Teutsch. Zehn Bücher von der Architektur und künstlichem Bauen, Georg Olms Verlag, Hildesheim, New York 1973, Nachdruck der Ausgabe Nürnberg 1548

Rode, August: (Rode, Vitruvius, 1995) Des M. Vitruvius Pollio Baukunst aus der römischen Urschrift übersetzt. Göschen, Leipzig 1796, unveränderter Nachdruck: Vitruv, Baukunst. Erster Band, I–V Birkhäuser Verlag, Basel 1995

Rose, Valentin und Müller-Strübing, H.: Vitruvii de architectura libri decem, Leipzig 1867

Stürzenacker, Erich: Marcus Vitruvius Pollio, Über die Baukunst, Bildgut-Verlag, Essen 1938

Smith, Thomas Gordon: Vitruvius on architecture, The Monacelli Press, New York, 2003

Vitruv-Literatur

Büsing, Hermann: Optische Korrekturen. In: Vitruv-Kolloquium, H. Knell, B. Wesenberg (Hg.), Bd. 22 der Schriftenreihe Wissenschaft und Technik der TH Darmstadt, 1984

Fritz, Hans-Joachim: Vitruv. Architekturtheorie und Machtpolitik in der römischen Antike. LIT-Verlag, Münster 1995

Horn-Oncken, Alste: Über das Schickliche, Vandenhoeck & Ruprecht, Göttingen 1967

Jolles, J. A.: Vitruvs Ästhetik, Diss., Universitäts-Buchdruckerei C. A. Wagner, Freiburg im Breisgau 1906

Knell, Heiner: (Vitruvs Architekturtheorie, 1991) Vitruvs Architekturtheorie, 2. Aufl., Wissenschaftliche Buchgesellschaft, Darmstadt 1991

Koch, Herbert: Vom Nachleben des Vitruv, Verlag für Kunst und Wissenschaft, Baden-Baden 1951

McKay, Alexander: Vitruvius, Architect and Engeneer, Macmillan Education, London 1978

Nohl, Hermann: Index Vitruvianus. Wissenschaftliche Buchgesellschaft Darmstadt 1983, unveränderter Nachdruck der Ausgabe Leipzig 1876

Philandrier, Guillaume: Les Annotations sur le ‚De Architectura' de Vitruve, I–IV, 1552; Picard editeur, Paris 2000

Sallmann, Klaus: Bildungsvorgaben des Fachschriftstellers. Bemerkungen zur Pädagogik Vitruvs, in: Vitruv-Kolloquium, H. Knell, B. Wesenberg (Hg.), Bd. 22 der Schriftenreihe Wissenschaft und Technik der TH Darmstadt, 1984

Schlikker, Friedrich W.: (Hellenistische Vorstellungen, 1940) Hellenistische Vorstellungen von der Schönheit des Bauwerks nach Vitruv. Diss., Archäologisches Institut des Deutschen Reiches, Berlin 1940

Sontheimer, Ludwig: Vitruvius und seine Zeit, Diss., Kommissionsverlag der J. J. Heckenhauerschen Buchhandlung. Tübingen 1900

Wesenberg, Burkhardt: Vitruvs griechischer Tempel, in: Vitruv-Kolloquium, H. Knell, B. Wesenberg (Hg.), Bd. 22 der Schriftenreihe Wissenschaft und Technik der TH Darmstadt, 1984

Zöllner, Frank: Vitruvs Proportionsfigur, Wernersche Verlagsgesellschaft, Worms 1987

Schriften zur Architekturtheorie

Alberti, Leon Battista: Zehn Bücher über die Baukunst, Übersetzung Max Theuer Wissenschaftliche Buchgesellschaft, Darmstadt 1991

Banham, Reyner: Die Revolution der Architektur. Theorie und Gestaltung im ersten Maschinenzeitalter. Bauwelt Fundamente 89, Friedr. Vieweg & Sohn, Braunschweig 1990.

Behne, Adolf: Der moderne Zweckbau, Bauwelt Fundamente 10, Ullstein Verlag, Frankfurt/Main – Berlin 1964

Conrads, Ulrich: Programme und Manifeste zur Architektur des 20. Jahrhunderts, Bauwelt Fundamente 1, Birkhäuser-Verlag, Basel 2001

Fischer, Günther: Architektur und Sprache, Karl Krämer Verlag, Stuttgart 1991

Germann, Georg: (Einführung, 1993) Einführung in die Geschichte der Architekturtheorie, 3. Auflage, Wissenschaftliche Buchgesellschaft, Darmstadt, 1993

Hitchcock, H. R./Johnson,: Der Internationale Stil 1932, Friedr. Vieweg & Sohn, Braunschweig/Wiesbaden 1985

Kruft, Hanno-Walter: (Geschichte, 1991) Geschichte der Architekturtheorie, 3. Auflage, C.H. Beck, München 1991

Laugier, Marc-Antoine: Das Manifest des Klassizismus, Verlag für Architektur, Zürich und München 1989

Le Corbusier: 1922 Ausblick auf eine Architektur, 1963, 4. Auflage 1982, 3. unveränderter Nachdruck, Birkhäuser, Basel 2001

Meyer, Hannes: Bauen, in: Conrads, Ulrich, Programme und Manifeste des 20. Jahrhunderts, 1. unveränderter Nachdruck, Birkhäuser, Basel 2001, S. 110, 111

Mies van der Rohe, Ludwig: Baukunst und Zeitwille, 1924, in: Neumeyer, Fritz, Quellentexte zur Architekturtheorie, Prestel Verlag, München 2002

Neumeyer, Fritz: Quellentexte zur Architekturtheorie, Prestel Verlag, München 2002

Palladio, Andrea: Die vier Bücher über Architektur, 3., überarbeitete Auflage, Verlag für Architektur Artemis, Zürich und München 1988

Rykwert, Joseph: On Adam's House in Paradise, MIT Press, New York 1981

Semper, Gottfried: Der Stil, Band I, Nachdruck der Ausgabe Frankfurt a. Main 1860, Mäander Kunstverlag, Mittenwald 1977

Sullivan, Louis H.: The Tall Office Building artistically considered, in: Paul, Sherman: Louis H. Sullivan, Bauwelt Fundamente 5, Ullstein Verlag, Frankfurt/Main 1962

Sörgel, Herman: Theorie der Baukunst, Erster Band, Architektur-Ästhetik, 1918, 3. Auflage, München 1921

Taut, Bruno: Architekturlehre. VSA, Hamburg/Westberlin 1977.

Schriften zur Rolle des Architekten

Binding, Günther: Meister der Baukunst, Wissenschaftliche Buchgesellschaft, Primus-Verlag, Darmstadt 2004

Donderer, Michael: Die Architekten der späten römischen Republik und der Kaiserzeit, Universitäts-Bund, Erlangen-Nürnberg 1996

Müller, Werner: (Architekten, 1989) Architekten in der Welt der Antike, Koehler & Amelang, Leipzig 1989

Ricken, Herbert: Der Architekt, ein historisches Berufsbild, DVA, Stuttgart 1990

Geschichte, Kunstgeschichte, Architekturgeschichte, Allgemeine Themen

Böhme, Gernot: Atmosphäre, edition suhrkamp, Suhrkamp Verlag, Frankfurt am Main 1995

Burckhardt, Jacob: Geschichte der Renaissance in Italien, 6. Auflage, Paul Neff Verlag, Esslingen 1920

254

Bengtson, Hermann: Römische Geschichte, Republik und Kaiserzeit bis 284 n. Chr., 8. Auflage, C.H.Beck. München 2001

Boesiger, W./Girsberger, H. (Hg.): Le Corbusier 1910–65, 3. Auflage, Verlag für Architektur (Artemis), Zürich, 1991

Cicero, Marcus Tullius: De officiis, Vom pflichtgemäßen Handeln, Reclam, Stuttgart 1984

Cicero, Marcus Tullius: Orator, Der Redner, Reclam 2004

Cicero, Marcus Tullius: De re publica, Vom Gemeinwesen, Reclam, Stuttgart 1997

Droste, Magdalena: Bauhaus 1919–1933, Taschen-Verlag, Köln 2002

Fuhrmann, Manfred: Die antike Rhetorik, ppb-Ausgabe Patmos-Verlag, Düsseldorf 2007

Heuss, Alfred: Römische Geschichte, 9. Auflage, Schöningh, Paderborn 2003

Jaeggi, Annemarie: Adolf Meyer, Der zweite Mann, Argon Verlag, Berlin 1994

Martin, R./Stierlin, H. (Hg.): Griechenland, in: Architektur der Welt, Taschen Verlag, Berlin

Mislin, Miron: Geschichte der Baukonstruktion und Bautechnik, Bd 1: Antike bis Renaissance, 2. Auflage, Werner Verlag, Düsseldorf 1997

Ogden,Ch./Richards, I. A.: Die Bedeutung der Bedeutung, Suhrkamp Verlag, Frankfurt/Main 1974

Rudhof, Bettina: Design, Europäische Verlagsanstalt, Rotbuch Verlag, Hamburg 2001

Stierlin, Henri: Imperium Romanum, Taschen Verlag, Köln 1996

Stützer, Herbert Alexander: Das antike Rom. 7. Auflage, DuMont, Köln 1987

Sueton: Cäsarenleben. 8., überarbeitete Auflage, Kröner, Stuttgart 2001

Zanker, Paul: Die römische Kunst, C. H. Beck, München 2007

Bildnachweis

Abb. S. 24, 25, 41*, 42*, 46 unten, 123: Knell, Heiner, Vitruvs Architekturtheorie, 2. Aufl., Darmstadt (Wissenschaftliche Buchgesellschaft) 1991, S. 140, 78, 57, 68/69, 85, 163, *vom Verfasser bearbeitet

Abb. S. 8, 26, 27, 66: Stierlin, Henri, Imperium Romanum, Köln (Taschen) 1996, S. 34, 25, 23, 28

Abb. S. 38, 53, 61, 62: Fensterbusch, Curt: Vitruv, Zehn Bücher über Architektur, 5. Aufl., Darmstadt (Wissenschaftliche Buchgesellschaft) 1991, Primus Verlag, Lizenzausgabe 1996, Anhang, Abb. 1, 14, 18, 19

Abb. S. 45, 46 oben: Germann, Georg, Einführung in die Geschichte der Architekturtheorie, 3. Aufl., Darmstadt (Wissenschaftliche Buchgesellschaft) 1993, S. 28. Dort entnommen aus: Roland Freart de Chambray: Parallele de l'architecture antique avec la moderne. Paris 1650, S. 63; S. 15. Dort entnommen aus: Alois Hirt: Die Baukunst nach den Grundsätzen der Alten, Berlin 1809, Taf. II, Abb. 4

Abb. S. 139, 186: Kruft, Hanno-Walter, Geschichte der Architekturtheorie, 3. Auflage, München (C. H. Beck) 1991, Abb. 21, 92

Abb. S. 60, 67: Mislin, Miron, Geschichte der Baukonstruktion und Bautechnik, Bd 1: Antike bis Renaissance, 2. Aufl., Düsseldorf (Werner Verlag) 1997, S. 93, Abb. 4.1, S. 103, Abb. 4.12

Abb. S. 33, 64, 80, 101, 130, 131, 142, 143, 154*, 174, 175, 178: G. F., *Abb. 33 unter Verwendung von: Kruft, Abb. 21 (vgl. Abb. S. 139) und Boesiger, W./ Girsberger, H. (Hg.): Le Corbusier 1910–65, 3. Aufl., Verlag für Architektur (Artemis), Zürich, 1991, S. 292

Abb. S. 187, 188 oben: Rykwert, Joseph, On Adam's House in Paradise, New York (MIT Press) 1981, S. 123, 124

Abb. S. 188 unten: Neumeyer, Fritz, Quellentexte zur Architekturtheorie, München (Prestel Verlag) 2002, S. 85

Abb. S. 191: Le Corbusier, 1922 Ausblick auf eine Architektur, 1963, 4. Auflage 1982, 3. unveränderter Nachdruck, Basel (Birkhäuser) 2001, S. 65